De Reditu Suo Libri Duo, Book 2

Rutilius Claudius Namatianus

Nabu Public Domain Reprints:

You are holding a reproduction of an original work published before 1923 that is in the public domain in the United States of America, and possibly other countries. You may freely copy and distribute this work as no entity (individual or corporate) has a copyright on the body of the work. This book may contain prior copyright references, and library stamps (as most of these works were scanned from library copies). These have been scanned and retained as part of the historical artifact.

This book may have occasional imperfections such as missing or blurred pages, poor pictures, errant marks, etc. that were either part of the original artifact, or were introduced by the scanning process. We believe this work is culturally important, and despite the imperfections, have elected to bring it back into print as part of our continuing commitment to the preservation of printed works worldwide. We appreciate your understanding of the imperfections in the preservation process, and hope you enjoy this valuable book.

RUTILII CLAUDII NAMATIANI

DE REDITU SUO

LIBRI DUO.

RECENSUIT ET ILLUSTRAVIT

AUG. WILH. ZUMPTIUS PHIL. DR.

PRAEC. ORD. GYMN. FRID. WERD. BEROL.

ADDITA EST ETRURIAE ORAE TABULA LITHOGRAPHICA.

BEROLINI 1840.

SUMPTIBUS FERD. DÜMMLERI.

Lr 13.15 1861, Jan. 1.
Gray Fund.
86

PRAEFATIO.

De duabus rebus hoc loco agendum esse videmus, ut et nos quid in hoc libro efficere volue-
rimus, rectius iudicetur, et ad carmen ipsum intelligendum facilior paretur aditus. Primum enim
dicendum est de Rutilio invento, per editiones
propagato, explicato, emendato, qui disputationis
locus sicut in plurimis veteribus scriptoribus naturalem quandam habet molestiam, propterea
quod in diversitate fontium necessario prope accidit, ut falsa pro veris habeantur et existat
copia quaedam critica, cuius delectus haben-
dus est, ita in hoc ipsorum virorum docto-
rum opera atque sollertia impeditus est. Cuius
quia unus omnino erat fons, cum nulla ne potestas quidem esset facta eligendi, si plus ei,
quod traditum erat, minus suo quisque ingenio
confideret, raro aberrari poterat. Deinde, quae
de Rutilii ipsius nomine, vita, patria memorabi-

*2

lia videbuntur, ea sic addam, ut, quae his de
rebus in Observationibus in Rutilii Claudii Namatiani carmen de reditu suo (Berol. 1836) a
me ante hos quattuor annos exposita sunt, vel
repetam summa, vel suppleam, si qua intra hoc
tempus nova reperta sunt.

Inventus igitur est Rutilius in coenobio Bobiensi, ad alpes Penninas sito, anno 1494 a Georgio Galbiato, dum iussu Georgii Merulae Mediolanensis locupletissimae bibliothecae chronica
et caesarum diplomata perquirit. Nam Terentianum quidem Maurum ibi se invenisse narrat Georg. Galbiatus in epistola, quae prae-
missa est editioni principi Mediolanensi Terentiani
Mauri: *) Rutilium autem cum Terentiano Mauro
et aliis quibusdam libris Bobii anno 1494 re-
pertum esse ait Raphaël Volaterranus in Commentariis urbanis libr. IV p. 45 extr. ed. Basil.
1530 **). Nec tamen Rutilius continuo in lucem

---

*) Praemisit eam ex editione principe descriptam Ca-
rol. Lachmannus Terentiani Mauri edit. Berol. 1836.

**) Ipsa eius subiicio verba: *Bobium ad Apennini iuga
situm, ubi nobile coenobium a Theodolinda regina Lon-
gobardorum extructum. Hic anno MCCCCXCIIII
huiuscemodi libri reperti sunt. Rutilius Naumatianus.
Heroicum Sulpitii carmen. LXX epigrammata. Teren-
tianus Maurus de litteris, syllabis, et metris omnis generis* cet. — quorum bona pars his annis proximis a meo
municipe Thoma Phaedro bonarum artium professore
est advecta in urbem. Lachmannus in editione Terentiani

exiit, sed latuit aliquamdiu in coenobii latebris, donec anno 1495 Thomas Inghiramius, cognomine Phaedrus, Volaterranus, qui aliquanto post bibliothecae Vaticanae praefectus est, Georgio Merula auctore cum Bobium delatus esset, *) Rutilii carmen descripsit, codiceque ipso relicto exemplum descriptum paulo ante annum 1506 Romam attulit. Eodem autem tempore Iacobus Sannazarius, poëta sui temporis elegantissimus, ex Galliis in urbem advenit cum nonnullis recens inventis codicibus. Nam Ovidii Halieutica et Gratii ac Nemesiani Cynegetica ab eo inventa esse constat. Vide M. Hauptii praefationem ad editionem Ovidii Halieuticon etc. p. XXII sqq. Qui, qua erat incensus novorum librorum cupiditate, codicem Phaedrianum descripsit descriptumque Neapolim attulit. Hoc significat Ioann. Iovianus Pontanus in epistola ad Sannazarium, quae est in eius operibus Basil. 1538 Tom. III p. ult.; **) Summontiusque in epistola ad Fran-

---

ex editione Romana nominat annum 1493, sed in editione Basileensi et scio ipse esse 1494 et testantur Burmannus, Wernsdorfius, Peyronius. Idem autem Raphaël Volaterranus in Comment. urb. IV fol. 220: *Rutilius Gallus poëta. Cuius elegia quaedam iter suum continens haud ignobilis nuper inventa est.*

*) Vide Amedeum Peyronium de bibliotheca Bobiensi p. XIX edit. Ciceronis fragm. orat. p. Scauro etc.

**) Repetiverunt eam epistolam Wernsdorfius in Poët.

ciscum Pudericum, quae est in Pontani Operibus Tom. II p. 187, de *Rutilii Namatiani* ele-
gis a Sannazario sibi missis quid sentiat exponit. *) Nec enim credo iis, qui a Sannazario
alium quendam, diversum a Bobiensi, codicem ex
Gallia in Italiam allatum esse putant, quos et
Burmannus in praefat. ad Poët. Lat. Min. et
Wernsdorfius in praefatione editionis Rutilii p. 41
sqq. copiose refutarunt.

Lat. Min. Tom. I p. 19, Hauptius l. l. p. XXIII. Nos,
quae ad Rutilium pertinent, referimus: *Quae ad Pude-*
ricum scripsisti, ea me mirificum in modum delecta-
runt. Sunt enim plena pietatis tuae erga vetustatem
ac diligentiae. Quocirca vel aventissime expecto vi-
dere Ovidianos illos pisciculos in Euxino lusitantes,
Maeotideque in palude. Quod vero ad venationem
attinet, visus est mihi vates ille lepidus, numerosus et
cultus; deque eo, si recte memini, fit ab Appollinare
mentio in hendecasyllabis. Rutiliani illi versiculi eno-
des sunt et nitidi; cultus vero ipse peregrinus potius,
quam urbanus, ne dicam arcessitus. Sed de his omni-
bus cuius erit iudicium rectius aut probatius quam
tuum?

*) Vide Hauptium l. l. p. XXIII extr. et Wernsdor-
fium Poët. Lat. Min. T. V p. 67. Nos item haec appo-
nimus: *Is etiam* (Sannazarius) *ad nos attulit Ovidii*
fragmentum de Piscibus, Gratii poëtae Cynegeticon,
item Aurelii Nemesiani, qui floruit sub Numeriano
imperatore: et Rutilii Namatiani Elegos, quorum te-
nuitatem et elegantiam e saeculo illo agnoscas Clau-
diani. Atque haec quidem omnia statim post Pontani
libros emittentur.

Atque haec quidem acciderunt codici descripto; ipse autem ille ἀρχέτυπος, saeculi octavi vel noni ac Longobardicis, ut opinor, literis scriptus, *) ubi nunc lateat, nescitur. Qui cum tunc quidem, cum descriptus alter exiit, Bobii mansisset, duobus fere seculis post a comite Bonnevalo Gallo, notissimo homine, ablatus est, ut Peyron. l. l. p. XX ex manuscriptis adversariis abbatis Bobiensis docuit. Quamquam illud certe non recte Peyronius addit, codicem nunc videri alicubi in Galliis delitescere. Nam Bonnevalus, quamvis Gallus esset, exul erat militabatque sub principe Eugenio in Austria, ut codex nunc videatur Vindobonae esse debere. Ipse enim, qui bibendo potius quam legendo operam dare consuerat, sibi quidem non videtur rapuisse, sed, opinor, Eugenio, ex cuius copiis in publicam Vindobonensem bibliothecam eum transire oportuit.

Phaedrianum autem illud ἀπόγραφον cum saepius, ut fit, in Italia esset descriptum, anno 1520 primus edidit Bononiae in aedibus Hieronymi de Benedictis Io. Baptista Pius satis accurate. Nec enim mutavit quicquam aut interpolavit,

---

*) Illud inde coniicio, quod eiusdem aetatis sunt alii codices Bobienses, quos aliquot habet bibliotheca Vindobonensis, hoc, quia Terentianum Maurum Longobardicis literis scriptum fuisse scimus ex praefatione ed. principis Mediolanensis. Atque ipsum coenobium Bobiense Longobardicum fuerat.

sed quae in eius editione inveniuntur discrepantia ab eo codice, quo nos usi sumus, scribendi potius erroribus quam consueto tunc Italorum mori veterum poëtarum interpolandorum tribuerim, *) qua de re ipsa orthographia fidem facere potest, quae prope ubique in codice nostro et in editione principe eadem est. **) Tres fere loci sunt, in quibus cum ea, quae scripta inveniebantur, minus rectam sententiam habere viderentur, vel ipse ille editor vel qui ante eum codicem descripserat, suo Marte videtur Rutilium correxisse. Primus est 1, 166, ubi cum, quod male pictum erat, legeretur *dicere non possum homine sicco vale*, sic est inscite emendatum *non possum sicca dicere luce vale*. Alter est 1, 474, ubi, quod in codice nostro est *ad decessoris maior amore fuit*, manifestam habet corruptionis significationem. Quod enim est *ad*, cum praepositio esse putaretur nec eam illo loco aptam esse appareret, illata est in Rutilium vox deterioris latinitatis *praedecessoris*. Tertius denique est 1, 178, ubi, quod esse videbatur in co-

***

*) Ut 1, 18 in codice est *connubium*, in editione *concilium*; 1, 29 *saeva incendia* et *longa incendia*; 1, 34 *addere vela* et *reddere vela*; 1, 76 *fraetus* et *factus*; 1, 112 *vernula qua-ludit* et *vernulaque-ludat* etc.

**) Vide 1, 13 *religiosa*; 1, 17 *verticis*; 1, 25 et 45 *lachrymas*; 1, 41 *cohercet*; 1, 59 *harenis*; 1, 60 *repulit*; 1, 121 *solem ne vis* etc.

dice *divisos-ter et,* cum dubitationem moveret, falso correctum est *diviso-fuit.* Quae omnia vides mutata esse non ab eo, qui libidinose sua inferre in scriptorem veterem, sed qui iis, quae non intelligeret, sententiam aliquam subiicere vellet. Atque haec quidem de editione principe Bononiensi; nam quam Funccius, Fabricius, alii ex Summontii illa epistola, quam supra laudavimus, collegerunt, Summontianam editionem principem esse Neapoli editam, eam nullam fuisse satis a Burmanno et Wernsdorfio demonstratum est.

Quae secutae sunt editiones, eas non recensebo omnes, quarum accuratae descriptiones sunt in editionibus Wernsdorfii, Kappii, Bipontina; sed eas commemorabo, quibus aut emendatio Rutilii adiuta est aut explicatio. Atque ex his omnibus editoribus unus est, qui proxime principem insequitur, Onuphrius Panvinius, *) homo imprimis doctus, qui in editionis suae praefatione extrema codice se usum esse dicit. Sic enim ait: *aliquot versibus, qui in vulgato deerant, locupletatum* esse Rutilium *Gabrielis Faërni, viri optimi et doctissimi poëtarumque omnium suo saeculo celeberrimi opera.* Nimirum in editione principe desunt vs. 1, 575—578, quae

---

*) Edidit autem in commentariis de urbe, imperio et civitate Romana, primum Venetiis 1558, postea saepe et in Gallia et in Germania repetitis.

aliquis extremorum versuum similitudine deceptus errore omisit. Vide nostram notam. Quos
quamquam supplevit Onuphrius ex codice aliquo
descripto, quem a Faërno acceperat, nihil tamen
ultra novavit. In aliquot erroribus typographicis,
qui in editione principe fuerant, corrigendis eius
cura constitit; annotationis nihil addidit. Post
Ios. Simlerum (Basil. 1575), qui superiorum
varias lectiones, suasque nonnullas coniecturas addidit, eiusque repetitores, Nathanem Chy-
traeum,*) Nic. et Ierem. Reusneros **) veram
tandem recensionem Rutilii suscepit Iosephus
Castalio (Romae 1582), qui quamquam codicis
subsidio carebat, editionibus tamen prioribus et
ingenio suo ita usus est, ut multa emendaret,
multa non recte mutata restitueret, annotationis denique primus fundamentum iaceret, pru-
denter ubique et moderate. Pithoeus, qui Rutilium inter Epigrammata et Poëmatia vetera (primum Paris. 1590) edidit, pauca admodum emendavit aut explicationis causa addidit. Successit
Theod. Sitzmannus (Lugduni 1616), qui cum sa-
gacitate minus valeret, apta tamen comparatione
eorum locorum, quos Rutilius imitatus esse videbatur, aliquid ad interpretationem contulit.

---

*) Francofurti ad Moen. 1575. Titulus libri est Ho-
doeporica sive Itineraria etc.

**) Hodoeporicon sive Itinerum totius fere orbis libr.
VII. Basil. 1580.

Casp. Barthius (Francofurti 1623), homo variae, sed parum rectae eruditionis, idemque haud exiguae iactationis, aliquot dierum opera, ut ipse ait, Rutilium recensuit et animadversionibus illustravit. Qui si minus sibi ipse placuisset, nec gloriam omnem in constipandis rebus similibus, dissimilibus, aptis, ineptis positam esse putasset, poterat aliquid prodesse Rutilio, cum multum esset in deterioris latinitatis poëtis versatus; nunc oneravit magis quam illustravit poëtam, ut molem illam animadversionum tetigisse prope poeniteat. Modestius, non prudentius Rutilium suis superiorumque interpretum notis instruxit Th. Ians. ab Almeloveen. (Amstelod. 1687). Hoc habet novi, quod Graevii aliquot notas tabulamque itineris Rutiliani adiecit. Ei aemulatus Petrus Burmannus cum aliis aliquot poëtis latinis minoribus Rutilium in corpus quoddam redegit (Leidae 1731), suo more in eo edendo versatus, ut praeter Almeloveenianas et Graevianas priorum omnium notis adderet suas. Contextum raro mutavit, interpretationem aliquoties poëtarum latinorum, quorum, si minus accurata, at multiplici cognitione valebat, comparatione adiuvit. Almeloveenii et Graevii notas repetivit Andreas Goetzius (Altorphii 1741), quibus quae ipse addidit, sunt omnia inutilia. Iustus ac severus censor alter ab Castalione extitit Chr. Tob. Dammius (Brandenburg. 1760), qui cum annotationem noluisset adiicere, paraphrasi tamen perpetua, quam vocat, intellectui carminis optime consuluit, in eo tamen cupidior, quod nonnunquam transponendis versibus sententiam poëtae restituendam esse putabat. Secutus est plerosque eius et errores et emendationes Io. Chr. Kappius (Erlangae 1786), qui annotationem criticam sine dilectu factam ineditasque G. Cortii, qui aliquando Rutilium edere voluerat, notas adiecit, quae, quamquam ultra v. 28 non procedunt, et acre hominis iudicium produnt et limam nondum adhibitam. Io. Christ. Wernsdorfii editio, qui ab Rutilio tomum quintum poëtarum latinorum minorum (Helmstadii 1788) orditur, notissima est. Qui cum et leves superiorum coniecturas sperneret et in hoc genere poëtarum esset exercitatissimus, potuerat optime perfungi eo, quod susceperat, si paulo plus diligentiae adhibere voluisset. Cum properaret, multa recte vidit, multa reliquit. Haec de editionibus; nam recentissimas, eam, quae a Io. Sigis. Grubero, Advocato Norimbergensi, satis imperite instituta est, (Norimbergae 1804) et Bipontinam (Argentorati 1809), ex Wernsdorfiana expressam, praetereo.

Praeter hos tamen iustos editores non dicam contigerit an acciderit Rutilio, ut tot in eo ab viris doctis emendarentur et mutarentur, quot vix ullus alius vetus scriptor passus est. Qui

quoniam hoc unum sibi videntur proposuisse, ut
in hoc, tamquam in vili capite, nulla praesertim
codicum auctoritate coërciti, ingenium exercen-
dum esse putarent, nocuerunt magis quam pro-
fuerunt. Nolo recensere eos, qui alium aliquem
scriptorem tractantes per occasionem Rutilio manus intulerunt, sed nomino ex vetustioribus imprimis C. Barthium, qui, ut adversaria sua com-
pleret, quicquid in buccam venerat, profundebat,
auctores observationum miscellanearum, Amstelod. 1733 Vol. III Tom. III p. 363—369, Cru-
sium in probabilibus criticis, Lipsiae 1753, cap.
X p. 55—63. Ascivit ad hanc coniecturarum
copiam nova quaedam et inedita Wernsdorfius,
Ioan. Schraderi et Christ. Frid. Weichmanni,
quae non pluris facienda sunt, quam illa. Quam
omnem suppellectilem, si multitudinem coniecturarum compares eum veritate, abesse certe
malis quam adesse. Adeo ubique in varias dis-
traheris partes, dum ea, quae viri docti censue-
rint, omittere religioni habes, admittere molestum
esse intelligis. Quare idem saepe mihi faciendum esse putavi, quod Wernsdorfius fecit, ut
vera posita interpretatione, nisi cum breviter debe-
rent redargui, ea omnia si commemorassem simpli-
citer, abunde honorem iis habitum esse arbitrarer.

Devenimus ad nostram operam in hoc carmine positam. Quo quidem loco de critica potissimum ratione dicendum est. Nam cum a

ceteris, qui Rutilium ediderunt, suam recensionem veteribus superstructam, a nullo novam quasi de integro institutam esse viderem, prima ea cura esse debuit, ut criticum aliquod subsidium nanciscerer, quo tamquam fundamento editio mea niteretur. Sed codex ille ἀρχέτυπος frustra a me quaesitus est; ἀπόγραφον saeculo XVI scriptum in bibliotheca Vindobonensi extare cognovi, cuius collationem Ferd. Wolfii, bibliothecae illius subpraefecti, promptissima opera mihi comparavi.

Est autem nobilis ille codex, de quo dicit Endlicherus in catalogo codicum philologicorum latin. Bibl. Vindob. p. 121, ex diversorum saeculorum libris consutus. Continet enim praeter alia quaedam minora maxime Ovidii Halieuticon et Gratii Cynegeticon eosdem illos libros vetustissimos, quos Sannazarius saec. 16 ex Gallia in Italiam attulit (vide supra p. V), quibus nuper usus est Mauritius Hauptius. *) Postrema autem eius folia 84—93 habent *Rutilii Claudii Namatiani Itinerarium*, ut Endlicherus l. l. posuit, vel, ut is, qui librum mihi contulit, ab initio ipsius carminis esse scribit: *Ex fragmentis RuTilii cLaudii Namatiani de reditu*

---

*) In editione Ovidii Halieuticon, Gratii et Nemesiani Cynegeticon. Lipsiae 1838.

suo e Roma In Galliam Narbonensem. *) Esse
autem eum codicem ait Endlicherus ἀπόγραφον
earum membranarum, quas olim Sannazarius ha-
buerit, quas tamen ipsas in volumine illo non
inesse. Quae res cum dubitationem mihi mo-
visset, per literas interrogatus sic humanissime respondit: coniecturam illam quidem esse meram,
sed verisimillimam. Etenim cum constaret, **)
quae in codice illo carmina essent Ovidii et
Gratii, ea fuisse inventa olim a Sannazario, hunc
autem Pontanus narraret cum Gratio et Ovidio
Rutilium attulisse in Italiam, illa quidem ἀρχέτυπα reperiri in codice, Rutilii ἀπόγραφον tantum, eadem manu scriptum, quae Ovidii Halieutica ex Sannazarii codice descripsisset; nam Halieuticon ibi esse et ἀρχέτυπον et ἀπόγραφὸν.
Quamquam certam nequaquam esse eam coniecturam, nec magis illud sibi videri certum, quod
Gentilottius dixisset, ***) ab ipsius Sannazarii manu
et Ovidii et Rutilii ἀπόγραφα profecta esse.
Quae certe verissima essent, si Sannazarii ullus

---

*) Vide paulo post de vera inscriptione, quae esse
debeat, et de nomine poëtae.

**) Rem demonstravit M. Hauptius l. l. p. 11, apud
quem vide etiam de inventis a Sannazario libris.

***) In catalogo manuscripto, opinor, bibliothecae Vin-
dob. Quibus rationibus Gentilottius usus sit, non additur ab Endlichero.

codex fuisse videatur, cum nullum omnino fuisse
demonstratum sit supra, etiam illud, quod Rutilii ἀπόγραφον, Gratii et Ovidii ἀρχέτυπα in
codice illo inveniuntur, quo pacto acciderit, apparet. Etenim quos libros Sannazarius invene-
rat, ii ipsi in bibliothecam Vindobonensem per-
venerunt, quem descripserat Rutilium, eius ἀπόγραφον illis additum est. Illud vero, quod Gentilottius dixit, Rutilii hunc codicem ipsius Sannazarii manu factum esse, mihi quidem non videtur improbabile. Nam memorabilis est huius
libri condicio. Habet enim et glossas multas
contextui appositas et in ipsis verbis nonnulla
correcta, quae veriora equidem omnia esse intellexi, quam ea, quae in contextu posita sunt.
Alterutrum igitur debet esse, ut ea aut in ipso
illo libro Bobiensi fuerint, quod non credo, aut
addiderit, qui eum descripsit. Atque omnes illae emendationes eiusmodi sunt, ut illud, quod
in contextu fuerat, sit absurdum, sed leviter in
margine mutatum sententiam efficiat aptissimam.
Quicquid igitur in contextu et in margine dis-
crepat, a literis male lectis manavit, additum-
que est ab Phaedro, opinor, qui exemplum Bobiense, Longobardicis literis scriptum, dubitans
passim, quid re vera legeretur, descripsit. *) Iam

vero

---

*) Exempla vide 1, 15; 1, 76; 1, 98; 1, 99; 1, 100;

vero in eo facile ipsius Sannazarii, viri diligen-
tissimi, manum agnoscas, quod omnia illa cum
fide repetivit, cum is codex, quo Bapt. Pius
usus est, ea iam aut in contextum recepta, aut
nulla omnino haberet.

Hoc igitur codice Vindobonensi, quem in
annotatione critica nominavi C, ita usus sum, ut
sine causa eum non deserendum esse putarem.
Comparavi tamen ubique editionem alteram principem Romanam inter Varios auctores de Roma
prisca et nova, editam ex aedibus Iacobi Ma-
zocchii Romae 1523 (signavi autem E), quam ex bibliotheca regia Berolinensi accepi. Vere principem supra dictum est esse Bononiensem Ioan. Ba-
ptistae Pii, descriptam ex codice aliquo, qui ex
Bobiensi exemplo manaverat. Quam cum nactus
non essem, contentus fui Romana altera, quam
praeter paucos typothetarum errores totam ex
illa repetitam esse facile intellexi ex scripturae
discrepantia, quam Wernsdorfius ex illa anno-
tavit; nam quod is ait, Romanam esse negligen-
ter et admodum mendose excriptam ex Bononiensi, rem videtur plus vero auxisse. *) Quam-

---

1, 117 et 123 et 125; 1, 130; 1, 166 etc.; et confer
supra p. VIII.

*) Quod cum nunc certo intellexerim, tum multo
etiam magis appareret, si ipse Bononiensem contulissem.
Maxime enim in talibus erroribus hae editiones discre-

**

quam, ut fatear, quod sentio, non multum utili-
tatis habuit illa comparatio in singulis locis;
adeo codicis ipsius auctoritas vel emendatam
ipsam lectionem exhibebat vel emendandae rationem monstrabat. Hoc unum profuit, ut penitus mihi persuaderem, quicquid vel inter codicem et inter editionem principem discreparet,
vel in ipso codice vitiosum esset, natum esse ex
Bobiensis exempli literis male lectis.

Atque haec quidem de criticis subsidiis, quibus usus sum, dicenda erant; de commentario
meo nihil addam. Qui qualis et esse debuerit
et sit, inquirenti facile apparebit. Illud unum
non existimavi esse praetereundum, ne cui forte
inutiles quasdam res saepe tractasse videar, hoc
mihi fuisse propositum, ut, quantum fieri poterat, unde quodque in Rutilio repetitum esset,
indicarem. Constat enim, opinor, apud poëtas
posteriores, qui ex sua aetate cum nihil magnopere sani repeti posse viderent, aliena exempla
sequi, quam sua vitia referre malebant, late patere imitationem cum omnium superiorum poëtarum, tum Virgilii, qui in poësi princeps semper est habitus Romanae elegantiae. Idque, ut
quisque aut vixit deterrima aetate, aut fuit minime sui ingenii, in eo maxime apparet. Ut in

---

pant, quas ii, qui conferunt, recte et solent et debent
omittere, ne molem inutilium lectionum construant.

Lucano, in Silio Italico, in Claudiano maxima est illa imitatio, minor longe in Statio, in Ausonio. Quem quidem locum cum parum adhuc intelligerem esse exploratum, in Rutilio certe attendendum esse existimavi.

Rebus autem geographicis explicandis quamquam eam ubique impendi operam, quam debui, universum tamen iter Rutilii tabula Etruriae orae maritimae illustravit H. Kiepertus, qui qua est in hoc genere prompta scientia ac sollertia, roganti mihi facile concessit, ut adiiceret subsidium geographicum, quo intellectus huius carminis magnopere adiuvatur. Ac si quis non nomina modo urbium ac locorum eorumque situs, sed rationes quoque, quae hodie sint, ex nostrae aetatis scriptore cognoscere, itaque comparationem quandam inire volet, eum iubeo adire Fen. Cooperi, celebratissimi Anglorum scriptoris, iter Italicum. Is enim, cum Liburni navigium conduxisset, eadem prorsus ratione, qua vetus poëta, litus ubique legens et nobiliores locos visens, Neapolim petiit. Qui, ut et dicendi habet iucunditatem incredibilem, et animadvertendi ac notandi facultatem summam, ita etiam, cum minus ad antiquitatem respiceret, plurima retulit, quae ante hos mille quadringentos annos narravit Rutilius. Quem cum legerem, subiit animum meum tristis illa cogitatio, quo pacto, non dicam hominum an naturae culpa, Italiae huic parti ea fortuna acciderit, ut ex clade, quam Rutilius deplorat, non modo non resurrexerit, sed magis etiam lapsa sit, cui dempta antiquitate quantulum relinquetur! Rutilius quattuor annis postquam Gothi Italiam vastaverunt, profectus est, cum multa ex vetustis temporibus concidissent, multa recens clades perdidisset; sed plurima multo repperit florentiora, quam hodie invenit Cooperus.

Altera disputationis nostrae pars esse debet de Rutilio eiusque carmine, in qua diximus vel supplenda esse vel repetenda breviter, quae in Observationibus explicavimus. Ac de nomine quidem poëtae, quamquam poterant ea, quae disputavimus, rem conficere, accessit nunc codicis nostri auctoritas, in quo *Rutilii Claudii Namatiani* *) carmen appellatur. Itaque res iam sic comparata est, ut Namatianus vocetur ab Summontio in epistola ad Franciscum Pudericum, quam supra laudavimus, et ab codice nostro, ut Namatius quidam, magister officiorum, anno 412 p. Chr. commemoretur in Theod. Cod. 6, 27, 15, isque, quoniam Namatiani nomen rarum erat nec multis commune, Namatianus potius fuisse videatur, hic ipse poëta, qui 1, 561 narret se ma-

---

*) Item libri secundi inscriptio haec est: *Rutilii claudii Namatiani de reditu suo explicit liber I. Incipit liber II.*

gistrum officiorum fuisse, ut Namatius denique
aliquis, episcopus Arvernorum, posteriori tempore inveniatur apud Gregorium Turonensem hist.
Franc. 2, 16 et 17 et 20, alius quidam, qui in
Santonis habitabat, amicus Sidonii Apollinaris,
laudetur ab hoc Epist. 8, 6, venationis idemque
literarum studiosus, ut ex illa epistola intelligitur, tertius vel idem qui alter, item Gallus, ce-
lebretur epitaphio apud du Chesnium in hist.
Franc. script. coëtaneis Vol. I. p. 546, et honoribus summis conspicuus et eloquentia insignis.
Numatianus vero solius editoris Bononiensis auctoritate nititur, quam cognovimus in iis rebus,
quae in singularum literarum ductibus sint po-
sitae, parum esse certam, et Numatiorum rara
et obscura est in inscriptionibus memoria. *) Quae
cum ita sint, non dubito, quin poëta fuerit Rutilius Claudius Namatianus. **)

Item quod disputavi de inscriptione carmi-

————◆————

*) Praeterivi hoc loco alia nomina huius poëtae, ut
Naumatianum Raphaëlis Volaterrani, (vide supra p. IV.)
Numantianum Gesneri in bibliotheca s.-v. et Eunccii de
lect. auct. class. 3, 8 p. 36, alia, quae nulla auctoritate
commendantur.

**) Editores quidem a Castalione omnes scripserunt
Claudius Rutilius, nulla idonea causa, cum Claudii nomen recte et praeponi posse et postponi docuerimus in
Observat. p. 2, nec auctoritas editionis principis temere
spernenda esset.

nis, *) confirmatur iam codicis Vindobonensis inscriptione, quam supra commemoravi. Ex qua apparet illud, quod est *Ex fragmentis* et porro *e Roma in Galliam Narbonensem* non esse inventum in exemplo Bobiensi, sed additum ab eo, qui descripsit. Editio autem Bononiensis sic habet inscriptum: *Ad Venerium Rufum Rutilii Claudii Numatiani Galli, viri consularis, praefectorii urbis, tribuni militum, praefecti praetorio, liber primus, cui titulus Itinerarium,* et deinde initio libri secundi: *Rut. Claud. Numat. de reditu suo Itinerarii liber secundus.* Atqui illud, quod est *ad Venerium Rufum,* male additum esse ex 1, 422, demonstratum est suo loco; de viro consulari non recte collectum est ex 1, 118, item de tribuno militum et praefecto praetorio ex 1, 561. *Praefectorium* autem *urbis* non esse latinum dictum est in Observat. p. 12. **) Reliquum igitur est *itinerarii* nomen, quod acceperunt editores omnes praeter Reusnerum et Burmannum, qui, cum aliud vulgo appellari viderent itinerarium, aliud esse carmen Rutilianum, *iter* maluerunt inscribere. Nos neu-

---

*) Vide Observat. §. XXX.

**) Nam recte dicitur *praefectorius* vel *vir praefectorius,* ut Theod. Cod. 12, 12, 12; Sid. Apoll. Ep. 1, 7; 1, 2; 9, 2; Cassiod. Var. 6, 2 med., non recte additur *urbis.*

tro probato appellavimus *Rutilii Claudii Nama-*
tiani de reditu suo libros II.

Sed haec quidem de nomine poëtae et carminis, in quo discessimus a superioribus; de vita
Namatiani rectius iudicatum erat. Fuit autem
natione Gallus, ut ipse ait 1, 19, fortasse Tolosanus, quia ea maxime pars Galliae recentem cladem, quam deplorat 1, 20—34, a Gothis passa
erat, nobilitatus iam a patre Lachanio multis honoribus (1, 575 sqq.), a quibus ipse non dege-
neravit. Quamquam enim gradus honorum suorum non explicavit, hoc tamen significat, se ma-
gistrum officiorum fuisse (1, 561), quo honore
iam supra dictum est videri eum functum esse
anno 412 p. Chr. Biennio autem post urbi praefectus est et praefuit, ut videtur, per semestre
fere tempus; vide Observat. p. 19. Iacuit deinde,
cupiens tamen et expectans, ut iterum urbi prae-
ficeretur (1, 427), eo, opinor, invisus imperatori,
quod vetera sacra summo amore complectens
christiana oderat. Severius autem tum exequi
coeperat imperator, quae dudum de paganis ab
omnibus magistratibus ac dignitatibus excluden-
dis edixerat (Theod. Cod. 16, 10, 21), eademque
causa fuerat, ut ipsam praefecturam urbis Rutilius aegre adeptus esset (1, 473). Quo cum accessisset clades cum totius Galliae tum suarum
possessionum, quibus auxilium ferendum erat,
Roma, ubi ex praefecturae tempore versatus erat,

relicta domum repetere statuit. Discessit autem
X Cal. Oct., quindecim dies ventum secundum
expectans sedit in portu Augusto, *) inde cum
solvisset, impeditus est in itinere tempestatibus,
quales esse solent autumno, ut Triturrita, quam
ultimam eius novimus stationem, extremo fere
mense Decembri abisse videatur (1, 633).

De ingenio autem Rutilii Namatiani primum
occurrit illud, quod variis interpretum opinionibus
iactatum est, veterum sacrorum studium, christianorum odium. Utrumque enim satis certum est,
et fallitur utique Wernsdorfius, qui nescio quo
poëtae studio ductus alterum certe hoc crimen
in Namatiano diluebat. Nam illud, quod paganorum deos colebat, facilius agnoscis. Sed hoc quoque, quamvis tegatur, negari non potest. Quid
enim? Qui sic ait 1, 395:

Atque utinam nunquam Iudaea subacta fuisset
   Pompeii bellis imperioque Titi!
Latius excisae pestis contagia serpunt,
   Victoresque suos natio victa premit;

et porro 1, 525, ubi de Christianorum sacris dicit, quibus cives in solitudinem ac torporem ab-
ducantur:

  Num, rogo, deterior Circaeis secta venenis?
    Tunc mutabantur corpora, nunc animi,

---

*) Vide quae diximus cum ad 1, 183 et 201 sqq.,
tum in Observat. §. III.

ab eo negabimus carpi Christianos? Atque eos
ut odisset, cum pervagata hominum opinione mo-
vebatur, qui Christianorum sacris imperium Romanum pessumdari, (1, 440 et 517) deletisque veteribus templis ac diis tolli tutelam rerum Ro-
manarum (2, 51) clamitabant, tum peculiaris quaedam causa accedebat. Antiquitatis enim studium,
quo incensus erat, ad Stoicam philosophiam
eum deduxerat, cuius haud dubia apud eum cognoscimus vestigia (1, 19; 1, 644; 2, 32), quae
necessario sic eum afficiebat, ut quicquid ab antiquis moribus descisceretur, quae non pauca esse
videbat recepta nova religione, vituperaret. Quae
quidem animi affectio ut ipsi nocuerat et effe-
cerat, ut Roma relinquenda esset, ita poëticam
eius laudem admodum adiuvit. Nam eo potissimum nomine hoc carmen habet iucunditatem
summam, quod undique agnoscas, vivere totum
poëtam in antiquitate, nihil ducere praeclarius
quam opera maiorum, nihil laudabilius, quam
summas illas virtutes, quibus Romani totius orbis terrarum imperium obtinuerunt. Quid igitur mirum, quod sua aetate spreta ad veterum
imitationem se contulit? diversus tamen in eodem studio paululum a Claudiano, cum ipse non
verba modo, sed res etiam veteres secutus sit,
ille, qua erat vel facilitate vel levitate ingenii,
veterem dicendi elegantiam ad suorum temporum tenuitatem adhibuerit. Exprobrare autem

hanc ei imitationem iniustum fuerit. Optimum
est illud quidem, posse et sui ingenii esse et
boni,

ἐσθλὸς δ'αὖ κἀκεῖνος, ὃς εὖ εἰπόντι πίθηται,

ut ait ille, meritamque habeamus Rutilio gra-
tiam, quod tanta cum caritate antiquitatis ita
descripsit Romam Italiamque, ut et utilis eius
sit lectio atque ad multarum rerum cognitionem
fructuosissima, et ad admirationem rerum Roma-
narum incendat.

Scripsi Berolini a. d. X Cal. Iun. 1840.

miratur (249—276). Insequenti die Munionis ostium praetervectus Graviscas videt et Cosam, tandem in Herculis portum deflectit et data occasione Lepidorum gens quam perniciosa fuerit imperio Romano, docet (277—312). Postridie mane primum Mons Argentarius circumvehendus; deinde procul Igilium insulam videt, Umbronem flumen tangit, dum festinat, nocte oppressus, in litore sub tentoriis conquiescit (313—348). Ut illuxit, aegre procedit, Ilvam videt, Faleriam devertitur et rusticorum ludis tum forte Osiridis sollemnia celebrantium amoenaque regione delectatur, sed, ingrato Iudaei hospitio exceptus, quamvis adverso Borea, rursus mari se committit et Populoniae pernoctat. Ibi Ceionio Rufio Volusiano praefecturam urbis delatam esse comperit (349—428). Prima luce profectus Corsicam videt et Caprariam insulam, monachorum latebram, Vada Volaterrana ingreditur, vento adverso coactus appellitur ad Albini sui villam, salinas villae sublectas visit, cum Victorino congreditur (429—510). Sexto itineris die Gorgon insulam, in quam nuper iuvenis nobilis secesserat, praetervectus, Triturritam villam petit, cuius portum admiratur (511—540). Deinde, cum secundo vento abire posset, Protadium virum et nobilitate et virtute insignem, convenire mavult atque Pisas proficiscitur, ubi Lachanii patris statuam invenit, et Decii, tum consularis Etruriae, eiusque patris Lucilli, satirarum scriptoris, laudandi occasio datur (541—614). Reversus autem Triturritam tempestate ac vento a mari prohibetur, multorumque dierum moram venando consolatur.

1*

mani, repetendas esse (67 — 72). Propter easdem merito in dearum numero haberi. Nullum certe unquam pulchrius fuisse imperium, quam hoc, cui Roma dea praesit (73 — 92). Quid enim? Quot et quanta sint in urbe aedificia, aut victoriarum testes aut pietatis erga deos? Quantae sint illae moles aquaeductuum? Quantum denique sit illud, quod natura ipsa aedium ratione vincatur? (93—114) Quae cum tot ac tanta possideat, ne frangatur dea animo clade nuper a Getis accepta, sed veteris suae consuetudinis memor crescat calamitate (115 — 140). Itaque et Getas vincat et totius orbis terrarum copiis suam inopiam sustentet (141 — 154). Sibi vero per si quid paulo ante praefectus urbi bene ac recte egerit, prosperum det reditum in patriam, atque etiam absentis reminiscatur (155 — 164). Sic precatus urbe exit, comitibus cum aliis, tum Ceionio Rufio Volusiano quaestore, praestantissimo iuvene (165 — 178). Quos ut dimisit, via Portuensi ad naves proficiscitur, quae ab quattuordecim milibus eo loco opperiebantur, quo Tiberis in duo brachia dividitur, dextroque flumine in portum devehitur. Sed cum ventus sit adversus, quindecim dierum mora interponitur, dum poëta et adspectu regionis Romanae fruitur et Circensium clamoribus, quos audire sibi videtur (179 — 204). Tandem, cum luna nova incidisset ac tempestas idonea, Palladio quoque, Exuperantii filio, proprinquo suo, dimisso, ex portu abit (205 — 216). Litus legens Alsium praetervehitur et Pyrgos, et Caeretanum agrum et Castrum, quod Inui esse putat (217 — 236). Centumcellas devectus pernoctare statuit, portuque lustrato (237 — 248) Thermas Taurianas visit Messalaeque, oratoris nobilis, carmen, quo fontes illi celebrantur, ad-

miratur (249 — 276). Insequenti die Munionis ostium praetervectus Graviscas videt et Cosam, tandem in Herculis portum deflectit et data occasione Lepidorum gens quam perniciosa fuerit imperio Romano, docet (277 — 312). Postridie mane primum Mons Argentarius circumvehendus; deinde procul Igilium insulam videt, Umbronem flumen tangit, dum festinat, nocte oppressus, in litore sub tentoriis conquiescit (313 — 348). Ut illuxit, aegre procedit, Ilvam videt, Faleriam devertitur et rusticorum ludis tum forte Osiridis sollemnia celebrantium amoenaque regione delectatur, sed, ingrato Iudaei hospitio exceptus, quamvis adverso Borea, rursus mari se committit et Populoniae pernoctat. Ibi Ceionio Rufio Volusiano praefecturam urbis delatam esse comperit (349 — 428). Prima luce profectus Corsicam videt et Caprariam insulam, monachorum latebram, Vada Volaterrana ingreditur, vento adverso coactus appellitur ad Albini sui villam, salinas villae subiectas visit, cum Victorino congreditur (429 — 510). Sexto itineris die Gorgon insulam, in quam nuper iuvenis nobilis secesserat, praetervectus, Triturritam villam petit, cuius portum admiratur (511 — 540). Deinde, cum secundo vento abire posset, Protadium virum et nobilitate et virtute insignem, convenire mavult atque Pisas proficiscitur, ubi Lachanii patris statuam invenit, et Decii, tum consularis Etruriae, eiusque patris Lucilli, satirarum scriptoris, laudandi occasio datur (541 — 614). Reversus autem Triturritam tempestate ac vento a mari prohibetur, multorumque dierum moram venando consolatur.

1*

Desunt pauca.

Velocem potius reditum mirabere, lector,
  Tam cito Romuleis posse carere bonis.
Quid longum toto Romam, venerantibus aevo?
  Nil unquam longum est, quod sine fine placet.
O, quantum et quotiens possum numerare, beatos,   5
  Nasci felici, qui meruere, solo!
Qui Romanorum procerum generosa propago
  Ingenitum cumulant urbis honore decus!
Semina virtutum demissa et tradita coelo
  Non potuere aliis dignius esse locis.   10
Felices etiam, qui proxima munera primis
  Sortiti Latias obtinuere domos!
Relligiosa patet peregrinae curia laudi,
  Nec putat externos, quos decet esse suos.
Ordinis imperio collegarumque fruuntur,   15
  Et partem genii, quem venerantur, habent:
Quale per aetherios mundani vorticis axes
  Concilium summi credimus esse dei.

Varietas scripturae.

3. E. tot. 5. E. W. quoties possem. 6. E. faelici,
ut ubique. 12. C. optinuere. 13. C. E. W. religiosa.
14. E. quo. 15. C. feruntur; in margine, quod edidimus.
17. E. quare per C. etherios. C. E. W. verticis. 18. E.
W. connubium.

At mea dilectis fortuna revellitur oris,
    Indigenamque suum Gallica rura vocant: 20
Illa quidem longis nimium deformia bellis,
    Sed quam grata minus, tam miseranda magis.
Securos levius crimen contemnere cives:
    Privatam repetunt publica damna fidem.
Praesentes lacrimas tectis debemus avitis,   25
    Prodest admonitus saepe dolore labor.
Nec fas ulterius longas nescire ruinas,
    Quas mora suspensae multiplicavit opis.
Iam tempus, laceris post saeva incendia fundis
    Vel pastorales aedificare casas.   30
Ipsi quin etiam fontes si mittere vocem,
    Ipsaque si possent arbuta nostra loqui,
Cessantem iustis poterant urguere querelis,
    Et desideriis addere vela meis.

Iamiam, laxatis carae complexibus urbis,   35
    Vincimur et serum vix toleramus iter.
Electum pelagus, quoniam terrena viarum
    Plana madent fluviis, cautibus alta rigent.
Postquam Tuscus ager, postquamque Aurelius agger,
    Perpessus Geticas ense vel igne manus,   40
Non silvas domibus, non flumina ponte coërcet,
    Incerto satius credere vela mari.

Crebra relinquendis infigimus oscula portis,
    Inviti superant limina sacra pedes.

---

25. C. E. lachrymas. 29. E. W. longa incendia.
33. E. W. urgere. 34. E. W. reddere vela. 39. E. Au-
rellius. 41. C. sylvas; C. E. coherçet.

Oramus veniam lacrimis et laude litamus,   45
  In quantum fletus currere verba sinit:

Exaudi, regina tui pulcherrima mundi,
  Inter sidereos Roma recepta polos!
Exaudi, genitrix hominum genitrixque deorum!
  Non procul a coelo per tua templa sumus.   50
Te canimus semperque, sinent dum fata, canemus;
  Sospes nemo potest immemor esse tui.
Obruerint citius scelerata oblivia solem,
  Quam tuus ex nostro corde recedat honos.
Nam solis radiis aequalia munera tendis,   55
  Qua circumfusus fluctuat Oceanus.
Volvitur ipse tibi, qui continet omnia, Phoebus,
  Eque tuis ortos in tua condit equos.
Te non flammigeris Libye tardavit arenis,
  Non armata suo reppulit ursa gelu,   60
Quantum vitalis natura tetendit in axes,
  Tantum virtuti pervia terra tuae.
Fecisti patriam diversis gentibus unam,
  Profuit iniustis, te dominante, capi;
Dumque offers victis proprii consortia iuris,   65
  Urbem fecisti, quod prius orbis erat.

Auctorem generis Venerem Martemque fatemur,
  Aeneadum matrem, Romulidumque patrem.
Mitigat armatas victrix clementia vires,
  Convenit in mores numen utrumque tuos.   70
Hinc tibi certandi, bona parcendique voluptas
  Quos timuit, superat, quos superavit, amat.

---

45. C. E. lachrymis. 48. E. sydereos. 58. E. ortus.
59. C. flammigeris lybie; E. Libiae; C. E. harenis. 60. C.
E. repulit. 70. C. E. nomen.

Inventrix oleae colitur vinique repertor,
   Et qui primus humo pressit aratra puer.
Aras Paeoniam meruit medicina per artem,   75
   Factus et Alcides nobilitate deus.
Tu quoque, legiferis mundum complexa triumphis,
   Foedere communi vivere cuncta facis.
Te, dea, te celebrat Romanus ubique recessus,
   Pacificoque gerit libera colla iugo.   80

Omnia perpetuos quae servant sidera motus,
   Nullum viderunt pulchrius imperium.
Quid simile Assyriis? Connectere contigit armis
   Medi finitimos cum domuere suos.
Magni Parthorum reges Macetumque tyranni   85
   Mutua per varias iura dedere vices.
Nec tibi nascenti plures animaeque manusque,
   Sed plus consilii iudiciique fuit.
Iustis bellorum causis nec pace superba
   Nobilis ad summas gloria venit opes.   90
Quod regnas, minus est, quam quod regnare mereris:
   Excedis factis grandia fata tuis.

Percensere labor densis decora alta tropaeis,
   Ut si quis stellas pernumerare velit.
Confunduntque vagos delubra micantia visus: 95
   Ipsos crediderim sic habitare deos.
Quid loquar aërio pendentes fornice rivos,
   Qua vix imbriferas tolleret Iris aquas?

---

76. E. fraetus; C. fretus; in margine factus. Paulo
post C. donis, cui eraso suprascriptum deus. 81. E. sydera.
83. E. quid simile assyriis connectere contigit arma.
W. quid simile? Assyriis connectere contigit arva.
85. C. E. macedumque. 87. E. animeque. 89. W. caus-
sis. 92. E. grandia facta. 93. persensere-trophaeis.
96. E. ipso. 98. C. tolerat, in margine tollerat, tolleret.

Hos potius dicas crevisse in sidera montes:
    Tale giganteum Graecia laudet opus.   100
Intercepta tuis conduntur flumina muris,
    Consumunt totos celsa lavacra lacus.
Nec minus et propriis celebrantur roscida venis,
    Totaque nativo moenia fonte sonant.
Frigidus aestivas hinc temperat halitus auras,   105
    Innocuamque levat purior unda sitim.
Nempe tibi subitus calidarum gurges aquarum
    Rupit Tarpeias, hoste premente, vias.
Si foret aeternus, casum fortasse putarem:
    Auxilio fluxit, qui rediturus erat.   110
Quid loquar inclusas inter laquearia silvas,
    Vernula qua vario carmine ludit avis?
Vere tuo nunquam mulceri desinit annus,
    Deliciasque tuas victa tuetur hiems.

Erige crinales lauros, seniumque sacrati   115
    Vorticis in virides, Roma, refinge comas.
Aurea turrigero radient diademata cono,
    Perpetuosque ignes aureus umbo vomat.
Abscondat tristem deleta iniuria casum,
    Contemptus solidet vulnera clausa dolor.   120
Adversis sollemne tuis sperare secunda,
    Exemplo coeli ditia damna subis.
Astrorum flammae renovant occasibus ortus,
    Lunam finiri cernis, ut incipiat.

---

99. C. sidere, in margine sidera. 100. E. W. laudat;
C. lauda(e)t. E. gigantaeum. 102. E. lavachra. 112. E.
vernulaque-ludat. 114. C. hyems. 116. C. E. verticis-
recinge. 117. C. radiant, in margine radient. 119. C. ab-
scundat. 121. E. adversus solem ne vis; C. solem ne
vis. 122. E. coelo. 123. C. novant, in margine renovant.

Victoris Brenni non distulit Allia poenam,   125
   Samnis servitio foedera saeva luit.
Post multas Pyrrhum clades superata fugasti,
   Flevit successus Hannibal ipse suos.
Quae mergi nequeunt, nisu maiore resurgunt,
   Exiliuntque imis altius acta vadis.   130
Utque novas vires fax inclinata resumit,
   Clarior ex humili sorte superna petis.
Porrige victuras Romana in saecula leges,
   Solaque fatales non vereare colos,
Quamvis, sedecies denis et mille peractis,   135
   Annus praeterea iam tibi nonus eat.
Quae restant, nullis obnoxia tempora metis,
   Dum stabunt terrae, dum polus astra feret.
Illud te reparat, quod cetera regna resolvit:
   Ordo renascendi est crescere posse malis.   140

Ergo age, sacrilegae tandem cadat hostia gentis,
   Submittant trepidi perfida colla Getae.
Ditia pacatae dent vectigalia terrae,
   Impleat augustos barbara praeda sinus.
Aeternum tibi Rhenus aret, tibi Nilus inundet,   145
   Altricemque suam fertilis orbis alat.
Quin et fecundas tibi conferat Africa messes,
   Sole suo dives, sed magis imbre tuo.
Interea et Latiis consurgant horrea sulcis,
   Pinguiaque Hesperio nectare prela fluant.   150
Ipse, triumphali redimitus arundine, Tibris

---

125. E. Breni-paenum. C. poenum, in margine poenam. 127. E. Pirrhum. 128. E. W. Annibal. 129. E. nixu.
130. E. altius alta; C. idem, sed in margine altius acta.
133. C. E. secula. 134. W. colus. 135. C. sexdecies (?).
145. E. tibi renus. 148. C. hibre tuo. 149. E. W. Interea Latiis. 151. C. E. Tybris.

Romuleis famulas classibus aptet aquas,
  Atque opulenta tibi placidis commercia ripis
    Devehat hinc ruris, subvehat inde maris.

Pande, precor, gemino placatum Castore pontum, 155
  Temperet aequoream dux Cytherea viam,
Si non displicui, regerem cum iura Quirini,
  Si colui sanctos consuluique patres.
Nam quod nulla meum strinxerunt crimina ferrum,
  Non sit praefecti gloria, sed populi.   160
Sive datur patriis vitam componere terris,
  Sive oculis unquam restituere meis,
Fortunatus agam votoque beatior omni,
  Semper digneris si meminisse mei.

His dictis iter arripimus. Comitantur amici.   165
  Dicere non possunt lumina sicca vale.
Iamque aliis Romam redeuntibus, haeret eunti
  Rufius, Albini gloria viva patris.
Qui Volusi antiquo derivat stemmate nomen
  Et reges Rutulos, teste Marone, refert.   170
Huius facundae commissa palatia linguae,
  Primaevus meruit principis ore loqui.
Rexerat ante puer populos pro consule Poenus,
  Aequalis Tyriis terror amorque fuit.
Sedula promisit summos imitatio fasces,   175
  Si fas est meritis fidere, consul erit.
Invitum tristis tandem remeare coegi,
  Corpore divisos mens tamen una tenet.

---

152. E. ossibus; W. usibus. 153. C. E. comertia.
155. C. portum. 157. E. cui, C. cum. 165. C. E., ut edidimus, arripimus. 166. C. dicere non possum(t) lumine(a)
sicco(a) vale. E. W. non possum sicca dicere luce vale.
175. C. imitantia, in margine imitatio. 176. C. divisos-
ter et, in margine tenet; E. W. diviso-fuit.

Tum demum ad naves gradior, qua fronte bicorni
   Dividuus Tiberis, dexteriora secat.   180
Laevus inaccessis fluvius vitatur arenis,
   Hospitis Aeneae gloria sola manet.
Et iam nocturnis spatium laxaverat horis
   Phoebus, chelarum pallidiore polo:
Cunctamur tentare salum, portuque sedemus,   185
   Nec piget oppositis otia ferre moris,
Occidua infido dum saevit gurgite Plias,
   Dumque procellosi temporis ira cadit.
Respectare iuvat vicinam saepius urbem
   Et montes visu deficiente sequi.   190
Quaque duces oculi, grata regione fruuntur,
   Dum se, quod cupiunt, cernere posse putant.
Nec locus ille mihi cognoscitur indice fumo,
   Qui dominas arces et caput orbis habet:
Quamquam signa levis fumi commendat Homerus, 195
   Dilecto quotiens surgit in astra solo.
Sed coeli plaga candidior, tractusque serenus
   Signat septenis culmina clara iugis.
Illic perpetui soles, atque ipse videtur,
   Quem sibi Roma facit, purior esse dies.   200
Saepius attonitae resonant Circensibus aures,
   Nuntiat accensus plena theatra favor.
Pulsato notae redduntur ab aethere voces,
   Vel quia perveniunt, vel quia fingit amor.

Explorata fides pelagi ter quinque diebus,   205
   Dum melior lunae sideret aura novae.

---

180. C. E. Tyberis. 183. C. spacium. 185. E. solum.
186. C. E. ocia. 192. C. capiunt, in margine cupiunt.
196. E. W. quoties. 197. C. tractuque, in margine tractusque. 203. E. ad aethera.

Tum discessurus studiis urbique remitto
  Palladium, generis spemque decusque mei.
Facundus iuvenis Gallorum nuper ab oris
  Missus, Romani discere iura fori.   210
Ille meae secum dulcissima vincula curae,
  Filius affectu, stirpe propinquus, habet.
Cuius Aremoricas pater Exuperantius oras
  Nunc postliminium pacis amare docet;
Leges restituit, libertatemque reducit,   215
  Et servos famulis non sinit esse suis.

Solvimus aurorae dubio, quo tempore primum
  Agnosci patitur redditus arva color.
Progredimur parvis per litora proxima cymbis,
  Quarum perfugio crebra pateret humus.   220
Aestivos penetrent oneraria carbasa fluctus,
  Tutior auctumnus mobilitate fugae.
Alsia praelegitur tellus, Pyrgique recedunt,
  Nunc villae grandes, oppida parva prius.
Iam Caeretanos demonstrat navita fines,   225
  Aevo deposuit nomen Agylla vetus.
Stringimus [hinc exesum] et fluctu et tempore
                              Castrum.
  Index semiruti porta vetusta loci.
Praesidet exigui formatus imagine saxi,
  Qui pastorali cornua fronte gerit.   230
Multa licet priscum nomen deleverit aetas,
  Hoc Inui castrum fama fuisse putat.

---

208. E. Palladiam. 211. C. cune. E. cunnae. 213. C.
ore medicas, in margine anemoricas. 214. E. amore.
219. C. E. littora. 220. C. crebre, sed e mutatum in a.
222. C. E. autumnus; E. nobilitate. 223. E. Pyrrhique.
225. E. Ceretanos. 227. C. E. stringimus .... et fluctu
cum lacuna. 230. E. W. nomina fronte.

Seu Pan Tyrrhenis mutavit Maenala silvis,
  Sive sinus patrios incola Faunus init:
Dum renovat largo mortalia semina fetu,   235
  Fingitur in Venerem pronior esse deus.
Ad Centumcellas forti defleximus austro.
  Tranquilla puppes in statione sedent.
Molibus aequoreum concluditur amphitheatrum,
  Angustosque aditus insula facta tegit;   240
Attolit geminas turres, bifidoque meatu
  Faucibus artatis, pandit utrumque latus.
Nec posuisse satis laxo navalia portu;
  Ne vaga vel tutas ventilet aura rates,
Interior medias sinus invitatus in aedes   245
  Instabilem fixis aëra nescit aquis:
Qualis in Euboicis captiva natatibus unda
  Sustinet alterno brachia lenta sinu.
Nosse iuvat Tauri dictas de nomine Thermas,
  Nec mora difficilis milibus ire tribus.   250
Non illic gustu latices vitiantur amaro,
  Lymphave fumifico sulphure tincta calet.
Purus odor mollisque sapor dubitare lavantem
  Cogit, qua melius parte petantur aquae.
Credere si dignum famae, flagrantia taurus   255
  Investigato fonte lavacra dedit,
Ut solet excussis pugnam praeludere glebis,
  Stipite cum rigido cornua prona terit:
Sive deus, faciem mentitus et arma iuvenci,

<hr>

233. C. immutant, deleta prima syllaba im. E. maena-
lia silvis. 235. C. scribendi errore longo mortalia. 237. E.
haustro. 242. C. arctatus. E. arctatis. 248. E. W. lenta
sono; idem C., sed in margine sinu. 250. C. millibus.
251. E. latles. 252. C. E. W. lymphaque. E. sulphura.
253. C. E. labantem, scribendi errore. 259. E. W. ora iuvenci.

Noluit ardentis dona latere soli,   260
Qualis, Agenorei rapturus gaudia furti
  Per freta, virgineum sollicitavit onus.
Ardua non solos deceant miracula Graios.
  Auctorem pecudem fons Heliconis habet.
Elicitas simili credamus origine nymphas: 265
  Musarum latices ungula fodit equi.
Haec quoque Pieriis spiracula comparat antris
  Carmine Messalae nobilitatus ager,
Intrantemque capit, discedentemque moratur
  Postibus affixum dulce poëma sacris.   270
Hic est, qui primo seriem de consule ducit,
  Usque ad Publicolas si redeamus avos.
Hic et praefecti nutu praetoria rexit;
  Sed menti et linguae gloria maior inest.
Hic docuit, qualem poscat facundia sedem,   275
  Ut bonus esse velit, quisque disertus erit.

Roscida puniceo fulsere crepuscula coelo:
  Pandimus obliquo lintea flexa sinu.
Paulisper fugimus litus Munione vadosum,
  Suspecto trepidant ostia parva solo.   280
Inde Graviscarum fastigia rara videmus,
  Quas premit aestivae saepe paludis odor.
Sed nemorosa viret densis vicinia lucis,
  Pineaque extremis fluctuat umbra fretis.
Cernimus antiquas, nullo custode, ruinas   285
  Et desolatae moenia foeda Cosae.
Ridiculam cladis pudet inter seria causam
  Promere, sed risum dissimulare piget.

---

265. W. lymphas. 266. W. Musarum ut latices.
277. E. rosida. 278. E. linthea. 279. W. Paullisper-Mi-
nione. 280. E. hostia. 282. E. aestive. 287. E. putet.

Dicuntur cives quondam, migrare coacti,
  Muribus infestos deseruisse lares. 290
Credere maluerim Pygmaeae damna cohortis,
  Et coniuratas in sua bella grues.
Haud procul hinc petitur signatus ab Hercule
                  portus.
  Vergentem sequitur mollior aura diem.
Inter castrorum vestigia sermo retexit 295
  Sardoam, Lepido praecipitante, fugam.
Litore namque Cosae cognatos depulit hostes
  Virtutem Catuli Roma secuta ducis.
Ille tamen Lepidus peior, civilibus armis
  Qui gessit sociis impia bella tribus, 300
Qui libertatem, Mutinensi Marte receptam,
  Obruit auxiliis, urbe pavente, novis.
Insidias paci moliri tertius ausus
  Tristibus excepit congrua fata reis.
Quartus, Caesareo dum vult irrepere regno, 305
  Incesti poenam solvit adulterii.
Nunc quoque — Sed melius de nostris fama
                queretur,
  Iudex posteritas semina dira notet.
Nominibus certos credam decurrere mores?
  Moribus an potius nomina certa dari? 310
Quicquid id est, mirus Latiis annalibus ordo,
  Quod Lepidum totiens reccidit ense malum.

Necdum decessis pelago permittimur umbris.
  Natus vicino vortice ventus adest.

---

291. C. E. Pygmaeae. 297. C. E. Littore. 302. E. urbe
favente. W. orbe pavente. 305. C. inrepere. 307. W.
queratur. 312. C. W. toties recidit. 313. E. permittitur.
314. W. vertice.

Tenditur in medias Mons Argentarius undas, 315
  Ancipitique iugo caerula curva premit.
Transversos colles bis ternis milibus artat,
  Circuitu ponti ter duodena patet:
Qualis per geminos fluctus Ephyreïus Isthmos
  Ionias bimari litore findit aquas. 320
Vix circumvehimur sparsae dispendia rupis,
  Nec sinuosa gravi cura labore caret.
Mutantur totiens vario spiramina flexu;
  Quae modo profuerant vela, repente nocent.
Eminus Igilii silvosa cacumina miror: 325
  Quam fraudare nefas laudis honore suae.
Haec proprios nuper tutata est insula saltus
  Sive loci ingenio, seu domini genio,
Gurgite cum modico victricibus obstitit armis,
  Tamquam longinquo dissociata mari. 330
Haec multos lacera suscepit ab urbe fugatos.
  Hic fessis posito certa timore salus.
Plurima terreno populaverat aequora bello
  Contra naturam classe timendus eques.
Unum mira fides vario discrimine portum 335
  Tam prope Romanis, tam procul esse Getis.

Tangimus Umbronem. Non est ignobile flumen,
  Quod tuto trepidas excipit ore rates.
Tam facilis pronis semper patet alveus undis,
  In pontum quotiens saeva procella ruit. 340
Hic ego tranquillae volui succedere ripae,
  Sed nautas, avidos longius ire, sequor.

                            Sic

---

317. C. arctat. 319. E. Istmos. 233. C. E. W. toties.
324. E. non profuerant. W. nunc profuerant. 326. E. ue-
phus. 329. W. gurgite quum. 338. C. toto (?). Idem W.
340. E. quoties. 342. E. avidas.

Sic festinantem ventusque diesque reliquit;
　Nec proferre pedem nec revocare licet.
Litorea noctis requiem metamur arena,　　　　　345
　Dat vespertinos myrtea silva focos.
Parvula subiectis facimus tentoria remis;
　Transversus subito culmine contus erat.

Lux aderat. Tonsis progressi stare videmur;
　Sed cursum prorae terra relicta probat.　　　350
Occurrit Chalybum memorabilis Ilva metallis,
　Qua nihil uberius Norica gleba tulit.
Non Biturix largo potior strictura camino,
　Nec quae Sardonico cespite massa fluit.
Plus confert populis ferri fecunda creatrix,　　355
　Quam Tartessiaci glarea fulva Tagi.
Materies vitiis aurum letale parandis:
　Auri caecus amor ducit in omne nefas.
Aurea legitimas expugnant munera taedas,
　Virgineosque sinus aureus imber emit.　　　360
Auro victa fides munitas decipit urbes:
　Auri flagitiis ambitus ipse furit.
At contra ferro squalentia rura coluntur:
　Ferro vivendi prima reperta via est.
Saecula semideum, ferrati nescia Martis,　　　365
　Ferro crudeles sustinuere feras.
Humanis manibus non sufficit usus inermis,
　Si non sint aliae, ferrea tela, manus.
His mecum pigri solabar taedia venti,
　Dum resonat variis vile celeuma modis.　　　370

343. W. festinantes, idem paulo post errore relinquit.
345. C. E. littorea. 346. E. myrthea. 351. C. calybum.
352. W. nil. 354. E. Sardonio-masse. W. Sardoo. 355. E.
foecunda. 356. C. Tartesiaci. 363. E. fero. 365. C. inertia, in margine nescia. 369. E. sanabar. 370. W. celeusma.

Lassatum cohibet vicina Faleria cursum,
  Quamquam vix medium Phoebus haberet iter.
Et tum forte hilares per compita rustica pagi
  Mulcebant sacris pectora fessa iocis.
Illo quippe die tandem renovatus Osiris   375
  Excitat in fruges germina laeta novas.
Egressi villam petimus lucoque vagamur:
  Stagna placent septo deliciosa vado.
Ludere lascivos intra vivaria pisces
  Gurgitis inclusi laxior unda sinit.   380
Sed male pensavit requiem stationis amoenae
  Hospite conductor dirior Antiphate.
Namque loci querulus curam Iudaeus agebat,
  Humanis animal dissociale cibis.
Vexatos frutices, pulsatas imputat algas,   385
  Damnaque libatae grandia clamat aquae.
Reddimus obscenae convicia debita genti,
  Quae genitale caput propudiosa metit.
Radix stultitiae: cui frigida sabbata cordi,
  Sed cor frigidius relligione sua.   390
Septima quaeque dies turpi damnata veterno,
  Tamquam lassati mollis imago dei.
Cetera mendacis deliramenta catastae .
  Nec pueros omnes credere posse reor.
Atque utinam nunquam Iudaea subacta fuisset   395
  Pompeii bellis imperioque Titi!
Latius excisae pestis contagia serpunt,
  Victoresque suos natio victa premit.

---

371. W. laxatum. 372. E. quanquam. 373. E. rustica fagi. 375. E. Osyris. 377. E. petimusque lucoque vagamur. W. potimus ludoque vacamus. 378. E. W. delitiosa. 379. C. E. inter vivaria. 382. C. E. W. durior. 387. E. oscenae; C. obscaenae. 390. E. W. sua est.

Adversus surgit Boreas, sed nos quoque remis
　　Surgere certamus, cum tegit astra dies. 400
Proxima securum reserat Populonia litus,
　　Qua naturalem ducit in arva sinum.
Non illic positas extollit in aethera moles
　　Lumine nocturno conspicienda pharos,
Sed speculam validae rupis sortita vetustas, 405
　　Qua fluctus domitos arduus urguet apex,
Castellum geminos hominum fundavit in usus,
　　Praesidium terris, indiciumque fretis.
Agnosci nequeunt aevi monumenta prioris,
　　Grandia consumpsit moenia tempus edax. 410
Sola manent interceptis vestigia muris,
　　Ruderibus latis tecta sepulta iacent.
Non indignemur mortalia corpora solvi:
　　Cernimus exemplis oppida posse mori.

Laetior hic nostras crebrescit fama per auras, 415
　　Consilium Romam paene redire fuit.
Hic praefecturam sacrae cognoscimus urbis
　　Delatam meritis, dulcis amice, tuis.
Optarem verum complecti carmine nomen,
　　Sed quosdam refugit regula dura pedes. 420
Cognomen versu *Veneris*, carissime Rufi:
　　Illo te dudum pagina nostra canit.
Festa dies, pridemque meos dignata penates
　　Poste coronato vota secunda colat:
Exornent virides communia gaudia rami, 425

---

400. W. dum tegit. 401. C (?). E. littus. 405. E. spe-
culum valide. 406. E. W. urget. 407. E. fraudavit.
409. E. monimenta, ut infra v. 517. 412. W. late tecta,
413. W. nos indignemur-solvi. 417. C. cognovimus,
correctum cognoscimus. 421. W. veniat, carissime.
425. C. exornant, correctum exornent.

Provecta est animae portio magna meae:
Sic mihi, sic potius placeat geminata potestas:
Per quem malueram, rursus honore fruor.

Currere curamus velis, Aquilone reverso,
Cum primum roseo fulsit Eous equo. 430
Incipit obscuros ostendere Corsica montes,
Nubiferumque caput concolor umbra levat.
Sic dubitanda solet gracili vanescere cornu,
Defessisque oculis luna reperta latet.
Haec ponti brevitas auxit mendacia famae: 435
Armentale ferunt quippe natasse pecus.
Tempore Cyrnaeas quo primum venit in oras
Forte secuta vagum femina Corsa bovem.
Processu pelagi iam se Capraria tollit.
Squalet lucifugis insula plena viris. 440
Ipsi se monachos Graio cognomine dicunt,
Quod soli nullo vivere teste volunt.
Munera fortunae metuunt, dum damna verentur.
Quisquam sponte miser, ne miser esse queat?
Quaenam perversi rabies tam stulta cerebri, 445
Dum mala formides, nec bona posse pati?
Sive suas repetunt ex fato ergastula poenas,
Tristia seu nigro viscera felle tument.
Sic nimiae bilis morbum assignavit Homerus
Bellerophonteis sollicitudinibus: 450
Nam iuveni offenso saevi post tela doloris
Dicitur humanum displicuisse genus.

---

429. E. W. fruar. 431. E. Corsica. 433. C. hic, correctum sic. 440. E. squall'et. 441. C. E. monacos. 445. E.
quae nam. 449. C. W. adsignavit. 450. E. Bellerophon-
thaeis.

In Volaterranum, vero Vada nomine, tractum
  Ingressus dubii tramitis alta lego.
Despectat prorae custos clavumque sequentem. 455
  Dirigit et puppim voce monente regit.
Incertas gemina discriminat arbore fauces,
  Defixasque offert limes uterque sudes.
Illis proceras mos est annectere lauros,
  Conspicuas ramis et fruticante coma, 460
Ut, praebente viam densi symplegade limi,
  Servet inoffensas semita clara notas.
Illic me rapidus consistere corus adegit,
  Qualis silvarum frangere lustra solet.
Vix tuti domibus saevos toleravimus imbres. 465
  Albini patuit proxima villa mei.
Namque meus, quem Roma meo subiunxit honori,
  Per quem iura meae continuata togae.
Non expectatos pensavit laudibus annos,
  Vitae flore puer, sed gravitate senex. 470
Mutua germanos iunxit reverentia mores,
  Et favor alternis crevit amicitiis.
Praetulit ille meas, cum vincere posset, habenas,
  At decessoris maior amore fuit.
Subiectas villae vacat aspectare salinas. 475
  Namque hoc censetur nomine salsa palus;
Qua mare terrenis declive canalibus intrat,
  Multifidosque lacus parvula fossa rigat.
Ast, ubi flagrantes admovit Sirius ignes,
  Cum pallent herbae, cum sitit omnis ager: 480
Tum cataractarum claustris excluditur aequor,

---

457. C. E. incertus. 461. E. W. praebente algam.
474. C. ad (nte) decessoris. E. W. praedecessaris. 479. C.
Syrius. 481. C. E. cum catharactarum.

Ut fixos latices torrida duret humus.
Concipiunt acrem nativa coagula Phoebum,
  Et gravis aestivo crusta calore coit:
Haud aliter quam cum glacie riget horridus Ister,   485
  Grandiaque astricto flumine plaustra vehit.
Rimetur solitus naturae expendere causas,
  Inque pari dispar fomite quaerat opus:
Vincta fluenta gelu conspecto sole liquescunt,
  Et rursus liquidae sole gelantur aquae,   490

O quam saepe malis generatur origo bonorum!
  Tempestas dulcem fecit amara moram,
Victorinus enim, nostrae pars maxima mentis,
  Congressu explevit mutua vota suo,
Errantem Tuscis considere compulit agris   495
  Et colere externos capta Tolosa lares,
Nec tantum duris nituit sapientia rebus,
  Pectore non alio prosperiora tulit.
Conscius Oceanus virtutum, conscia Thule
  Et quaecunque ferox arva Britannus arat,   500
Qua praefectorum vicibus frenata potestas
  Perpetuum magni foenus amoris habet.
Extremum pars illa quidem discessit in orbem,
  Sed tamquam medio rector in orbe fuit.
Plus palmae est illos inter voluisse placere,   505
  Inter quos minor est displicuisse pudor.
Illustris nuper sacrae comes additus aulae
  Contempsit summos ruris amore gradus,

---

483. E. horrida. C. horrida, in margine torrida. 485. C. Hister. 487. C. E. solitas natura. 489. C. E. iuncta. 496. E. excollere. 498. E. pectora. 499. E. consulis Oceanus. C. Tyle. 500. E. quicunque. C. quaecunque. 508. W. contemsit.

Hunc ego complexus ventorum adversa fefelli,
  Dum videor patriae iam mihi parte frui.   510

Lutea protulerat sudos aurora iugales:
  Antennas tendi litoris aura iubet.
Inconcussa vehit tranquillus aplustria flatus,
  Mollia securo vela rudente tremunt.
Assurgit ponti medio circumflua Gorgon   515
  Inter Pisanum Cyrniacumque latus.
Adversus scopulus, damni monumenta recentis.
  Perditus hic vivo funere civis erat.
Noster enim nuper iuvenis, maioribus amplis,
  Nec censu inferior, coniugiove minor,   520
Impulsus furiis homines divosque reliquit,
  Et turpem latebram credulus exul agit.
Infelix putat illuvie coelestia pasci,
  Seque premit laesis saevior ipse deis.
Num, rogo, deterior Circaeis secta venenis?   525
  Tunc mutabantur corpora, nunc animi.

Inde Triturritam petimus. Sic villa vocatur,
  Quae latet expulsis insula paene fretis.
Namque manu iunctis procedit in aequora saxis,
  Quique domum posuit, condidit ante solum.   530
Contiguum stupui portum, quem fama frequentat
  Pisarum emporio divitiisque maris.
Mira loci facies. Pelago pulsantur aperto
  Inque omnes ventos litora nuda patent.
Non ullus tegitur per brachia tuta recessus,   535

---

511. C. Luthea. 512. C. antemnas. E. littoris unda.
515. C. adsurgit. 516. E. Cyrnaicumque. 517. E. C.
adversus scopules; W. aversor scopulos. 522. W.
exul amat. 528. W. quae iacet. 533. C. E. W. pulsatur.
535. C. E. non nullus.

Aeolias posset qui prohibere minas:
,Sed procera suo praetexitur alga profundo,
 Molliter offensae non nocitura rati;
Et tamen insanas cedendo interrigat undas, .
 Nec sinit ex alto grande volumen agi.   540

Tempora navigii clarus reparaverat eurus,
 - Sed mihi Protadium visere cura fuit.
Quem qui forte velit certis cognoscere signis,
 Virtutis specimen corde vidente petat.
Nec magis efficiet similem pictura colore,   545
 Quam quae de meritis mixta figura venit.
Aspicienda procul certo prudentia vultu, ,
 Formaque iustitiae suspicienda micat.
Sit fortasse minus, si laudet Gallia civem,
 Testis Roma sui praesulis esse potest.   550
Substituit patriis mediocres Umbria sedes:
 Virtus fortunam fecit utramque parem.
Mens inxixta viri pro magnis parva tuetur,
 Pro parvis animo magna fuere suo.
Exiguus regum rectores cespes habebat,   555
 . Et Cincinnatos iugera pauca dabant.
Haec etiam nobis non inferiora feruntur
 ,Vomere Serrani Fabriciique foco.

Puppibus ergo meis fida in statione locatis,
 Ipse vehor Pisas, qua solet ire pedes.   560
Praebet equos, offert etiam carpenta tribunus,
 Ex commilitio carus et ipse mihi,
Officiis regerem cum regia tecta magister,
 Armigerasque pii principis excubias.

' 536. E. possint. 539. W. interligat. 544. E. W. virtutis speciem. 545. C. E. W. colorem. 552. E. utraque. 555. W. exiguus rerum. 557. W. ferantur.

Alpheae veterem contemplor originis urbem,   565
  Quam cingunt geminis Arnus et Ausur aquis.
Conum pyramidis coëuntia flumina ducunt,
  Intratur modico frons patefacta solo;
Sed proprium retinet communi in gurgite nomen,
  Et pontum solus scilicet Arnus adit.   570
Ante diu, quam Troiugenas fortuna penates
  Laurentinorum regibus insereret,
Elide deductas suscepit Etruria Pisas,
  Nominis indicio testificata genus.
Hic oblata mihi sancti genitoris imago,   575
  Pisani proprio quam posuere foro.
Laudibus amissi cogor lacrimare parentis,
  Fluxerunt madidis gaudia moesta genis.
Namque pater quondam Tyrrhenis praefuit arvis,
  Fascibus et senis credita iura dedit.   580
Narrabat, memini, multos emensus honores,
  Tuscorum regimen plus placuisse sibi.
Nam neque opum curam, quamvis sit magna,
           sacrarum
  Nec ius quaesturae grata fuisse magis.
Ipsam, si fas est, postponere praefecturam   585
  Pronior in Tuscos non dubitabat amor.
Nec fallebatur. Tam carus et ipse probatis:
  Aeternas grates mutua cura canit,
Constantemque sibi pariter mitemque fuisse
  Insinuant natis, qui meminere, senes.   590
Ipsum me gradibus non degenerasse parentis
  Gaudent et duplici sedulitate fovent.
Haec eadem, cum Flaminiae regionibus irem,

---

565. E. Alphae. 566. W. Ausor. 575 — 578. desunt
in E. 577. C. lachrimare. 593. E. Flamminiae.

Splendoris patrii saepe repertà fides.

Famam Lachanii veneratur numinis instar   595
    Inter Tyrrhigenas Lydia tota suos.

Grata bonis priscos retinet provincia mores,
    Dignaque rectores semper habere bonos,
Qualis nunc Decius, Lucilli nobile pignus,
    Per Corythi populos arva beata regit, .   600
Nec mirum, magni si redditus indole nati
    Felix tam simili posteritate pater.
Huius vulnificis satira ludente Camenis
    Nec Turnus potior nec Iuvenalis erit.
Restituit veterem censoria lima pudorem,   605
    Dumque malos carpit, praecipit esse bonos.
Non olim sacri iustissimus arbiter auri
    Circumsistentes reppulit Harpyïas?
Harpyias, quarum discerpitur unguibus orbis,
    Quae pede glutineo, quod tetigere, trahunt,   610
Quae luscum faciunt Argum, quae Lyncea caecum,
    Inter custodum publica furta volant.
Sed non Lucillum Briareïa praeda fefellit,
    Totque simul manibus restitit una manus.

Iamque Triturritam Pisaea ex urbe reversus .   615
    Aptabam nitido pendula vela noto,
Cum subitis tectus nimbis insorduit aether;
    Sparserunt radios nubila rupta vagos.
Substitimus. Quis enim sub tempestate maligna

---

594. C. patris saepe. 595. C. E. nominis instar.
596. C. terrigenas (?) E. turrigenas. 603. E. Camoenis.
604. E. patior. 605. E. instituit. 608. E. circousisten-
tes. 609. C. E. W. decerpitur. 612. E. W. inter custodes; idem C., sed in margine, quod edidimus. 615. C. E.
Trituritam, ut supra v. 527. 616. vela Notho.

Insanituris audeat ire fretis? 520
Otia vicinis terimus navalia silvis,
   Sectandisque iuvat membra movere feris.
Instrumenta parat venandi villicus hospes
   Atque olidum doctas nosse cubile canes.
Funditur insidiis et rara fraude plagarum 625
   Terribilisque cadit fulmine dentis aper,
Quem Meleagrei vereantur adire lacerti,
   Qui laxet nodos Amphitryoniadae.
Tum responsuros persultat buccina colles,
   Fitque reportando carmine praeda levis. 630
Interea madidis non desinit Africus alis
   Continuos picea nube negare dies.
Iam matutinis Hyades occasibus udae:
   Iam latet hiberno conditus imbre Lepus,
Exiguum radiis, sed magnis fluctibus astrum, 635
   Quo madidam nullus navita linquit humum.
Namque procelloso subiungitur Oarioni,
   Aestiferumque canem roscida praeda fugit.
Vidimus excitis pontum flavescere arenis,
   Atque eructato vortice rura tegi: 640
Qualiter Oceanus mediis infunditur agris,
   Destituenda vago cum premit arva salo,
Sive alio refluus nostro colliditur orbe,
   Sive corusca suis sidera pascit aquis.

---

621. C. ocia. 624. C. canis. 627. E. quam Meleagraei; C. Meleagraei. 629. E. bucina. 630. E. reportanda. 634. E. hyberno-hymbre. 635. W. magnum fluctibus. 643. C. conliditur.

RUTILII CLAUDII NAMATIANI

DE REDITU SUO

LIBER SECUNDUS.

ARGUMENTUM.

In duos libros se divisisse ait carmen suum, ne lector ex perpetuitate narrationis fastidium caperet (1—10). Idoneam tandem tempestatem nactus ex portu Pisano proficiscitur, Apenninum conspicit, Italiae formam describit (11—40). Quae cum a diis ipsis contra barbarorum impetus munita esse videatur, excurrit in execrationem Stilichonis, quod barbaros in imperium Romanum receperit Romamque prodiderit (41—60). Reversus autem in cursum carminis Lunam se appulsum esse ait, eiusque marmora laudat.

Nondum longus erat nec multa volumina passus,
   Iure suo poterat longior esse liber.
Taedia continuo timuit cessura labori,
   Sumere ne lector iuge paveret opus.
Saepe cibis affert serus fastidia finis.   5
   Gratior est modicis haustibus unda siti.
Intervalla viae fessis praestare videtur,
   Qui notat inscriptas milia crebra lapis.
Partimur trepidum per opuscula bina ruborem,
   Quem satius fuerat sustinuisse semel.   10

Tandem nimbosa maris obsidione solutis
   Pisano portu contigit alta sequi.
Arridet placidum radiis crispantibus aequor,
   Et sulcata levi murmurat unda sono.
Incipiunt Apennini devexa videri,   15
   Qua fremit aërio monte repulsa Thetis.
Italiam, rerum dominam, qui cingere visu
   Et totam pariter cernere mente velit,
Inveniet quernae similem procedere frondi,
   Artatam laterum conveniente sinu.   20

---

1. C. non dum. 3. W. timui. 6. C. hausibus unda sitis, in margine siti. 8. C. millia. 12. W. Pisano e portu.
13. E. adridet. 15. C. Appennini. E. Appenini.

Milia per longum decies centena teruntur
  A Ligurum terris ad freta Sicaniae.
In latum variis damnosa anfractibus intrat
  Tyrrheni rabies Hadriacique salis.
Qua tamen est iuncti maris angustissima tellus,   25
  Triginta et centum|milia sola patet.
Diversas medius mons obliquatur in undas,
  Qua fert atque refert Phoebus uterque diem:
Urguet Dalmaticos Eoo vertice fluctus,
  Caerulaque occiduis frangit Etrusca iugis.   30
Si factum certa mundum ratione fatemur,
  Consiliumque dei machina tanta fuit:
Excubiis Latiis praetexuit Apenninum,
  Claustraque montanis vix adeunda viis.
Invidiam timuit natura, parumque putavit   35
  Arctois Alpes opposuisse minis:
Sicut vallavit multis vitalia membris,
  Nec semel inclusit, quae pretiosa tulit.
Iam tum multiplici meruit munimine cingi,
  Sollicitosque habuit Roma futura deos.   40

Quo magis est facinus diri Stilichonis acerbum,
  Proditor arcani qui fuit imperii.
Romano generi dum nititur esse superstes,
  Crudelis summis miscuit ima furor,
Dumque timet, quicquid se fecerat ipse timeri,   45
  Immisit Latiae barbara tela neci.
Visceribus nudis armatum condidit hostem,
  Illatae cladis liberiore dolo.

---

21. C. millia. 24. E. W. Adriacique. 26. C. millia.
29. E. W. urget. 30. C. ethrusca. 33. W. Latii praetexuit. C. Appenninum. E. Appeninum. 41. E. Stilico-
nis. 42. E. quod fuit.

Ipsa satellitibus pellitis Roma patebat,
    Et captiva prius, quam caperetur, erat.   50
Nec tantum Geticis grassatus proditor armis.
    Ante Sibyllinae fata cremavit opis.
Odimus Althaeam consumpti funere torris,
    Niseum crinem flere putantur aves.
At Stilicho aeterni fatalia pignora regni   55
    Et plenas voluit praecipitare colos.
Omnia Tartarei cessent tormenta Neronis,
    Consumat Stygias tristior umbra faces.
Hic immortalem, mortalem perculit ille,
    Hic mundi matrem perculit, ille suam.   60

Sed deverticulo fuimus fortasse loquaces;
    Carmine propositum iam repetamus iter.
Advehimur celeri candentia moenia lapsu.
    Nominis est auctor sole corusca soror.
Indigenis superat ridentia lilia saxis,   65
    Et levi radiat picta nitore silex.
Dives marmoribus tellus, quae luce coloris
    Provocat intactas luxuriosa nives.

Reliqua desunt.

---

51. C. E. crassatus. 53. W. consumti. 54. C. E. Niseum. 55. E. Stilice. 56. C. (?) W. colus. 61. C. E. W. diverticulo. 62. E. proposito. 67. E. telus.

COMMENTARIUS
IN
RUTILII CLAUDII NAMATIANI
DE REDITU SUO

LIBRUM PRIMUM.

Initium carminis huius, quod explicaturi sumus, cum ex vetustioribus interpretibus Castalio et Barthius integrum esse negassent, inde a Burmanno contraria sententia pervicit, ut praeter Dammium et Kappium ceteri non modo nihil desiderari, sed ne vituperari quidem quicquam posse dixerint. Utramque sententiam ipse aliquando in Observationibus p. 99 ita coniunxi, ut poëtam insolito exordio uti faterer equidem, excusandum tamen esse putarem, quod animi in urbe relinquenda gravis commotio eum concinne loqui non passa esset. Quae quoniam intelligo minus recte esse disputata, quia animi talis affectio eum, qui scribit, nec movet nec movere debet, fieri video, ut, quemadmodum finem horum librorum deesse constat, item initium mutilum esse statuendum sit. Etenim hoc fere desiderari apparet: ~~multi~~ fortasse erunt, qui crimini mihi dent, quod a patria et a propinquis tam diu abfuerim Romaeque praeter necessitatem commoratus sim. Cui deinde annectitur, quod est: tu vero, mi lector, velocem potius

abi-

abitum meum mirabere. Illud qui nihil ab initio deesse censent, cogitando supplendum esse putant, simulque, ne quid poëta insoliti admisisse videatur, saepe particulam *potius* cum ellipsi commatis, quod ei respondeat, dici docent. Exempla afferunt cum duos locos Virgilianos (Aen. 10, 631 et 11, 443) et unum Ciceronis (Ep. 6, 8), tum ex ipso Namatiano v. 99 *hos potius dicas crevisse in sidera montes,* et v. 581 *narrabat, memini, multos emensus honores Tuscorum regimen plus placuisse sibi.* Horum tamen locorum uterque eo dissimilis est huic, de quo dicimus, quod etsi non additum est, quo *potius* pertineat, facillime tamen ex iis, quae antecedunt, intelligitur. Ex eodem genere Virgiliani loci sunt, Ciceronianum vero illum prope nemo est interpretum recentiorum, qui corruptum esse neget. Verumtamen ut *potius* aliquando ita poni liceat, ut, quo referatur, addi non sit necesse, idem qui ab initio carminis admiserit, merito vituperabitur, praesertim si non continuo rem ipsam aggrediatur, sed diu in praefatione quasi commoratus versu 165 demum, quod Rutilio accidit, carmen ipsum ordiatur.

2. **tam cito.** Pithoeus et Cortius, qui initium huius carminis deesse negarant, quoniam aliquid tamen desiderari intelligebant, id in hunc versum inferre conati pro eo, quod est *tam,* censuerunt scribendum esse *quam,* Barthius vero, ut subiectum etiam infinitivis *posse carere* adderet, coniecit *quam me ita.* Qua ratione videant, ne Rutilium sibi contradicentem faciant. Diceret enim mirum esse, si quis cito in patriam revertatur, minus mirum, si cito Romam relinquat. Scilicet si aliorsum, non in patriam discederet, lectores non admirarentur. Poëta vero Romam unice laudat, sed tamen patriae revocanti cedere se debere sentit. Et omnino *abire Roma* et *redire in Galliam patriam* una eademque res est. Apte autem Sitz-

3

mammus, quae Symmachus Epist. 1, 30 de Roma relinquenda ait, affert haec: *difficile est hinc obire, cum
veneris: adeo si contemplari maiestatem urbis nostrae velis, iusto citius videbitur revertisse.*

3. quid longum. Nihil ait longum videri cui-
quam, etiamsi per totam vitam Romae commoretur.
Sed hoc ipsum *nihil* ambigue dictum est. Quid enim?
Nulliusne rei taedium capere potest eum, qui Romae
vivat? Immo hoc ipsum Romae vivere taedium non
affert. Pro eo autem, quod est *Romae vivere*, dicit
Romam venerari i. e. colere cum admiratione, a quo
incolendi notio non longe abest. Quod Heinsius volebat *celebrantibus*, alienum etiam a sententia videtur. Est enim *celebrare* frequenter aliquo venire.
Insequenti autem versu confert aliquid ad sententiam
vox *unquam* i. e. *nulla temporis parte*, pro quo quod
Crusius in Probabilibus Criticis p. 55 coniecit *cui-
quam*, cum nihil addatur ad describendam eam per-
sonam, inutile traheretur.

5. o, quantum et quotiens. Obversabantur
haec scribenti, quae apud Ovidium sunt Trist. 3, 12,
25 *o quater et, quotiens non est numerare, beatum, non interdicta cui licet urbe frui.* Sed variavit suo Marte *o quantum et quotiens.* Quidni
variet? Ita enim Ovid. Art. am. 2, 447 *o, quantum
et quotiens numero comprendere non est, felicem,
de quo laesa puella dolet* et Grat. Cyneg. 320
o quantum et quotiens decoris frustata paterni.
Sed instat Nic. Heinsius, qui ad Ovid. Art. am. 2, 28
praeter Gratianum, in quo illud non videbatur posse
admitti, omnes hos locos ad unam formulam redi-
git, ut in Ovidianis *o quater et quotiens* cet., in Ru-
tiliano scribatur *o quater et quotiens non est numerare beatos.* Verumtamen utrumque probum est.
Simili enim prope ratione atque Horatius Carm. 1,
13, 17 ait *felices ter et amplius, quos irrupta te-*

net copula, aliquem quater et toties, quoties non
est numerare, beatum praedicari licet, cum praesertim etiam *quater* aliquem beatum dicere non insolitum esse ostendat Tibullus 1, 10, 63 *quater ille
beatus, qua tenera irato flere puella potest.* Neque
quantum et quotiens possum numerare beatum, in
quo non gradu modo, sed numero quoque beatissi-
mus aliquis praedicatur, minus aptum esse docet Gra-
tiani locus, de quo ante dictum est. At vero etiam
illud, variavit Rutilius *quotiens possum numerare,*
cum illi *quotiens non est numerare* aut *quotiens
numero comprendere non est.* Sed quid obstat? Numerare potest usque ad millies millies cet. Simul
intelligis, male hunc locum intellexisse omnes, qui
possem pro eo, quod est in codice *possum,* ediderunt. Duo sunt relativa *quantum* et *quotiens* et coniungendum *o beatos, quantum et quotiens numerare
possum,* ubi prorsus locus non est coniunctivo, quem
illi ne sua quidem ratione, cum *o quantum beatos
numerare possum* coniungerent, iure tueri poterant;
nemo enim impedit, ne numeret. Ne vero *name-
rari* mirere, quantum beati praedicandi sint, Claudianus IV cons. Honor. 185 *visa etiam,* inquit, *medio populis mirantibus audax stella die dubitanda
nihil, sed, quantus numeratur nocte Bootes,* atque
numerum etiam eorum, quae non numeremus proprie,
sed metiamur, dici non rarum est. Scripsi autem, hic
quidem codici parens, *quotiens,* ut infra v. 196; nam
v. 340 *quoties* et v. 323 *toties* in eo esse dicitur.

6. Duas hominum classes facit, unam beatorum,
alteram felicium tantum, de quibus v. 11 dicit: Beati
sunt, qui, cum in ipsa Roma (i. e. *solo felici*) nati
sint, suam virtutem urbis patriae honore nobilitant.
Romani proceres a poeta antiquitatis amantissimo
veteres Romani dicuntur, a quibus quae virtus gene-
rando quasi tradita ad posteros pervenit *(fortes* enim

creantur fortibus, ut ait ille), est *ingenitum decus.*
Quod qui splendorem natalium, genus illustre interpretantur, Dammius et Wernsdorfius, dubito num latinitatis consuetudinem sequantur. Recte enim Cortius comparat Sueton. Neron. 1 extr. *plures e familia
cognosci referre arbitror: quo facilius appareat
ita degenerasse a suorum virtutibus Nero, ut tamen vitia cuiusque, quasi tradita et ingenita, re-
tulerit.*

11. Non tam beati, quam qui Romae nati sunt,
sed felices tamen et ipsi praedicantur, qui *Latias obtinuere domos.* Quos Wernsdorfius cum eos esse
putat, qui iure Latii ex constitutione Caracallae ac-
cepto per magistratus domi gestos civitatem Romanam
adipiscantur, et in eo, quod constitutione illa continea-
tur, magnopere fallitur, neq ea, quae Rutilius ipse infra inde a versu 60 multis laudibus extollit, satis diligenter videtur expendisse. Caracallam autem constat, quicunque liberi essent in imperio Romano homines, eos omnes iussisse cives esse Romanos. Itaque
cum de hac quidem re Rutilius hic dicere nequeat, sim-
plici nec longinqua interpretatione hoc mihi effici videtur, ut felices praedicentur, qui, quamvis in pere-
grina terra nati essent, *domos* tamen sive domicilia in
Latio i. e. in ipsa urbe adepti sint. *Latium* enim nonnunquam idem apud poëtas est quod *Romanum*, ut
Stat. Silv. 1, 112 adeo forum Romanum *forum Latium*, et Claud. de Stilich. 3, 34 [nec similis Latias
patefecit gloria portas* portas urbis Romae appel-
laverit *Latias.* Cf. infra 1, 149; 2, 33 et 46. Quod
autem est *primis*, intellige muneribus, i. e. praecipuis,
maximis, optimis, ut est apud Ovid. Trist. 5, 8, 38
haec sunt a primis proxima vota meis; Cic. Tuscul. 1, 11, 24 *idque primum* (am liebsten) *ita esse
velim, deinde mihi persuaderi tamen velim.* Commemoravi Dammii et Wernsdorfii causa, qui, dum

primos interpretantur beatos illos homines, de quibus ante dictum est, poëtam, qui duo hominum genera distinguat, soloece loqui iubent.

13. Rationem significat, qua homines, quibus non contigit, ut in solo felici nascerentur, Latias domos obtinere atque felices fieri possint, ut recipiantur nimirum in senatum Romanum. Eodem pertinent, quae Sitzmannus ex Nazarii Panegyr. Constant. Aug. 35 attulit *sensisti, Roma, tandem, arcem te omnium gentium et terrarum esse reginam, cum ex omnibus provinciis viros curiae tuae pigneraveris, ut senatus dignitas non nomine, quam re esset illustrior, cum ex totius orbis flore constaret;* item quae sunt apud Aristidem de laude Romae (T. I p. 346 ed. Dindorf.) ξένος δ'οὐδεὶς ὅστις ἀρχῆς ἢ πίστεως ἄξιος ἀνὴρ καὶ πάντες ὥσπερ ἐς κοινὴν ἀγορὰν συνίασι πευξόμινοι τῆς ἀξίας ἕκαστοι, quaeque alia plurima congessit Spanheim. Orb. Rom. II, 6 init. *Peregrinos* autem, qui olim contrarii fuerant civibus, hoc tempore vocari vides provinciales homines, extra Romam urbicariasque regiones natos. Vide Gothofred. ad Theod. Cod. 1, 12, 1; 6, 36, 1; Valesium ad Ammian. Marcell. 14, 6, 19. *Laudem* intellige ipsos homines, qui in provinciis sunt nobilissimi. Ita enim tunc abstracta pro concretis usurpare consueverant. Vide ad v. 19. Scripsimus autem *relligiosa,* ut infra v. 390 *relligione sua.* Vide Schneideri grammat. lat. I p. 590.

15. ordinis imperio collegarumque. *Ordo* quin sit senatus, nemo dubitat; sed qui sint *collegae,* dubitant interpretes. Nam qui volunt esse senatores, nec illi poëtam ταυτολογεῖν iubent, quod ne et ipse facere videretur, Graevius *collegatuque* commendabat, quo tamen, novo praesertim atque inaudito vocabulo, facile caremus. Recte enim Wernsdorfius *collegas* interpretatur magistratus populi Romani, quatenus et ipsi sunt senatores et auctoritatem senatus

sequuntur, et Cortius comites illustres ceteraque domus Augustae officia dici putat. Eodem pertinet vox
imperii, quoniam senatus quidem ipsius nullum est
imperium, at magistratuum, qui eius collegii consortes
sunt. Burmannus vero h. l. quid senserit, nequeo intelligere; quod tamen aliquando sibi placuisse ait *ordinis ingenio collegarumque*, ut novi senatores col-
legarum ingenio ac prudentia de republica admini-
stranda edocti esse dicantur, id falsum esse nemo est
quin videat.

16. et partem-habent. Recte interpretes *partem habere* explicant *in communionem venire, parti-
cipem fieri*. Sed qui tandem genius ille, cuius partem habent? quae illa veneratio, qua eum prosequun-
tur? De his poëta dicit, qui senatores fiunt. Genium
igitur intelligit senatorum proprium. Ut enim constat,
omnibus hominibus et prope etiam rebus genium esse
additum, item senatui suum fuisse genium probabile
est. Verumtamen Romanae quidem curiae genii nullam invenio memoriam, praeter eam imaginem, quae
est apud Millinum galler. mythologica tab. 182. Se-
stinatis vero *curiae genius* commemoratur in inscriptionibus apud Orell. n. 1120; ibidemque n. 1696 *genius ordinis* decurionum; atque in nummo Cyprio apud
eundem illum Mill. tab. 177 est caput genii, inscriptum:
Θεὸν σύγκλητον, *senatusque* cuiusdam *genium* com-
memorari ait Reinesius in Inscript. ad Class. I n. 138.
Cur tamen Romanae curiae genii nulla mentio? Senatus aut in templo aliquo habebatur, quod cuius dei erat,
is praesidebat senatui atque eius erat genius, aut con-
veniebat in curiam Iuliam, in qua nobilis illa Victoriae
ara erat. Cuius quidem frequens invenitur commemoratio. Posuit eam Caesar Augustus, eum curiam ipsam
dedicaret. Auctor est Dio Cassius 51, 22 (p. 655 ed.
Reimar.) ἀνέστησε δὲ ἐς αὐτὸ (τὸ βουλευτήριον τὸ Ἰουλί-
ειον) τὸ ἄγαλμα τὸ τῆς Νίκης τὸ καὶ νῦν ὄν· ἦν δὲ δὴ τῶν

Ταραντίνων καὶ ἐκεῖθεν ἐς τὴν Ῥώμην κομισθὲν ἔν τε τῷ συνεδρίῳ ἱδρύθη καὶ Αἰγυπτίοις λαφύροις ἐκοσμήθη. Eamque aram dedicatam esse a. d. V Kal. Sept. apparet ex vetusto Calendario Maffeiorum, quod est in Orell. Inscript. II p. 396. Idemque Augustus, ut est apud Sueton. Aug. 35, *sanxit, ut, priusquam consideret quisque senator, ture ac mero supplicaret apud aram eius dei, in cuius templo coiretur*, de qua eadem re est apud Dionem 54, 30 (p. 761 ed. Reimar.). Nec postea rara eius arae memoria. Eam in funere Augusti praeferri quidam senatores censuerunt (Sueton. August. 100); eadem in rebus Alexandri Severi c. 14 ab Aelio Lampridio, in rebus Gordiani tertii c. 22 ab Iulio Capitolino commemoratur. Plurima autem eius arae mentio iis temporibus, cum Christianorum invalescens religio veterum deorum sacra sperneret ac deleret. Etenim iam anno 342 imperator Constans eam destruxerat. Cf. Symmachum Ep. 10, 54 et Gothofred. ad Theod. Cod. 16, 10, 3. Sed Magnentius tyrannus, ut cum cetera sacra tum nocturna sacrificia in urbe restituit, ita arae Victoriae veterem honorem reddidit. Verumtamen eo victo Constantius, vel ut Christianis obsequeretur vel Magnentii odio ductus, iterum Victoriam de senatu tolli iussit. Iterum cum Iulianus, ut suspicor, restituisset, an. 376 p. Chr. Gratianus, praecipua ea in re Gracchi, praefecti urbis, opera usus rursus evertit. Cf. Gothofredum ad Theod. Cod. 9, 35 3 et in chronographia Theod. Cod. s. a. Atque ea de re maxima inter gentiles et christianos homines lis orta est. Nam cum anno 382 a Theodosio frustra petitum esset, ut ara restitueretur, anno 384, cum abesset ille extra Italiam, nomine senatus Symmachus, eo anno praefectus urbi, nobilem illam relationem*), quae est in eius

---

*) Neque enim recte iudicasse puto Iaretum ad Sym-

epistolis lib. 10, 54, ad Valentinianum misit, cui duobus libellis, qui item extant, facundissime respondit Ambrosius, episcopus Mediolanensis. Nec Valentinianus, sive is suis sive Theodosii, ad quem suadet Ambrosius libello priore ut referat, consiliis usus est, Symmacho gentiliumque votis tum obtemperavit, quamvis dictitaret ille: *ubi in leges vestras et verba iurabimus? qua religione mens falsa terrebitur, ne mentiatur? Omnia quidem deo plena sunt, nec ullus perfidis tutus est locus, sed plurimum confert ad metum delinquendi, etiam praesentia religionis augeri.* Nec postea paruit, cum iterum eadem de re ad eum legatio missa (anno 391, opinor) *nihil extorsit*, ut ait Ambrosius ad Eugenium. Tandem, cum hic ipse Eugenius, Valentiniano ab Arbogaste Viennae occiso, imperaret, senatus auctoribus Flaviano, eo, ad quem multae epistolae Symmachi sunt, et Arbogaste assecutus est, ut et Victoriae ara et sumptus caerimoniarum restituerentur. Auctores sunt Ambrosius ad Eugenium et Paulinus in vita Ambrosii. Cf. Iuretus ad Symmachum p. 333 (ed. Paris. 1604) et Gothofredus in prosopographia Theod. Cod. Postea vero quid acciderit, non certo constat, quamquam ex Zosimo 5, 38, qui Theodosium post Eugenium superatum sumptus ad sacrificia negasse ait, satis tuto illud quoque videtur posse colligi, eum etiam cetera, quae tyrannus gentilibus permiserat, rescidisse. Claudiani tamen temporibus aram Victoriae vel certe Victoriam ipsam in curia fuisse colliga ex iis, quae habet de laudibus Stilich. 3, 202 *quae vero procerum* (i. e. senatorum, ut apparet ex v. 213) *voces, quam certa fuere gaudia, cum totis exurgens ardua pennis ipsa duci sacras Victoria panderet alas*, et de VI cons.

---

machum 10, 54, qui eam anno 391 scriptam existimat, quo anno Symmachus consul, non praefectus urbi fuit.

Hon. 597 *adfuit ipsa suis ales Victoria templis, Romanae tutela togae: quae divite pompa patricii reverenda fovet sacraria coetus.* His vero Namatiani temporibus nescitur, num Victoria in senatu superfuerit nec ne, quamquam veri est simile, signum Victoriae, quod aureum erat (Prudentius in Symmach. 2, 28 sqq.), ut pleraque ornamenta deorum, ad tributum Alarico pendendum sublatum ac conflatum esse. Cf. Zosimus 5, 41. Sed, utut hoc est, licebat certe poëtae, gentilibus sacris addicto, eorum, quae ad veterem senatus auctoritatem pertinebant, quamvis non superessent, memoriam carmine repetere. Quam vero recte genium, quem senatores venerentur, Victoriam illam interpretati simus, ostendunt et Symmachus, qui in epistola, quae est ad Valentinianum, *ut animae,* inquit, *nascentibus, ita populis fatales genii distribuuntur,* multaque talia habet, quae ad hanc Victoriam pertinent, et Prudentius, qui in carmine, quod contra Symmachi epistolam scripsit, Libr. II v. 574 multa cum omnibus de geniis, tum de hoc Victoriae genio dicit.

17. **quale per aetherios-dei.** Concilium summi dei cum natura iisque rebus omnibus, quae natura continentur, comparatur cum ea ratione, qua genius curiae cum senatoribus singulis coniungitur. Ut enim hi coniuncti eum efficiunt genium, quem singuli venerantur, sic summus deus unus est per totam naturam, sed singulis rebus constat, per quas vis eius omnis semet ipsa agnoscens diffusa est. Nam *concilium* est congregatio, consociatio eaque ipsa unitas in varietate, qua dei notio conficitur. Quod quidem *concilium* et *conciliandi* verbum Lucretius saepe de atomorum coitu et connexione usurpavit (vide interpretes eius ad 1, 184 et indicem edit. Havercampianae s. v.), neque absimili significatione alii, ut Serenus Sammonicus. 40, 754 *gramen hyosciami ceras*

sevoque vetusto concilia (i. e. misce), *mixtiaque locos induce dolentes;* Claud. in Rufin. 2, 466 *est locus, infaustis quo conciliantur in unum Cocytos Phlegethonque vadis.* Universa autem haec comparatio ex Stoicorum disciplina petita est, quos in physiologia Heraclitum sequi consentiunt scriptores de historia philosophiae omnes, ut Cicero de natur. deorum 3, 14 *sed omnia vestri* (Stoici) *solent ad igneam vim referre, Heraclitum, ut opinor, sequentes.* Atque eum Heraclitum τὸ ἓν διαφερόμενον αὐτὸ αὑτῷ ξυμφέρεσθαι statuere testatur Plato in Symposio p. 187 Steph. (397 Bekk.). Vide Hegelium in historia philosophiae Vol. I. p. 396 aptissime de ea sententia disputantem. Stoici autem ipsi cum deum esse mundi animum censerent, connexum et contextum quasi rerum omnium variis vocabulis definiunt, ut Marcus Antoninus libr. 4 § 40 οἷά τις πάντων ἡ σύννησις καὶ συμμέρυσις, libr. 5 § 9 πάντα ἀλλήλοις ἐπικλέκεται καὶ ἡ σύννησις ἱερά - κόσμος τε γὰρ εἷς διὰ πάντων καὶ πρὸς εἷς διὰ πάντων καὶ οὐσία μία καὶ νόμος εἷς, λόγος κοινὸς πάντων τῶν νοερῶν ζῴων καὶ ἀλήθεια μία, ad quos locos vide a Gatakero collatos similes alios. Mitto plura; nam quomodo illud, quod est *concilium,* ex Stoicis expressum sit, apparere opinor. De deo vero Stoicorum eiusque cum Christianorum deo aut similitudine aut diversitate cum multa olim in utramque partem disputata sint (vide Brukeri histor. phil. Vol. I p. 928 sqq.), nunc opinor rem esse confectam nec ab Hegelii iudicio discedo, hist. phil. I p. 441. Redeo ad Rutilium, apud quem cum antea legeretur *coniugium,* frustra id videntur interpretes defendisse Lucretii loco 3, 857, ubi intima corporis animique coniunctio *coetus coniugiumque* vocatur. Quod autem ait *per aetherios mundani verticis axes,* est per universam rerum naturam. Ut enim terrae axem et terrae verticem sive polum habemus, item *aetheris* i. e. mundi axem, mundi polum. Pluralem

numerum *axes* cur posuerit, si quaeres; cogita de duabus unius axis mundani partibus, quarum una ab polo
mundano septemtrionali ad terram, altera a terra ad
meridionalem mundi polum pertinet, atque ita *aetheris axes* sunt apud Virgil. Aen. 2, 512; Ovid. Fast.
3, 368; Trist. 1, 2, 46. Cf. infra v. 61. At *polos*
certiore ratione duos nominare debuerat; verumtamen
cum pro polo posuisset *verticem*, qui est polus septem-
trionalis, necesse erat in singulari numero subsistere.
Sic nos quidem de hoc loco sentimus, de quo quae
priores interpretes partim vera partim falsa annota-
runt, omittenda esse putavimus. Hoc addo, Barthium
in Adversariis correxisse *diis summis,* quod idem alius
quidam vir doctus in ora editionis Simlerianae ascri-
pserat.

19. mea-fortuna i. e. ego infelix sive ego in ea,
qua sum, fortuna constitutus. Solent enim huius aetatis scriptores, dum ad pompam quandam ac magnificentiam orationis quaerendam, quod raro olim nec
sine causa licuerat, vulgant, pro adiectivis substantiva
usurpare, non in appellationibus modo, in quibus notum est dici *serenitatem tuam, claritatem vestram,
unanimitatem vestram,* similia, sed in quibusvis aliis
enuntiatis. Ita supra v. 13 est *peregrinae laudi* pro
hominibus peregrinis laudabilibus, infra v. 90 *nobilis
gloria*; 2, 9 *trepidus rubor,* alia alibi. Sententiae autem
hoc loco ea est continuatio, ut poëta, postquam eos, qui
in senatum Romanum reciperentur, alterum illud feli-
citatis genus, ut in urbe sedes suas ponere possent,
assecutos esse dixit, iam hoc quoque sibi negari narret, cui, quamvis sit senator, nihilominus in Galliam
redeundum sit cum propter publicam omnium cladem,
tum propter damnum suis rebus illatum. *Revellendi*
autem verbum in simili re Ovidius posuit ab Italia discedens Trist. 1, 4, 23 *dum loquor et cupio pariter
timeoque revelli.*

21. longis bellis. Primos enim omnium pridie Kal. Ian. anni 407, Honorio VII Theodosio II coss., Vandalorum, Suevorum Alanorumque exercitus Rheno Maguntiaci traiecto in Gallias invasisse auctor est Prosper Aquitanus in chronico. Secuti sunt Burgundiones, qui, cum illi in Hispaniam transissent, manserunt in Galliis. Anno deinde 412 Gothi Athaulpho duce australi parte potiuntur, et Aquitaniam ac Novempopuloniam etiam, postquam pepigerunt cum Romanis, tenuerunt. His si addideris Bagaudarum seditiones ac bella, de quibus ad v. 213 dictum est, apparebit, quam diuturnis bellis Galliae vastatae fuerint. De Gothorum quidem ac Vandalorum vastationibus sic Salvianus Massiliensis de gubernatione dei libro VII p. 164 (ed. Baluzii 1619): *a patrio solo effusa est* (gens) *in Germaniam primam, nomine barbaram, ditione Romanam, post cuius exitium primum arsit regio Belgarum, deinde opes Aquitanorum luxuriantium et post haec corpus omnium Gallorum. — Vastata est diu Gallia.* Sidon. Apollinaris Carm. 7, 298 *et caput hoc sibimet solitis defessa ruinis Gallia suscipiens, Getica pallebat ab ira,* quo loco vid. Savaro.

22. quam grata minus, tam miseranda magis. Pro ablativis *tanto* et *quanto* poëtae nonnunquam comparativo adverbia addunt *tam* et *quam.* Complures eos locos attulit Burmannus ad Virgilium Georg. 3, 309, ex quibus hunc solum afferam Virgilianum, Aen. 7, 787 *tam magis illa fremens et tristibus effera flammis, quam magis effuso crudescunt sanguine pugnae.* Similem autem huic loco sententiam expressit Cicero Ep. 4, 9, 3 *nunc vero nec locus tibi ullus dulcior esse debet patria nec eam diligere minus debes, quod deformior est, sed miseri potius nec eam multis claris viris orbatam privare etiam aspectu tuo,* quae tamen imitatum esse Rutilium non credo Castalioni.

23. securos contemnere cives i. e. pace ac
rebus tranquillis popularium res non curare, sed degere cum aliis crimen est illud quidem, sed levius tamen, quam si quis eosdem bello ac rebus turbidis de-
serat. Privatam autem fidem dicit non modo publicam magistratuum, sed privatam etiam singulorum
civium et eorum, qui magistratu non funguntur. Nec
enim poëta se cum magistratu rediisse significat, sed
ut et sibi et civibus suis privato suo auxilio succurreret,
quod Cortii causa commemoro, qui cum Namatianum
ad correcturam, quam falso putabat, obeundam revertisse opinaretur, docere instituit, etiam eum, qui magistratu fungatur, privatum dici posse. Plura hac de
re vide in Observat. p. 26.

26. prodest admonitus saepe dolore labori
Priore versu dixerat, illacrimare se debere patriae vastatae. Iam semet ipse colligens, non ut dolorem ef-
fundat, proficiscendum sibi esse ait, sed ut restituat
etiam, quae perierant. Saepe, inquit, labor stimulatus
dolore proficit aliquid, plus efficit, quam segnis quasi,
qualis esse solet rebus prospere fluentibus. Etenim
recte Wernsdorfius Gronovii in Diatribe Statiana c. 49
(p. 499 ed. Hand.) auctoritate usus *admoneri* ea nos
ait, quae cum aculeo quodam ac telo in memoriam
redeant animumque quasi reficient, ut in re huic
simili Tacitus Germ. 37 *non Samnis, non Poeni, non
Hispaniae Galliaeque saepius admonuere.* Adde
Ruhnkenium in Dictatis ad Ovidii Heroides 3, 132.
Idem tamen Wernsdorfius non video cur, quod est
labor dolore admonitus prodest, poëtica ratione dictum esse opinetur pro eo, quod debuerit esse *prodest
laborem admoneri.* Ea nulla est poëtica ratio, quae
extra grammaticam est. Burmannus vero quod dativo
casu *admonitis* (i. e. civibus) scribendum esse putabat,
hac quidem sententia, *non solere bonorum civium
operam a multitudine magni fieri, nisi praesens ne-*

cessitas ac dolor ruinae urgeat, et aliena a re immiscet, nec vere omnino dicentem facit poëtam. Prodesse enim civibus suis possunt boni viri non minus, cum magni fiunt, quam cum parvi fiunt. Aliud etiam in his novabat Heinsius, ut *favor* pro eo, quod est *labor,* scriberet, hac sententia, *eum qui faveat alicui rei, magis incitari, si suis oculis calamitatem intueatur.* Movebat eum, quod dubitabat, num *labor admoneri* recte dici posset. At cum homine admonetur eius cura; labor autem est cura ac contentio, ut apud Virgil. Aen. 4, 379 *scilicet is superis labor est, ea cura quietos sollicitat.*

27. *nescire* i. e. dissimulare, nolle cognoscere, contemnere ac pro nihilo ducere, ut Stat. Theb. 7, 675 *et sua vulnera nescit;* id. 5, 345 *tantosque iubet nescire labores;* Lucan. 7, 410 *tempora signaeit leviorum Roma malorum, hunc voluit nescire diem.* Eadem notione *nescius* positum in Anthologia Latina ed. Burm. libr. 3, 233 *Marcus, amans puerum, natum mentitur amare, vultque pater dici, nescius ipse pater* i. e. dissimulans se esse patrem. Dissimile vero, quod Burmannus et Wernsdorfius tamquam simile afferunt, infra v. 246 *instabilem fixis aëra nescit aquis.* Versu insequenti *suspensam opem* noli intelligere *dilatam,* ut Wernsdorfius, quod nove dictum esset, sed *quam in suspenso tenebam, essem praestiturus necne,* dum modo redire cupio, modo Romanae urbis amore retineor.

29. *saeva incendia.* Sic ex codice nostro scripsimus, cum antea vulgaretur *longa incendia.* Modo enim fuerat *longae ruinae,* et variare orationem opus erat. Paulo post vel *pastorales* est *si nihil aliud, et certe.* Eadem significatio, ut *vel* non augeat nec sit, quod solet esse *sogar auch,* sed *sogar nur,* invenitur apud Ciceronem de orator. 2, 27, 119 *haec sunt omnia ingenii vel mediocris,* Plin. Panegyr. 58, 3

non debitum hoc illi? non vel sola generis clari-
tate promeritum?; Suet. Domit. 20 nunquam ta-
men aut historiae operam ullam aut stilo vel ne-
cessario dedit.

32. arbuta nostra vel universae Galliae vel
meorum agrorum. Non dubium est, quin Virgilium
imitatus sit Eclog. 1, 40 *ipsi te fontes, ipsa haec*
arbusta vocabant. Qua quidem ex re non hoc modo
colligit Wernsdorfius, ut arbuta h. l. pro arbustis dici
patet, sed addit etiam eam communem quasi esse
omnium poëtarum sequioris aetatis significationem, cu-
pidius, ut videtur, quam verius. Nam quos duos locos laudat, eorum unus Calpurnii Eclog. 7, 72 *au-*
rea cum croceo creverunt arbuta libro, sine dubio
ad arbutos ipsas pertinet propter *aurea* poma, alter
ex elegia incerti cuiusdam poëtae de fortunae vicis-
situdine (Poët. lat. min. ed. Wernsdorf. Tom. III)
v. 23, *ut gravis hiberno torrens de monte volutus*
obvia non magna arbuta verrit ope, dubius certe
est. Hoc quidem loco etiam alia ratio subest, ut *ar-*
buta suo et, quo valgantur, nomine (cf. Vossius ad
Virgil. Eclog. 3, 82) dici putem. Iam enim de feris
arboribus poëtam dicere existimo, qui, eam antea de
cultis arvis ac domibus dixisset, ipsos etiam fontes
sese in patriam revocare ait, quid aliud nisi incultam
quasi naturam? Fontibus autem arbuta addit, silvestres
arbores, quarum una species pro toto genere ponitur.
Arbusta vero culta sunt et manu sata. Sic etiam alterum locum a Wernsdorfio allatum à nova illa significatione prohibeo. Vide autem poëtae huius tale esse
ingenium, ut quamvis imitetur, variandi tamen sibi facultatem relinquat.

34. addere vela. Hoc, quod a Castalione primo
inductum plerisque deinde editoribus merito placuit,
nunc codicis nostri auctoritate confirmatur. Quod ve-
tustae editiones habent *reddere vela,* frustra tuetur

Wernsdorfius. Nam ex eo, quod cessavit Rutilius, non efficitur, ut patriae oblitus fuerit, quod ille ait passum esse eum, ut vela *reddenda* essent. Addere autem vela dicuntur proprie iis, qui nova vela expandunt, qui cursum augent, nec addere vela, etsi alibi nusquam legitur, insolitum videri debet, cum *spem, animos, ardorem* addi satis frequens sit.

35. Iaxatis complexibus i. e. cum iam complexus, quibus urbs me vinctum quasi tenuerat, laxati essent. Ad limen enim urbis poëtam fuisse ex versu 43. apparet. Complexus quasi vincula sunt, quae et astringi et laxari sive solvi dicuntur. Ovid. Fast. 2, 321 *tunicarum vincla relaxat;* Stat. Theb. 1, 135 *aequis vincula laxant viribus;* Lucan. 7, 125 *frenos laxare.* Quod quo facilius de complexibus dici potuerit, ipsa facit originatio vocabuli, quoniam a plectendo sive plicando deducitur, eademque prorsus ratione est apud Mamertinum Panegyr. Max. Aug. 14, 4 (ed. Iaegeri) *amplexus Romae carissimos interdum piis manibus resolvere.* Commemoravi haec interpretum causa, qui praeter Burmannum ac Wernsdorfium, dum hominem a vinculis quam vincula ab homine laxari malunt, varie hunc locum mutabant. Nec falsum est, quod Dammius emendabat *laxati;* nam ita Cicero Cat. mai. 3, 7 *qui se a libidinis vinculis laxatos esse non moleste ferunt;* idemque Ep. 5, 14, 3 *sese laxare molestiis.* Barthius vero *laxatus* commendabat, ut simul nonnunquam, ubi singularis numerus antecedat, pluralem sequi docere falso conaretur. Idem illud primum Almeloveenio placuit, qui deinde coniiciebat *luctati* (i. e. postquam luctati sumus cum complexibus), tandem aut *laxatis* aut *laxati* probabat. Schraderus vero coniiciebat *lassati* (cf. infra v. 371); Crusius denique in Probab. Critic. p. 55 sic hunc locum mutabat: *quanquam lassati ea-*

carae complexibus urbis vincimur, ut serum vix
toleremus iter. Quae refutare nihil attinet.

36. vincimur-iter i. e. iam, cum avellor ab
urbe, vincor patriae non desiderio, quod ait Wernsdorfius, sed caritate et mearum rerum utilitate atque iter
illud in patriam grave ac molestum, quod dudum sus-
cipere debueram, subeundum esse constituo, sed vix
tamen constituo. Non recte Burmannus *serum iter*
tolerare ait esse vix ferre animo, quod iter tam sero
susceptum sit. Sic potius est *tolero iam iter sero*
a me suscipi, ut apud Virgil. Aen. 6, 688 *vicit iter*
durum pietas pro eo, quod erat *pietas vicit me, ut iter*
durum susciperem. Quare, etsi necessarium nequaquam
equidem iudico, non alienum tamen existimo, quod
Kappius emendabat *at serum. Serum* autem non semper est, quod tum fit, cum nulla amplius eius est uti-
litas, sed, quod tardius fit, quam debuerat.

37. quoniam terrena viarum sqq. Mari poëta
proficisci mavult, quia terrestre iter in planitie a barbaris vastatum carere videt fluviorum pontibus, qua
per montuosa loca ducit, natura esse saxosum ac difficile. Impeditum autem iter erat in via Aurelia, qua
Roma in Galliam sibi proficiscendum fuisse ait, maxime post Genuam, prope urbes Crixiam et Cana-
licum, quae hodie sunt Cortemiglia et Cairo, ubi per
montium valliumque ambages eundum est, item impeditum paullo post ad vada Sabbatia propter coenosas
ac vadosas regiones. Cicero Ep. 11, 10, 3 *hac ac-*
cessit manus Ventidii, quae trans Apenninum facto
itinere difficillimo ad Vada (Sabbatia) *pervenit;*
ibid. 11, 13, 2 *Constitit* (Antonius) *nusquam, prius-*
quam ad Vada venit. Quem locum volo tibi
esse notum. Iacet inter Apenninum et Alpes, im-
peditissimus ad iter faciendum. Vide Strabonem
in descriptione Alpium libr. 4 c. 6 p. 325 (Tauchnit.);
Lucan. 1, 409; Cluverium Ital. antiq. p. 69. Atque

4

illud quidem quid sit *plana madent fluviis*, ipse
paulo post explicat *non flumina ponte coërcet* via
Aurelia, nec tamen ideo debet etiam alteri, quod est
cautibus alta rigent, esse, quod respondeat, sed addi
licet diversum aliquid, non amplius domibus silvas coërceri. Tueor igitur, quod aliquando in Observat. p. 109
ipse damnaveram, cum sic emendarem *saltibus alta rigent.* Sed venio ad verba ipsa. Debuerat enim sic dicere
terrestris viae plana-alta, sed cum poëtice maluisset
terrena viarum dicere, ne duplici genitivo opus esset, totum eodem, quo partes casu posuit. Neque id non licebat.
Nam Graecorum morem, de quo vide Matthiaei gramm.
graec. §. 319, imitati saepius sic latini, non poëtae modo,
ut Virg. Aen. 12, 277 *at fratres-pars gladios stringunt
manibus, pars missile ferrum corripiunt*, sed scriptores etiam, ut Livius 21, 15 *qui* (consules)-*alter ad
Ticinum amnem, ambo aliquanto post ad Trebiam
pugnaverint;* id. 24, 21 med. *multitudo pars pro-
currit in castra, pars in aedium vestibulis stat,
pars ex tectis fenestrisque prospiciunt;* id. 9, 40
extr. *quos populus-consulem alterum, alterum prae-
torem declaravit;* id. 23, 29 *in cornibus, dextro
Poenos locat, laevo Afros*, multaque apud hunc imprimis scriptorem talia exempla inveniuntur. Cf. Rams-
horn. gramm. p. 310; Ruddimanni Instit. ed. Stallbaum
Vol. II p. 83. *Terrenum* autem, quod et hic est et infra
v. 333 et 475, saepius *terrestre* dicitur, nec tamen insolitum est; nam apud Plinium nat. hist. 6, 17 (19) et 3,
8 (14) *iter terrenum* eadem est significatione, qua hic.
Quae autem proprie *via terrena* sit, ex terra nimirum facta, explicatur in Dig. 43, 11 §. 2.

39. Aurelius agger. Est quod offendas in oratione: „Etruria et via Aurelia neque silvas domibus neque flumina pontibus coërcent." Sed *fluvios* pontibus
coërceri i. e. meabiles fieri vulgare est; id translatum
ad silvas, per quas ut commode proficiscare, *domibus*

i. e. oppidulis, villis, mansionibus, quales solent esse
in viis publicis, atque omni denique hominum cultu
opus est. Duxisse autem viam Aureliam, qua brevis-
simum iter in Galliam erat, per multas silvas testatur Flavius Vopiscus Aureliano 47 *Etruriae per Au-*
reliam usque ad Alpes maritimas ingentes agri fer-
tiles sunt ac silvosi. Temere, ut saepe, Heinsius pro
silvis *villas* coniiciebat, quia, opinor, villas a barbaris incensas non amplius domibus coli ac frequentari
putabat.

40. Geticas, ut infra v. 142 *Getae* et 2, 51 *Ge-*
tica arma, vetuste ac bene. Ammianus enim primus
(26, 14, 5 et saepe), *Gothos* nominare videtur. Poëtis
autem etiam post id tempus Getarum nomen potius
placuit, ut, cum Ausonius nonnunquam, ut Epigr. 3, 10
Gothos dixerit, Claudianus, imprimis veterum imita-
tor, semper Getas vocarit. Quod autem eodem hoc
versu ait *ense vel igne*, poëtice pro eo, quod debuerat esse *ense et igne*. Eodem modo Virgil. Aen. 6,
769 *Silvius Aeneas pariter pietate vel armis egre-*
gius; Claud. bell. Get. 131 *pectora Fabricii donis*
invicta vel armis. Vastaverant autem Getae viam
Aureliam maxime, cum Athaulpho duce anno 412 ex
Italia in Gallias proficiscerentur. Vide Observat. p. 80.

42. incerto-mari. Mare incertum cum semper
sit, tum hiberno tempore, *occiduo infido dum sae-*
vit gurgite Plias (infra v. 187), periculosissimum, quo
ipso tempore Namatianus profectus est. Nam abiit
Roma a. d. X Cal. Octobr. anno 416 p. Chr. Cf. Observat. p. 9.

43. crebra relinquendis sqq. Abeuntes portas
et limina in vale dicendo osculari dicuntur. Sic apud
Virg. Aen. 2, 490 *amplexaeque tenent postes at-*
que oscula figunt; Valer. Flacc. 4, 373 *ultima tum*
patriae cedens dedit oscula ripae; Apollonius Ar-
gonaut. 4, 26 κύσσε δ' ἕόν τε λέχος καὶ δικλίδας ἀμφο-

4 *

τέρωθε σταθμοὺς, καὶ τοίχων ἐπαφήσατο. *Sacra* autem
sunt limina, quia Roma dea est; Tibull. 1, 2, 84 *et dare*
sacratis oscula liminibus.

45. laude litamus. Rarius litandi verbum ita
ponitur, ut adiuncto dativo personae idem valeat quod
sacrificare. Nec tamen is usus improbandus; nam ita
Cicero p. Flacco 38 *litemus Lentulo, parentemus Ce-*
thego; Seneca Med. 1019 *plura non habui, dolor, quae*
tibi litarem; Plinius praefat. nat. hist. *mola salsa litant,*
(i. e. diis) *qui tura non habent,* saepe Appuleius.
Plenissime de universo huius verbi usu exposuerunt
Schwarzius ad Plin. Panegyr. 52, 3 et Seyffertus in
gram. lat. Vol. IV p. 178. Poëta igitur, ne Roma abeunti
sibi succenseat, ut alii dii hostiis placantur, ita pro
sacrificio Romae laudes canit, quae a● v. 47 ad v. 165
pertinent. Burmannus dum ita distinguit, ut *lacri-*
mis et laude a ceteris seiuncta ad litandi verbum referat, et concinnitatem tollit orationis nec rationem
veniae petendae considerat.

46. in quantum, non sic modo, ut eundi aliquod
verbum addatur, invenitur, sed quaelibet alia verba
addi a´ bonis latinitatis auctoribus docuit Ruhnken. ad
Vellei. libr. 1, 9. Addo alia ex argenteae aetatis
scriptoribus exempla, Plin. Ep. 10, 75 extr. *a me*
tamen, in quantum potuerit, requirentur; Tac. Germ.
45 extr. *in tantum non modo a libertate, sed etiam*
a servitute degenerant; id. dialog. de orator. 2 *nam*
et Secundo purus et pressus et, in quantum satis
erat, profluens sermo non defuit; Plin. nat. Hist. 30,
2 *in tantum fides istis fasque omne deest, adeo*
ut etc.; Iuvenal. 14, 318 *in quantum sitis atque fa-*
mes et frigora poscunt; Quintil. 2, 10, 4 *declama-*
tio, in quantum maxime potest, imitetur eas actio-
nes; id. 8, 6, 24 *in quantum dictus tropus orato-*
rem sequatur. Ab Sallustio vero eum usum recte

abiudicat Cortius ad Iugurtham c. 85, nec Cicero aut Caesar ita videtur dixisse.

47. tui mundi, quem tibi subiecisti eiusque domina es. *Pulcherrimam* quod vocat Romam, imitatur Virg. Georg. 2, 534 *scilicet et rerum facta est pulcherrima Roma*. Cf. v. 82. *Mundum* autem dixit orbem terrarum suae aetatis more, cum optima latinae orationis consuetudo ita aut coelum ipsum aut terram et coelum et quae ubique sunt, nominarit. Eamque notionem ex bibliorum christianorum latina interpretatione repetunt Wagnerus ad Ammian. Marrcell. 14, 8, 8 et Gesnerus ad Claudian. in Ruf. 1, 87. At iam antea saepius ita Lucanus, ut 1, 160 *namque ut opes nimias mundo fortuna subacto intulit;* 2, 48 *coniuret in arma mundus;* 4, 393 *mundi nutante ruina;* 7, 70 et 108 et 250 et 278. Apud Silium 3, 611 et 12, 336 non credo Drakenborchio dici orbem terrarum, sed Statius Silv. 3, 3, 88 *magnique impendia mundi* quid aliud significat nisi mundum? Apud Claudianum vero frequentissima ea notio, ut bell. Gild. 161 *pars tertia mundi* (Africa) et 237 *et mundus germanaque dissidet aula;* in Rufin. 1, 143 *toti dominabere mundo;* bell. Get. 573 *haec mundo pacem victoria sancit;* Prob. et Olybr. coss. 193 *Proba quae decorat mundum;* nupt. Mar. et Hon. 281 *toto pariter dotabere mundo;* Mallii Theod. Cos. 51 *et nostro diducta Britannia mundo;* laud. Seren. 46 *necdum moderamina mundi sumpserat illa domus.* Sententiae vero huius loci apte Castalio comparat Ammian. Marcell. 14, 6, 6 *per omnes tamen, quotquot sunt, partes terrarun ut domina suspicitur et regina*, ibidemque §. 23 Roma *caput mundi* vocatur.

49. genitrix hominum genitrixque deorum. Homericum illud imitatur κατὴρ ἀνδρῶν τε θεῶν τε. Sed quo iure de urbe dixerit, quaeritur. Atque hominum

quidem parentem dici constat, quod omnes homines civitate complexa est, quod simili ratione praedicat Claud. Stilich. 3, 150 *haec* (Roma) *est, in gremium victos quae sola recepit, matris, non dominae, ritu.* Deorum autem *genitricem* ideo arbitror equidem, quod deos omnes procreavit quodammodo. Quorum alii homines illustres fuerant, propter virtutem in deorum numerum relati, ut Romulus primum, dein Caesar, post Augustus ceterique imperatores. Cf. Cicero de natur. dear. 2, 24, Diog. Laërt. libr. VII §. 151. Alii effecti ex rebus, in quibus vis inesse videbatur aliqua maior ac divinior, ut Mens, ut Fides, quae in Capitolio dedicatae erant, ut Spes, ut Virtus et Honos, quae dedicatae sunt anno 205, ut aliae aliquot deae, quas enumerat Cicero de nat. deor. 2, 23. Illud denique commemoro, ne peregrinos quidem deos licuisse coli, nisi publice a senatu recepti essent. Tertullian. Apolog. c. 5 *vetus erat decretum, ne qui deus ab imperatore consecraretur, nisi a senatu probatus.* Quare Cybelen quidem, matrem Idaeam, notum est publice esse arcessitam et acceptam anno 205; Isidis vero et Serapis cultus, a privatis coeptus, paulo post anno 219 publice est prohibitus, idemque post anno 43 a triumviris non concessus modo, sed templo etiam auctus (Dio Cass. 47, 15), sed a Tiberio iterum vetitus (Ioseph. 18, 4), tandem est constitutus. Lucan. 8, 831 *nos in templa tuam Romana recepimus Isin,* Suet. Domit. 12; Lampridius Commod. 9; Spartian. Caracall. 9; interpretes ad Dionem 40, 47. Itaque illud certe constat, Romanos non potuisse credere deos, nisi qui publice recepti essent; quare Claud. bell. Gild. 131 *moerent indigetes et si quos Roma recepit aut dedit ipsa deos.* *Roma,* inquit Florus 1, 13, 18 *destinata hominum ac deorum civitas;* Ovid. Trist 1, 5, 70 *imperii Roma deumque locus,* Auson. de nob. urb. I *prima urbes inter, divum domus, aurea Roma.* Quo certiore autem ratione illud explicaret, quod

est *genitrix deorum*, addidit poëta *non procul a coelo
per tua templa sumus* i. e. per templa, quae omnibus diis condidisti, effecisti, ut, qui in tua urbe ver-
setur, in deorum concilio, in coelo ipso esse videatur.
Sic malo quam de sublimibus templorum fastigiis eorumque augusto splendore, qui coelum ipsum aequet,
intelligere, quod omnibus interpretibus placuisse video. Qua ratione et continuationem sententiae per-
rumpunt et nimis tumide poëtam loqui iubent.

52. sospes i. e. non modo, quamdiu hac luce
fruitur, sed, quamdiu sana mente est. Eos enim videtur carpere, qui suo tempore Romanum imperium
pessumdabant, ut 2, 44 de furore Stilichonis multa
habet. Quod Cuperus Observat. lib. II p. 6 coniecit
hospes i. e. qui te vidit, tuto poterat abesse; nemo
enim certe, nisi qui vidit, oblivisci quit.

53. obruerint citius. Solis prius obliviscar,
quam tui. Solem autem appellat, quia luce et calore
nihil in rebus humanis melius. Opportune Wernsdorfius affert Cic. Lael. 13 *solem e mundo tollere videntur, qui amicitiam e vita tollunt.* Heinsio, qui
obliotone obruere, quae Ciceroniana dicendi formula
est (ut de fin. 1, 17, 57 et Tuscul. 5, 19 extr.), ad verbum explicaret, in mentem venit *celatum* pro eo, quod
est *scelerata*. At maius est lucentis, quam celati solis
beneficia oblivisci.

55. solis-tendis. Porrigis humano generi munera (non *munia*, quod volebat Graevius), quae solis radios aequant, quoniam aeque late patent, quod multis
deinde exequitur. *Tendere* saepe idem est quod porri-
gere. Cicero de orat. 1, 40, 184 *spem amicis et prope
cunctis civitatibus lucem ingenii et consilii porrigen-
tem atque tendentem;* id. Phil. 10, 4 *tendit dextram
Italiae;* Virg. Georg. 4, 534 *tu munera supplex tende,
petens pacem.* Commemoravi, quia, cum latine ita dici
non posse videretur, Graevius et Broukhusius ad Tibul-

lum 2, 5, 59 substituerant *fundis*. Burmannus pluribus
mutatis voluerat *radios aequali munere pensas*, Barthius in Advers. 22, 17 *solis radiis aequalia moenia
tendis* i. e. moenibus tuis orbem terrarum comprehen-
disti, alius denique quidam in Miscell. Observat. coniecerat *brachia tendis*.

57. qui continet omnia, Phoebus. Sol totum
terrarum orbem continet, quia ab oriente ad occiden-
tem pergens omnia cursu cottidiano peragrat, quare
Claud. in Prob. et Olybr. coss. init. *sol, qui flammigeris mundum complexus habenis volvis inex-
hausto redeuntia saecula motu*. Romanum autem
imperium item omnia continet; nam, ut est apud Petron.
Satyr. 119 init., *orbem iam totum victor Romanus
habebat, qua mare, qua terrae, quo sidus currit
utrumque*, et, ut ait Claud. Stilich. 3, 139, (Roma)
parva a sede profectas dispersit cum sole manus;
apud eundemque de bello Gild. 48 Roma ipsa de se *ad
solem*, inquit, *victrix utrumque cucurri*. Plenius idem
hoc laudat Aelius Aristides in Panegyr. Romae p. 325
(ed. Dindorf. Vol. I) ὅπερ γάρ τις ἔφη τῶν λογοποιῶν
περὶ τῆς Ἀσίας, λέγων, ὅσην ὁ ἥλιος πορεύεται, ταύτης
πάσης ἄρχειν ἄνδρα ἕνα-οὐκ ἀληθῆ λέγων, εἰ μὴ πᾶσαν
Λιβύην καὶ τὴν Εὐρώπην ἐξαίρετον ἐποιεῖτο τῶν ἡλίου
δυσμῶν τε καὶ ἀνατολῶν-τοῦτο νῦν ἐξενίκησεν ἀληθὲς εἶναι, τὴν ἴσην τε ἡλίου χορείαν εἶναι καὶ κτῆσιν ὑμετέραν
καὶ τὸν ἥλιον διὰ τῆς ὑμετέρας πορεύεσθαι.

61. quantum vitalis axes. Barthius, Burmannus, Dammius scripserunt *vitales*, nimirum *axes*.
At axes non zonae, quas illi putabant, sed poli; vide
supra v. 17. Wernsdorfio quidem Namatianus h. l. Claudianum imitatus esse videtur, qui Stilich. 3, 138 sic
de Roma, *haec est, exiguis quae finibus orta tetendit in geminos axes. Natura* autem *vitalis* est *temperies habitanda viris*, ut Claudianus loco modo ci-
tato ait. *Vitale* enim est, in quo vivitur vel vivi pot-

est, ut Nemes. Eclog. 1, 36 *corporis et genitrix, tel-*
lus vitalis et aër, Lucan. 9, 435 *temperies vitalis;*
Virg. Aen. 1, 387 *invisus coelestibus auras vitales*
carpis; Plin. nat. hist. 2, 38 *omne, quod inani simile,*
vitalem hunc spiritum fundit. Veteres autem ex
quinque zonis, in quas terra dividebatur, tres putasse
inhabitabiles, duas tantum homini ad vivendum re-
lictas docent Plin. nat. hist. 2, 68 et Ovid. Met. 1, 45
sqq. In iis, quae paulo post sunt *tantum virtuti pervia*
terra tuae i. e. eo penetrat virtus tua et indoles le-
gesque, quod est *tantum* pro eo, quod debuerat esse
in tantum, saepius ita Livium locutum esse docet Gronovius ad 37, 57 *novum sibi hominem sibi tantum*
praeferri; atque Quintil. 10, 1, 126 *tantum ab illo*
defluebant, quantum ille ab antiquis descenderat.

63. fecisti patriam-unam, nimirum cum civitate donares, quotquot subegeras. Multa apud omnes
scriptores inveniuntur, quibus hoc, quod singulare et
maxime erat in imperio Romano laudabile, praedicatur, ut apud Claud. Stilich. 3, 150 *haec est* (Roma)
quae-cives vocavit, quos domuit, nexuque pio lon-
ginqua revinxit; Aristides de laud. Rom. p. 365
καὶ τὸ Ὁμήρῳ λεχϑὲν „Γαῖα δ'ἔτι ξυνὴ πάντων" ὑμεῖς
ἔργῳ ἐποιήσατε. Inde etiam publice Roma *communis*
patria appellari coepta est, Theod. Cod. 6, 2, 14; 6,
4, 21. Inepte autem in Miscell. Observat. quidam
fixisti patriam voluisse dicitur. Versu insequenti
quod est *iniustis,* pertinet ad *iuris consortia,* de
quibus deinde dicit. Barbaras autem gentes maxime
intelligit, quae sine dubio et sine legibus et iniustae
fuerant; nam, ut ait Horat. Serm. 1, 3, 111, *iura in-*
venta metu iniusti fateare necesse est. Nihil igitur opus est eo, quod Castalio scripsit *invictis* aut
eo, quod Dammius, auctoribus Iureto, Graevio, Heinsio, edidit *invitis,* aut Schraderiano denique *infestis.*
Nec magis paulo post pro eo, quod est *te domi-*

nante, emendandum aut cum Heinsio ad Claud. IV Hon.
117 *teque domante* vel *te domitante*, aut cum Burmanno *te moderante*.   Verbum intransitivum sic in-
terpretare: quoniam tu domina eras, in cuius potestatem venturae erant.

66. **urbem fecisti, quod prius orbis erat.**
Pervertit sententiam Venckius in Spec. critic. in var.
auct. p. 18, qui sic mutabat *orbis fecisti, quod prius
urbis erat* i. e. ius, quod una antea urbs sola posse-
derat, cum toto orbe terrarum communicasti; item Burmannus, cum edidit *urbem fecisti, quod prius urbis
erat*.   Utrumque *quod*, pro quo usitatius erat *qui*,
movisse videtur.   Poëta vero hoc ait, Romam, cum
populos victos civitatis consortione coniunxisset, fecisse, ut gentes, quae antea orbe terrarum compre-
hendebantur, iam unam civitatem atque unam urbem
efficerent.   Ascribo locum Aristidis Panegyr. Rom.
p. 346 plenius hoc exponentis: ὅπερ δὲ πόλις τοῖς αὑτῆς
ὁρίοις καὶ χώραις ἐστί, τοῦθ᾽ ἥδε ἡ πόλις τῆς ἁπάσης οἰ-
κουμένης, ὥσπερ αὖ τῆς χώρας ἄστυ κοινὸν ἀποδεδειγμένη.
Φαίης ἂν περιοίκους ἅπαντας ἢ κατὰ δῆμον οἰκοῦντας
ἄλλον χῶρον εἰς μίαν ταύτην ἀκρόπολιν συνέρχεσθαι, ἢ
δὲ οὐδέκώποτε ἀπεῖπεν, ἀλλ᾽ ὥσπερ τὸ τῆς γῆς ὕδωρ φέρει
πάντας, οὕτω καὶ ἥδε δέχεται μὲν τοὺς ἐξ ἁπάσης γῆς,
ὥσπερ τοὺς ποταμοὺς θάλαττα.   Saepe autem poëtae in
vocibus *urbis* et *orbis* similiter sonantibus leporem
quendam orationis quaerunt, ut Ovid. Fast. 2, 683
*gentibus est aliis tellus data limite certo, Roma-
nae spatium est urbis et orbis idem;* Corippus de
laud. Iust. 1, 181 *quanta fuit nostrae simul urbis
et orbis provida cura seni;* idem 1, 250 *lux urbis
et orbis.*

67. **Venerem Martemque.** Dammius *Martem
Veneremque* edidit, fortasse quod *auctoris* nomen
feminino generi Veneris convenire negabat.   Qui et aliis
multis locis redarguetur et ipsius Rutilii infra 2, 64

nominis est auctor sole corusca soror. Poëta igitur
in auctoribus Romae nominandis temporum ordinem
servare voluit.

70. numen utrumque. Sic Barthius correxit,
cum fuisset *nomen*, quod idem in codice nostro inventum est. Rectum, opinor, *numen* est. Nam nomen
ipsum, nisi potestas sit nominis, in moribus non agno-
scitur, eaque potestas *numen* appellatur. Poëta, cum
explicare velit, quid fuerit, quod Romani a consuetudine reliquarum gentium recederent, victosque in suae
civitatis commoda reciperent, clementiam ait iis a Ve-
nere ingenitam esse. Eam autem clementiam *victri-
cem* dicit, quia in victoria adhibetur.

71. hinc tibi-amat. Laudo Burmannum, quod
distinctionem, quae post verbum *voluptatis* erat, tolli
volebat, non laudo, quod pro voluptate *voluntatem*
malebat. Nam voluptas longe est fortior magisque
convenit cum proximo parcendi verbo; nam quod recte
fit, debet etiam libenter fieri veteri ethicorum prae-
cepto. Idque significat *voluptas*, ut apud Symmachum
Ep. 7, 110 *sed beneficentiam talis viri, cui semper voluptas est, supra spem magna praestare,
promptiorem spero reddendam* etc.; eundemque 6,
40 *prima mihi voluptas est sciscitari, quem statum
sanitatis habeatis.* Sed praeterea, quod est *bona
parcendi voluptas*, commate post verbum *certandi* posito, coniungi praestat, na *bona* etiam ad certandi vo-
luptatem pertineat. *Bona* enim est mitis, lenis, aequa,
ut apud Virgil. Eclog. 5, 65 *sis bonus o felixque
tuis.* Denique pugnandi et parcendi studium armatos
vicisse dicitur, victos amasse. Cf. ad v. 19. Noli enim
Romam intelligere, quod vulgo fit, distractis inter se
versibus et interpunctione diremptis; nam eam paulo
post altera persona alloquitur. Idem autem hoc, quod
factum esse ait Rutilius, dudum Romae praeceperat
Virgilius Aen. 6, 851 *tu regere imperio populos, Ro-*

mane, memento-parcere subiectis et debellare superbos, ex quo etiam Claudianus sumpsit bell. Gild. 97 (populus Romanus), *quem semper in armis horribilem gentes, placidum sensere subactae.*

73. Recenset homo Stoicae, ut vidimus, disciplinae studiosus humani generis aliquot benefactores, qui dii facti sint: sic Romam, utpote quae totum orbem terrarum in unum conciliarit, deam esse significat deamque paulo post nominat. Oleam Minerva invenit, vinum Bacchus, agri culturam Triptolemus, Celei, regis Eleusinii, filius, de quo Ceres apud Ovidium Fast. 4, 559 *iste quidem mortalis erit: sed primus arabit et seret et culta praemia tollet humo.* Medicinae autem inventorem dicit Paeonem, qui ipse deus deos curat in Olympo apud Homerum Iliad. 5, 401 et 899 et Odyss. 4, 232. Ausonius ad Syagr. 13 *genitor studuit medicinae, disciplinarum quae dedit una deum;* Plin. nat. hist. 29 init. (medicina) *diis primum inventores suos assignavit et coelo dicavit.* Denique Hercules *deus factus.* Sic enim scribendum esse vidit iam Castalio ceterique plerique editores, cum fuisset antea *fractus et Alcides,* pro quo frustra Barthius in Adversariis emendabat *fretus it,* frustra item Cannegieterus ad Avian. 24, 2 *cretus et.* Deum autem factum esse ait *nobilitate* i. e. non, ut Wernsdorfius interpretatur, virtute ac magnanimitate (nec enim ea latine dicitur nobilitas), sed fama ac gloria rerum gestarum, ut Cicero de off. 3, 5 med. *Herculem illum, quem hominum fama, beneficiorum memor, in concilio coelestium collocavit.* Cf. eundem Tuscul. 1, 12, 28 et 14, 32 et de natur. deor. 2, 24 init. Nec tamen *nobilitas* omnibus placuit; nam Castalio *mobilitatem* mavult, vitium pro virtute, Almeloveenius vero, cum *ferocitate* corrigit, inscitiae crimen subit. Alius quidam in Bibliothec. univers. Tom. V p. 248 et Io. Clericus A. C. Vol. II p. 75 ita mutabant *fa-*

ctus et Alcides nobilis arte deus, Crusius Probab. Critic. p. 56 *aedes Paeoniam meruit medicina per artem, prodit et Alciden nobilis ara deum,* quae commemoro, ut appareat, quam cupide homines docti in Rutilio ingenium suum exercere voluerint.

79. Romanus ubique recessus i. e. per totum orbem terrarum (id enim est *ubique*) si qui etiam est recessus, sive remotior a frequentiori populorum usu terra, tamen ea, quoniam ad Romanum imperium pertinet, te veneratur ac celebrat. Recessum ex plurimo poëtarum usu dixit, ut Claudiani Stilich. 3, 157 *et horrendos quondam penetrare recessus* imitatione, quam Wernsdorfius statuit, non opus sit. Eadem notione *angulus* dicitur, ut apud Velleium 2, 102 *ut in ultimo ac remotissimo terrarum orbis angulo consenescere quam Romam regredi mallet;* Cic. in Cat. 2, 8 extr. *nemo non modo Romae, sed nec ullo in angulo Italiae;* Ovid. Trist. 1, 3, 24. Multa eiusmodi exempla congessit Io. Savaro ad Sidon. Apoll. Ep. 3, 1. Nec recte Burmannus coniiciebat *Romanus ubique receptus:* nimirum loco ille *colla* esse negabat. At quotiens terrarum nomina pro populis ponuntur!

82. pulchrius imperium. Apte confertur ab interpretibus Horat. carm. sabc. 11 *alme Sol possis nihil urbe Roma visere maius,* et Virgil. Georg. 2, 534 *scilicet et rerum facta est pulcherrima Roma.*

83. quid simile Assyriis? sqq. In summa explicatione non recedo ab iis, quae in Observat. p. 107 exposui. Cum enim editio Bononiensis sic habeat *quid simile Assyriis - arma - suos,* Castalio ceterique editores scripserunt *quid simile? Assyriis* etc.; soli Pithoeus et Heinsius eam interpungendi rationem, quam nostra editio secuta est, probarunt. Quae sola vera est. Poëta Romanos cum ceteris populis, qui magna imperia tenuerunt, comparat. Quos quinque et plerumque

numeratos esse et hic esse numerandos apparet ex
Claud. Stilich. 3, 163 *sic Medus ademit Assyrio Me-*
doque tulit moderamina Perses. Subiecit Macedo
Persen cessurus et ipse Romanis, et ex Aristide de
laud. Romae p. 362 καὶ ἐδούλευσαν Μακεδόνες Πέρσαις,
Πέρσαι Μήδοις, Μῆδοι Σύροις, ὑμᾶς δὲ ἐκ τοσούτου πάντες
ἴσασιν, ἐξ ὅτουπερ ἴσασιν, ἄρχοντας, quae non dubito,
quin Namatianus hic imitari voluerit, ita tamen, ut
Medos et Persas coniungeret adderetque Parthos. Habere igitur unusquisque populus debet suum enuntiatum, quam rationem Burmannus ita efficere volebat,
ut pro eo, quod est *cum*, faceret *tum*. Nec vero quod
ex codice nostro nunc restituendum est, *armis*, vul-
gatam illam rationem patitur.   Itaque *quid simile As-*
syriis? intellige *quid habent Assyrii simile imperio*
Romano? In quo cum duo potissimum essent singu-
laria, quod et per totum orbem terrarum pertinebat,
nec armis solum, verum etiam legibus eos, quos subiecerat, continebat, Medi sive Persae (hi enim sub illorum nomine latent) *armis* solum i. e. vi ao bello
nonnullos populos sub idem imperium coëgerunt, ne
sic quidem ultra finitimos progressi.   Et haec quidem
de sententia; de oratione ipsa poëta suo more subiectum enuntiationis primariae in secundariam transtulit, ut infra v. 433 *sic dubitanda solet gracili va-*
nescere cornu defessisque oculis luna reperta latet,
et v. 103 *nec minus et propriis celebrantur roscida*
venis totaque nativo moenia fonte sonant. Quamquam hoc quidem loco, si quis *Medis* praetulerit, non ·
magnopere repugnabo.   Burmannus et Wernsdorfius
dum *arva* corrigunt, quae a *Medis* connexa sint, id
ipsum pessumdant, in quo maxime discrimen huius populi et Romanorum situm est.   Venckius in lect. lat.
lib. 1, 2 p. 15 ita hoc distichon mutat: *quid simile?*
Assyrii connectere contigit arva Medis, finitimos
cum domuere suos; Crusius in Probab. Critic. p. 57

ita: *quid simile Assyriis comprendere* (vel *contendere) contigit armis?*

85. magni Parthorum reges Macetumque
tyranni. *Parthos* intellige, qui suo et proprio nomine dicuntur, quorum reges constat a Persicis *magnorum* cognomen sibi sumpsisse. Nec enim credo
Wernsdorfio ceterisque interpretibus, qui Persas intelligunt, populum antiquiorem nominari posse a recen-
tiori. *Macetum tyrannos* dicit Syriae reges Macedo-
nicos, inter quos et inter Parthos notum est plurima
de imperio Asiae bella gesta esse, vario quidem eventu,
ut modo hi, modo illi vincerent, quare eos *mutua iura
dedisse* ait i. e. mutuo imperitasse. Scripsi autem
Macetum, quoniam a nominativo *Macetae*, graece
Μακέται, qui est apud Gellium 9, 3, deducitur. Vide
interpretes ad Lucan. 2, 647, et 5, 2.

87. plures animaeque manusque. Wernsdorfius *plures animas* de hominum, quos Roma, cum con-
deretur, habebat, numero explicat, quod qui statuit,
eum *manus* oportet eorundem hominum vires intelligere, quod hac quidem re parum differt ab animis.
Quidni in persona Romae consistimus, eique nascenti
non plures animas aut plures manus, quam reliquis
imperiorum praesidibus, datas esse a natura putamus
i. e. unam modo animam sive vitam duasque manus?
Sic poëtam voluisse mihi persuasi. Atque sensit tale
quid iam Burmannus, qui h. l. ad Geryonis fabulam,
qui tres animae et sex manus tribui solerent, respici
ait. Eodem pertinet, quod *nascenti* ait et quod *consilium iudiciumque* eiusdem est personae atque anima
et manus. Pro hoc autem temere Crusius Probab. critic. p. 57 *consilii iustitiaeque* correxit. Nam eadem
ratione Cicero Ep. 10, 25 *omnino plura me scribere,
cum tuum tantum consilium iudiciumque sit, non
ita necesse arbitrabar.* Copiosius autem hoc, quod
breviter Namatianus *consilium iudiciumque* vocat, Ari-

stides exequitur Panegyr. p. 334 sqq., efficitque, nullum ante Romanos populum regnandi peritum fuisse: ideo omnium aut brevia aut exigua fuisse imperia.

90. nobilis gloria i. e. tu, quae gloriam adepta es (vide supra ad v. 19), nobilis sive nobilitata, clara iustis bellorum causis et pace non superba summas opes assecuta es. Nec enim recte ablat. *iustis-causis* et *pace superba* ab eo, quod est *nobilis*, vulgo interpunctione seiungi video. Eorum autem, quae sequuntur, haec sententia: dii tibi haec fata, hanc fortunam nascenti destinarunt, ut in orbe terrarum imperares; sed maius etiam est, quod meritis tuis effecisti, ut imperio digna esses. Quod Crusius Prob. Crit. p. 57 corrigebat: *quodque regis, minus est, quam quod rexisse mereris* (i. e. mereris plura regere, quam regis) *excedisque actis grandia fata tuis*, facile spernemus. Paulo post quod scripsimus *grandia fata*, cum in codice et in editione principe esset *grandia facta*, dudum id Onuphrius coniectura restituit.

93. densis decora alta tropaeis. Decora sunt aedificia propter magnificentiam pulchra, quod pecunia ab hoste capta extructa erant, honesta. Quae quidem antiquitus spoliis ornari solebant. Liv. 22, 57 *et vetera hostium spolia detrahunt templis porticibusque*. Postea arcus maxime ianique ad victoriarum memoriam propagandam extrui solebant; Suet. Domit. 13 *Ianos arcusque cum quadrigis et insignibus triumphorum per regiones urbis tantos ac tot extruxit, ut cet.* Quare Claudian. VI Honor. cos. 50 *spoliisque micantes innumeros arcus*; id. Stilich. 3, 67 *indutosque arcus spoliis aequataque templa nubibus et quicquid tanti struxere triumphi.* Iunge autem *alta densis tropaeis* i. e. spoliorum multitudine evecta; nam Statius quidem Silv. 4, 3, 97, quos Domitianus arcus fecerat, cum Iride comparat: *huius ianua prosperumque limen arcus belligeri ducis tropaeis et totis Ligu-*

gurum nitens metallis, quantus, nubila qui coronat imbri.

96. delubra micantia. De iisdem Claudian. Hon. VI cons. 51 *acies stupet igne metalli et circumfuso trepidans obtunditur auro;* idem Stilich. 3, 133 *quae luce metalli aemula vicinis fastigia conserit astris.* Nimirum multorum templorum, ut intus laquearia, ita extra tecta auro inducta erant, quare *aurea* sive *aurata* et *fulgentia* et *fulva* dici solent. De Capitolio hoc docet Iustus Ryckius de Capit. Rom. c. 16, Procopiusque de bell. Vandal. 1, 5 init. Vandalos narrat expugnata urbe partem dimidiam tegularum Iovis Capitolini inauratarum in Africam secum asportasse. Item in Veneris et Romae aedibus quae fuerant tegulae auro inductae, eas postea a papa Honorio I, imperatore Phoca, ademptas esse narrat Bunsenius in descriptione Romae Vol. I p. 240. Ipsos deos deinde ait magnificentius habitare non posse in coelo sive Olympo suo. Quo non contentus Burmannus pro eo, quod est *sic,* volebat *hic.* Quasi re vera Rutilius aedes sacras etiam habitationes deorum ipsas esse putavit.

97. quid loquar sqq. Aquaeductuum Romanorum magnificentiam laudat propter ingentes arcus substructionesque, quibus aqua transmittebatur, quorum tanta erat moles, ut Anienem novum, cuius arcus erant altissimi, quibusdam locis centum novem pedes sublevari dicat Frontin. de aquaeduct. c. 15. Itaque poetica hyperbola usus Namatianus Iridem comparat, non minus, opinor, recte, quam paulo supra ad v. 93 cum eadem arcus Domitiani a Statio componi commemoravimus. Erant autem omnino Romae Nerva imperatore novem aquaeductus, quos luculentissime Frontinus singulari, qui extat, libello descripsit. Post additos esse quinque constat ex Procopio de bell. Goth. 1, 19. Vide Bunsenium in descriptione Romae Vol. I p. 195—207, Fabrettum de aquaeductibus Romae 1680

(in Graevii Thesauro Antiquit, Rom. Tom. IV). *For-*
nices autem in hoc aquaeductuum opere vocabantur
arcus, quibus innitebantur *rivi* sive canales ipsi, quibus aqua ducitur, nonnunquam ἐς τοσοῦτον εὖρους καὶ
βάφους, ut ait Procopius l. 1., διήκοντες, ὥστε ἀνθρώπῳ
ἵππῳ ὀχουμένῳ ἐνταῦθα ἱππεύειν δυνατὰ εἶναι. Insequenti
versu quod est *qua vix-tolleret Iris aquas*, consulto
mihi quidem poëta videtur posuisse *qua*, pro quo non
recte Burmannus malebat *par vix imbriferas* vel
certe *quo vix*. Iris enim vapores et aquas ex terra
collecta ad nubes attollit, ut Ovid. Met. 1, 271 *con-*
cipit Iris aquas alimentaque nubibus offert, Virg.
Georg. 1, 380 *et bibit ingens arcus*. Quare si *quo* dicitur,
aquaeductuum arcus cum nubibus contenduntur, quod
quis non videt noluisse poëtam? Itaque hoc ait, aquaeductuum arcus eadem parte aëris pendere, qua vel
per quam Iridis arcus aquas ad nubes attollat. *Im-*
briferas autem vocat eas aquas, quia imbrem ferre,
in terras effundere putantur, quare ipsa Iris est im-
brifera apud Tibull. Eleg. 1, 4, 43 *quamvis praetexens*
picea ferrugine coelum venturam admittat imbrifer
arcus aquam.

99. *hos potius dicas* sqq. Abusi sunt hoc loco
multi interpretes, ut *potius* nonnunquam eo membro,
quod ei responderet, omisse poni demonstrarent, qua
de re dixi ad v. 1. Hoc quidem loco facile audiri
apparet *quam de quibus est in fabula*. Causa tamen ea videtur fuisse Crusio Probab. Crit. p. 57, ut
totum locum ita mutaret *tot scopulis dicas crevisse*
in sidera moles, item Barthio et Dammio, ut versu
insequenti pro eo, quod est *tale*, alter mallet edi, alter ederet ipse *quale*. Pro eo autem, quod est *dicas*
in sidera Keuchenius ad Frontin. de aquaeduct. p. 371
scribebat *dicam-ad sidera*, ex quibus Kappius certe
hoc *ad sidera* probavit, nulla idonea causa. Quid
enim ab hoc loco differt Ovid. Fast. 4, 328 *index lac-*

titiae fertur in astra sonus? Sequenti autem versu
scripsimus primum *giganteum*, ut solet latine, Horat.
Carm. 3, 1, 7; Propert. 1, 21, 9; Ovid. Trist. 2, 71.
Nam Graece quidem est etiam γιγαντεῖον, ut non
omnino spernam, quod in editione principe est, *gigantaeum.* Deinde *laudet* i. e. dicat, nominet Graecia tale, si quod habet opus. Coniunctivum enim ex
margine cod. Vindob. ideo praetuli, quia nullum esse
in Graecia tale opus significat, ideoque iam dudum
ita voluerat Vonckius lect. lat. p. 16, cum esset in
editionibus omnibus *laudat.* De iisdem autem his
aquaeductibus Plinius nat. hist. 36, 15, 9. *si quis diligentius aestimaverit aquarum abundantiam, ex-
tructos arcus, montes perfossos, convalles aequatas,
fatebitur, nihil magis mirandum fuisse in toto orbe
terrarum;* itemque Frontinus de aquaeduct. 16 *tot
aquarum tam multis necessariis molibus pyramidas,
videlicet otiosas, compares aut cetera inertia, sed
fama celebrata, opera Graecorum?*

101. intercepta-muris. Flumina dicit Anienem,
qui primum eo ductu, cui nomen erat Anio vetus,
deinde usque ad Nervam altero etiam, qui Anio novus
vocabatur, in urbis usus adducebatur (vide Frontin.
c. 90 et 15 et 93), minoresque aliquot flavios, ut Curtium et Caeruleum, ex quibus Claudia ducebatur, (Frontin. c. 14) ut Herculaneum, quo adiuvabatur Anio vetus (ibid. c. 15), ut alios aliquot, ex quibus ductus
post Nervam extructi profluebant, quos minus novimus. Quod autem eas aquas *Romae muris* condi sit,
addit non sine causa. Multo enim plus aquae, quam
in urbem perveniebat, concipiebatur in capitibus aquaeductuum, sed detrahebatur ad agros suburbanos irri-
gandos. Vide rationem, quam eius rei accuratissimam
iniit Bunsenius in descriptione Rom. Vol. I p. 199.
Quare improbandum, quod Keuchenius ad Frontin.
p. 371 coniecit *suis-muris*, quod pertinere ait ad sub-

structiones, quibus rivi innitebantur, quarum proprium
nomen erat murorum.   Cf. vetus senatus consultum
apud Frontin. c. 127 et 129.

102. consumunt-lacus, ut Alsietinum aqua Al-
sietina, quam Augustus, cum naumachiae opus aggre-
deretur, adduxit (Frontin. c. 11), ut Sabatinum aqua
Sabatina (cf. Festum s. v.), ut Sublacensem Anio novus (Frontin. c. 93). *Celsa lavacra* Wernsdorfius a
Barthio deceptus intelligit privatas balneas, in quas aqua
per fistulas latentes ex lacubus deduceretur. Eos enim,
opinor, intelligebat lacus, qui erant innumeri in urbe
ad recipiendam et conservandam aquam (Wafferbehäl-
ter).   At id, cum legibus esset cautum et mala fraude
hominum privatorum fieret, quid ad magnificentiam
Romae pertinebat? Nec *lavacra* intelligo privata, sed
publicas illas thermas, ingentia aedificia, quibus ex-
truendis et maximo sumptu exornandis ab Augusti temporibus principes plebi gratificari studebant. Eaque *celsa*
appellantur, quia alta sunt, non quod in superiore parte
aedium fornicibus sint extructa, quod parum recte opinatur Wernsdorfius deceptus iis, quae in thermis vocantur suspensurae, de quibus cf. Lipsium ad Senec.
Ep. 90, Bekkerum in Gallo Vol. II p. 37. Ii autem
imperatores, qui splendidissimas thermas extruxerunt,
ne quid aquae cetero usui publico demerent, peculia-
res aquaeductus addiderunt, quare Traiani, Antonini
sunt et thermae et aquaeductus, Lampridius vero in
Alexandro Severo c. 25 *thermas nominis sui* (con-
stituit) *iuxta eas, quae Neronianae fuerunt, aqua
inducta, quae Alexandrina nunc dicitur.* Sed etiam
praeter haec multum aquae consumptum esse in balneis
apparet ex iis, quae Frontinus de aqua Marcia c. 91,
de Aniene novo c. 91 et 94, alibi narrat.

103. propriis celebrantur roscida venis
i. e. frequentes intra moenia urbis Romae sunt venae,
quibus ea roscida redduntur. Celebrare enim aliquid

aliqua re h. l. est efficere, ut aliquid frequens sit in
aliqua re, ut Tibull. 1, 6, 17 *neu iuvenes celebret
multo sermone, caveto* i. e. neu frequenti iuvenum
sermone utatur; Ovid. Met. 2, 252 *et quae Maeonias
celebrabant carmine ripas, flumineae volucres* i. e.
quae in Maeoniis ripis frequentes cantus exercebant;
idem Trist. 5, 6, 37 *quam multa madidae celebrantur arundine fossae;* idque, in quo est frequens aliquid, dicitur *celebre,* ut Ovid. Met. 8, 627 *celebres
mergis fulicisque palustribus undae. Venae* autem
dicuntur aquarum fontes, *moenia* ipsa urbs, quam moenia complectuntur, ut saepe. De re ipsa Cicero de
republ. 2, 6, 11 Romulum delegisse ait condendae urbi
*locum et fontibus abundantem et in regione pesti-
lenti salubrem.* Plenissime autem res explicata est
in Bunsenii descript. Rom. Vol. I p. 135.

105. hinc. De aquae abundantia, quae Romae
est, dicit. Quae quia et aquarumductibus et nativis
fontibus abundat, fit, ut et aestus Romanis molestus
non sit, et *puriore,* quam alibi, aqua ad bibendum
utantur. Nec enim de ingenita modo fontinali aqua
dicit, cum adductas etiam aquas bibendo inservisse satis constet, Marciam imprimis, de qua Plin. nat. hist.
31, 3, 24 *clarissima aquarum omnium in toto orbe,
frigoris salubritatisque palma praeconio urbis, Marcia est, inter reliqua deum munere urbi tributa;*
eique bonitate proxima est Claudia, ut ait Frontin.
c. 13. *Frigidus halitus* est frigus ex aquis illis ex-
halatum, qui saepe *spiritus* vocatur, ut apud Calpurn.
4, 4 *levatque diem* (i. e. diei aestum) *vicini spiritus
amnis;* Lucretium 3, 223 *spiritus unguenti suavis
diffugit in auras. Innocuam sitim* non intelligo eum
Barthio et Wernsdorfio *naturalem,* praeter quam sitis
est nulla, sed eam, quae non nocet, quia purissima
aqua levatur.

107. nempe tibi sqq. Exceptionem addit, quae

demonstret tamen illud, abundare solum Romanum fontinali aqua. Eandem autem fabulam de Romanis ab Sabinis (is enim *hostis premens* intelligitur) fonte calido diremptis narrant Ovid. Fast. 1, 265 sqq. et Macrob. Saturn. 1, 9; ex recentioribus nuperrime Bunsenius in descript. Romae Vol. I p. 145, cui cum cetera facile credam, illud tamen credere vix in animum possum inducere, ex Macrobio, qui aperto errore Ianualem portam, quam loco, ubi aquae prosiluissent, deo positam esse fama erat, ad radicem montis Viminalis collocat, totam hanc narrationem, insertam quippe ab librariis, tollendam esse. Ipsius potius Macrobii error videtur fuisse, cuius tempore cum fama fabulae mansisset, loci natura omnino mutata esset, qui non diligentius in rem inquisisset, facile decipi poterat. *Tarpeiae* autem *viae* sunt, quae ex rupe Tarpeia ad montem Palatinum ducunt; hostes enim in saxo Tarpeio, Romani in Palatino constiterant.

109. a e t e r n u s - r e d i t u r u s e r a t. *Aeternus* est, qui non uno modo tempore, sed semper fluit, ut apud Ovid. Amor. 3, 6, 20 *tu potius, ripis effuse capacibus amnis (sic aeternus eas) labere fine tuo;* idemque Met. 15, 550 *gelidum de corpore fontem fecit et aeternas artus tenuavit in undas.* Commemoravi Burmanni et Wernsdorfii causa, qui parum recte aeternos fontes h. l. torrentibus et confluviis opponi putant. Pro *redeundi* verbo Heinsius *pereundi* malebat, Cannegieterus ad Avian. p. 2 pro nominativo *qui* dativ. *cui.* At, cum redire sit ire eo, unde veneris, flumen, quod prodiit ex terra, redit, cum conditur in terram, quod conditum est, redit, cum prodit; atque hac ratione est apud Lucilium Aetna 131 *quodsi praecipiti conduntur flumina terra, condita si redeunt.*

111. q u i d l o q u a r etc. Wernsdorfius cum accuratissime hunc locum illustrarit peculiaremque excursum addiderit, non omnia tamen, quo quidque per-

tineret, perspexit. Dicit autem h. l. poëta de virida-
riis et arboretis (Treib= unb Gewächshäusern), quae spe-
cularibus obiectis a ventis et frigore hiemali defende-
bantur, de quibus potissima, quae nota sunt, collegit
nuper Bekkerus in Gallo Vol. I p. 289. Addo ex Rutiliani temporis scriptoribus Pacatum Panegyr. Theod.
Aug. 14 *parum se lautos putabant, nisi luxuria ver-*
tisset annum, nisi hibernae poculis rosae innatassent;
ibidemque paullo ante *peregrini aëris volucres, alieni*
temporis flores commemorantur. Illorum igitur viri-
dariorum primum hic erat usus, ut essent aviaria,
deinde ut arbores et poma et flores quovis anni tempore conservarentur in iis et provenirent. Huc enim
pertinent, quae paulo post sunt *vere tuo* sqq. Nec enim
credo, quod Wernsdorfius in excursu laudato exponit,
illa, quae sunt *vere tuo - annus*, pertinere ad aedes ita
extructas, ut nec aestate calor nimius nec hieme frigus nimis vehemens esset, qua de re cf. Bekkerum
in Gallo Vol. I p. 263. Scripsimus autem Onuphrium
et Burmannum et Wernsdorfium et codicem denique
nostrum secuti *vernula qua* (i. e. ubi) *vario car-*
mine ludit avis, cum editio princeps habeat *vernula-*
que (i. e. opinor, *quae) ludat*, quod Dammius sic
explicat: *quid loquar, quae et qualia et quam dul-*
cia auditu sonet vernacula avis. Pithoeus autem
emendarat *quis* (i. e. in quibus silvis) *ludit*, Graevius
quam (i. e. quam vario) *ludat*, Crusius Probab. Crit.
p. 58 *quam vario carmine laudet avis*, Barthius
Advers. 22, 17, qui singulare aliquid quaerebat, *qua*
Ismario carmine ludat. *Vernula* autem avis est indigena, quae plerumque *vernacula* dicitur, ut apud
Varron. de re rustic. 3, 5, 7 *aves vernaculae*, Cicer.
de orat. 3, 24 *res vernaculae*, eandem Ep. 9, 15
festivitatem vernaculam, quod imitatus est Petron.
Satyr. c. 24. Sed item *verna* adiectivum usurpatur,
apud Martialem maxime, ut 1, 50, 24 *vernas apros;*

13, 43 *vernae tuberes*; 10, 30, 21 *piscina rhombum pa
scit et lupos vernas*; raro *vernula*, ut apud eundem
Martialem 5, 18 *praeter libellos vernulas nihil misi*,
quos libros 3, 1 *vernas* appellat. Burmannus vero
ad Petronium c. 120 *vernulam avem* contra latinitatis usum hic dici putavit, quae vere caneret, quemadmodum Ovid. Trist. 3, 12, 8 *indocilique loquax gut-
ture vernat avis*, quo loco quia codices nonnulli *ver-
nandi* verbo substituunt *garriendi*, Scriverius Rutilium
quoque *garrulam avem* dixisse suspicabatur. Paulo
post quae est *victa hiems*, Crusius Probab. Crit. p. 58
mutabat in *auctam* i. e. provisis et conditis copiis lo-
cupletatam, Schraderus vero in *strictam* vel *vinctam*.

115. Romam quia poëta orbis terrarum dominam
esse credit, praesens periculum urbi imminens praeter-
iturum esse significat, confiditque mox eam veterem
vigorem esse recuperaturam. Itaque primum admonet,
ut *lauros crinales* clade a barbaris accepta depressas
erigat. Lauro enim solet dea redimiri, quare Sidon.
Apollin. Carm. 2, 393 eam describens *infula*, inquit,
laurus erat. Deinde eam ornari et iuvenilem videri
vult, comis apte dispositis, ne senium et canities appareat. Hoc est enim *senium-sacrati verticis in vi-
rides-refinge comas*, quod recte ab Heinsio emendatum, probatum a Burmanno, editum a Dammio et
Werusdorfio existimo, cum et fuisset antea et sit in
cod. Vind. *recinge*. Neque enim aut canities accingi
et recingi potest aut *recingere in virides comas* videtur esse latinum. Fingendi vero verbum saepe de
coma dici Heinsius docet ad Ovid. Amor. 1, 14, 2. De
eodem autem Romae senio Prudentius in Symmach. 2,
655 *senium omne renascens deposui vidique meam
flavescere rursus canitiem;* atque Claudianus bell.
Gild. 208 sic describit Romam pristinas vires resu-
mentem: *afflavit Romam meliore iuventa. Continuo redit ille vigor seniique colorem mutavere co-*

*mae, solidatam crista resurgens erexit galeam cli-
peique recanduit orbis et levis excussa micuit ru-
bigine cornus,* quos locos Sitzmannus et Castalio at-
tulerant.

117. aurea turrigero-vomat. Plerumque galea
Romae deae tribuitur, ut apud Claudian. bell. Gild. 23
humeris vix sustinet aegris (Roma dea) *squalentem
clipeum, laxata casside prodit canitiem plenamque
trahit rubiginis hastam;* eundemque in Probin. et
Olybr. coss. 92 *galeaeque minaci-praetenditur umbra iubarum;* Prudentium in Symmachum 2, 662 de
eadem dea *cum galeam sub fronde oleae cristasque
rubentes concutio.* Sidonius autem Apollin. *turritam*
esse ait Romae deae galeam Carm. 5, 13 *sederat
exerto bellatrix pectore Roma cristatum turrita
caput, cui pone capaci casside prolapsus perfun-
dit terga capillus,* et Carm. 2, 390 *quas* (preces) *diva
secuta apparat ire viam, laxatos torva capillos
stringit et inclusae latuerunt casside turres,* atque eundem cultum Roma dea habet apud Millin. in
galler. mytholog. tab. 180. Sed ne hic quoque *galeam* turritam significari credam Barthio, *diadema*
facit *aureum* i. e. auro intextum et gemmis cultum,
cum quo galea non convenit. Lucanum sequi maluit
Rutilius, qui 1, 179 ita ait: *turrigero canos effun-
dens vertice crines,* eaque corona turrita cincta est
Victoria apud Millinum tab. 39, quod ne alienum exi-
stimes ab hoc tempore, idem ornatus est Italiae deae
in tabulis notitiae dignitatum utriusque imperii addi-
tis. *Perpetuos* autem *ignes* sumpsit a Virgilio Aen.
10, 272 *et vastos umbo vomit aureus ignes.* Clipeo
autem armatam fingi Romam ostendunt et Claudiani loci,
quos attuli, et Sid. Carm. 2, 395 *inseritur clipeo victrix
manus; illius orbem Martigenae, lupa, Tibris, Amor,
Mars, Ilia complent.*

119. delcta-iniuria. Non credo Castalioni et

Wernsdorfio, qui *deletam iniuriam* interpretantur *oblivionem iniuriae.* Iniuria enim ad vim homini illatam pertinere solet. Atque Roma gravem plagam acceperat *tristi* illo *casu,* cum capta est ab Alarico. Eius igitur iniuriae monet deam, ut aboleat vestigia in ore atque habitu apparentia, ut nihil passa esse videatur. Itaque additur de *vulneribus* et de *contempto dolore* i. e. non curato, neglecto, non *contento* modo, quod ipsum Castalio coniiciebat. *Solidandi* autem verbum medicorum proprium est, praecipue de ossibus fractis, ut apud Plinium Ep. 8, 20, 4, *vis* (est lacui), *qua fracta solidantur;* Plin. nat. hist. 28, 16 (65), sed etiam de aliis vulneribus, ut apud Celsum de medic. 8, 6.

121. adversis sollemne tuis. Quod et in codice nostro et in editione principe est *solem ne vis,* cum, ut est ineptum, ita videretur interpretibus, Simlerus emendavit *sollemne tuis,* Castalio maluit *sollemne viris,* qua re, quod poëta unius Romae proprium esse ait, cum multis communicat, Burmannus, cum Simlerianum edidisset, tentabat tamen *sollemne tibi* vel *sollemne vices sperare secundas,* ex quibus illud probarem, nisi Simlerianum Rutilianae aetati magis convenire videretur. Est enim *adversis tuis* idem quod *tibi in adversa fortuna constitutae,* ut supra v. 19 *mea fortuna.* Toto autem hoc loco Rutilius Horatium Carm. 4, 4, 53 — 68 videtur imitatus esse, quem iam Claudianus Stilich. 3, 144 sqq. expresserat. Itaque cum apud illum sit de Roma *per damna, per caedes ab ipso ducit opes animosque ferro,* urbsque eum hydra Lernaea comparetur, de qua Ovidius Heroid. 9, 96 *damnis dives ab ipsa suis,* apud Claudianum autem *nunquam succubuit damnis,* Rutilius paulo post *ditia damna subis* dicit, docteque addit *exemplo caeli,* quoniam damna saepissime dicuntur coeli cum ceterorum siderum, tum lunae.

125. non distulit. Burmannus *non sustulit* vel

modo distulit maluit, quia multo post urbem captam
Brennus interisset in Graecia. Sed satis poenae erat
vinci et pelli a M. Furio Camillo dictatore, ultore nominis Romani. Res ipsa celebratissima, item de Pyr-
rho, de Samnitibus, de Hannibale, eademque virtutis
Romanae exempla elegit Claudian. bell. Get. 145 sqq.
et in Eutrop. 1, 463. *Foedera saeva,* quae temere
Schraderus *foeda* malebat, sunt Caudina, anno 321 a.
Chr. coss. T. Veturio Calvino II Sp. Postumio Albino II facta.

129. nisu-resurgunt. Cum in participio verbi
nitendi et *nisus* et *nixus* dicatur, substantivum tamen
ubique secundum codices et plures et meliores *nisus*
scribitur. Vide Moserum ad Ciceron. de nat. deor. 2,
46 init. et, qui ab eo laudatur, Drakenborch. ad Sil.
Ital. 2, 123. Idem h. l. confirmat codex noster. Pro
eo autem, quod sequitur *resurgit,* Burmannus ex Seneca nat. quaest. 2, 9 *discus non descendit, sed re-
silit* sine causa commendabat *resultat.* Nam *resurgere*
eadem notione est apud Ovid. Fast. 1, 523 *victa tamen vinces eversaque Troia resurges;* et ex Ponto
4, 8, 28 *obruta de mediis cymba resurget aquis,* atque in simillima sententia *surgere* apud Sidon. Apol-
linarem Carm. 7 init. *sidera sunt isti, quae sicut
mersa nitescunt, adversis sic Roma micat, cui fixus
ab ortu ordo fuit crevisse malis, modo principe
surget;* et Carm. 5, 64 *tua* (i. e. Romae) *nempe putantur surgere fata malis.* Paulo post quod est
altius acta, malo ea intelligere, quae in superiorem
locum feruntur, quam ea, quae in inferiorem, quod
Burmanno placuit et Wernsdorfio. Sic Plin. nat. hist.
2, 38 *vapor ex alto cadit rursumque in altum redit;* Ovid. Met. 8, 225 de Icaro *altius egit iter;* Statius Silv. 2, 1, 101 *vidi ego transertos alieno in ro-
bore ramos altius ire suis.* Idem autem hoc, quod

in codicis nostri margine est, dudum coniectura Pithoeus emendarat.

133. porrige victuras Romana in saecula leges i. e. porrige leges tuas, quae semper vivent, vel ita porrige, ut semper vivant et vigeant. Legibus enim idem accidere dicitur, quod hominibus, ut senescant, ut vigeant, ut vivant, ut denique moriantur. Claudian. IV Hon. 505 *priscam-resumunt canitiem leges;* Gellius Noct. Att. 20, 1 *populus Romanus passus est leges istas situ atque senio emori;* Liv. 34, 6, 5 *quas tempora aliqua desiderarunt leges, mortales, ut ita dicam, et temporibus ipsis mutabiles esse video. Romana saecula* sunt ea, quae, sicut Roma ipsa, aeterna sunt. Apte Sitzmannus affert Stat. Silv. 1, 1, 94 *stabit, dum terra polusque, dum Romana dies,* cui addit Wernsdorfius Martial. Epigr. 9, 2, 8 *manebit altum Flaviae decus gentis cum sole et astris cumque luce Romana.* Dammius autem *leges* fata explicat, quae Romam aeternam fore spoponderant, quae certe nec vivere nec extendi possunt in saecula; Burmannus vero *Romanas ventura in saecula leges,* Schraderus *Romanas victura in saecula leges* conieccrunt. Quod porro est *porrige in saecula leges,* solent poëtae *ire, mitti, tolli in saecula* ea dicere, quae aeterna futura sunt, ut Silius Ital. 2, 511 *extendam leti decus atque in saecula mittam;* id. 12, 312 *factoque in saecula ituro;* Valerius Flacc. 1, 99 *poscere quos revehat rebusque in saecula tollat;* Plin. Panegyr. 55 init. *ibit in saecula, fuisse principem,* Claud. de Mallii Theodori Cons. 115 *nascentes ibant in saecula libri,* Lucan. 10, 533 *potuit discrimine summo Caesaris una dies in famam et saecula mitti.*

134. non vereare colos. Secundae personae coniunctivi animadverte additum esse *non* pro eo, quod debuerat esse *ne,* quod soloecum esse ait Quintil.

1, 1, 5. Ac rarissimi sunt similes loci; unum scio
Horat. Serm. 2, 5, 91 *ultra non etiam sileas.* Nam primae et tertiae personae, in quibus minor est imperandi
vis, frequentius *non* additur. Pro eo autem, quod a Castalione plerique ediderant *colus,* scripsi *colos,* quod sine
varietate lectionis est apud Ovid. Fast. 3, 818; Stat.
Silv. 1, 4, 64; Claud. Apon. 87. Cf. infra 2, 56.

135. quamvis sedecies etc. Wernsdorfius, qui
annos 1169 praeterisse narrat, fallitur. Ibat is annus,
p. Chr. 416. Varroniana autem aera poëtam usum
esse demonstravimus in Observat. §. III.

137. nullis-metis. Sumpsit ex Virgilio Aen. 1,
278 *his* (i. e. Romanis) *ego nec metas rerum nec
tempora pono: imperium sine fine dedi.* Ad ea,
quae insequuntur, confer Stat. Silv. 1, 1, 93 *stabit
dum terra polusque, dum Romana dies;* Claud. in
Ruf. 2, 527 *dum rotet astra polus;* Tibull. 1, 4, 66
dum coelum stellas, dum vehet amnis aquas. Versu
140 pro *ordine* Heinsius malebat *cardo* nascendi, quod
non patitur Sidonius, qui eum locum imitatus est, cf.
ad v. 129. Idem supra v. 137, parum apta sententia, corrigebat *quin restant.*

141. ergo age-Gotae. Precatur, ut Getae sub-
iiciantur. Hoc enim significat *sacrilegae cadat hostia gentis* i. e. gens ipsa tamquam hostia, qua sacrile-
gium captae Romae expietur. Similiter Claudian. in
Eutrop. 1, 162 *et occidit saevi, quod dixerat, hostia sacri;* Lucan. 9, 130 de Pompeio occiso *rege
sub impuro Nilotica rura tenente-cecidit donati
victima regni.* Nec vero illud eo valere debet, ut Getae mactandi esse videantur ad deorum aras, quod Barthius opinabatur. Cadit hostia, cum Gothi devincun-
tur, cum *submittunt-colla* ad iugum imponendum.
Perfidia autem Gothorum hac aetate aeque celebrata
atque olim fides Punica. Ammianus Marcell. 22, 7, 8
Gothos saepe fallaces et perfidos esse ait, et Sidon.

Apoll. Ep. 6, 6 *foedifragam gentem*, ad quem locum Io. Savaro aliquot alios locos scriptorum christianorum affert.

144. augustos-sinus, Romae deae, non imperatorum, quod non displicebat Wernsdorfio, placere videtur Burmanno; ad eandem enim pertinent, quae insequuntur.

145. Rhenus i. e. *Rhenus per utrumque latus.* Ita enim ut is Romae famuletur, precatur Claudian. in Prob. et Olybr. coss. 161. Ea regio cum semper fertilis fuisset, tum hoc tempore divitiis suis urbis inopiam videtur susténtasse. Stilicho certe, cum Gildo Africam teneret et retinendis classibus frumentariis Romam premeret, hoc fecerat, ut grandi copia frumenti ex Gallia et Germania advecta multitudinem Romanam esurientem aleret. Summis laudibus id effert Claudianus, ut in Eutrop. 1, 401 Romam ita loquentem facit: *Quam suspecta fames, quantum discriminis urbi, ni tua vel soceri* (i. e. Stilichonis vel Honorii) *nunquam non provida virtus australem arctois pensasset frugibus annum. Invectae Rhodano Tiberina per ostia classes, Cinyphiisque ferox Araris successit aristis. Teutonicus vomer Pyrenaeique iuvenci sudavere mihi* sqq., idemque de laudibus Stilichonis 2, 392 et 1, 220; et 3, 91. In *Nilo* poëtam agnoscas, cui unum et individuum videtur imperium Romanum, duobus tunc regnis laceratum. Alexandrina enim classis frumentaria, quam Lampridius Commod. 17 Commodum imperatorem instituisse ait, diviso imperio Romano Constantinopolin devehebatur, Africana sola Romae supererat. Queritur id Claud. bell. Gild. 60 *cum subiit par Roma mihi-Aegyptia rura in partem cessere novam. Spes unica nobis restabat Libye, quae vix aegreque fovebat, solo ducta Noto;* ibidemque v. 113 *Libyam Gildo tenet, altera* (Roma i. e. Constantinopolis) *Nilum.* De tota

autem frumentatione et re annoraria confer Burmannum de vectigalibus pop. Rom. c. 2 p. 17 et c. 9
p. 143, et Lipsii Electa 1, 8. *Altricem* autem insequenti versu vocat Romam, quia orbem terrarum legibus ac iure, institutis ac moribus, omnibus denique
bonis alit. Neque inscite Wernsdorfius addit imagines
Romae deae designari, quae exertis uberibus aperta-
que mamma pingi soleat, quare Corippus de laud.
Iust. 1, 289 *exerto et nudam gestantem pectore
mammam, altricem imperii libertatisque parentem.*
Cf. Sid. Apoll. Carm. 2, 389; 5, 13. Itaque facile
spernentur Schraderiana commenta *rectricem* vel *tu-
tricem* vel *auctricem.*

   147. q u i n et f e c u n d a s - t u o. Plus hoc est, quam
quae antecedunt, quoniam et ante paucos annos Gildo
Africam turbaverat, et tunc ipsum aliqui extiterant
tyranni, qui ab retinendis classibus frumentariis sedi-
tionem inceperunt. Cf. Observat. p. 81. Pro eo autem, quod est *conferat,* Heynius ad Tibull. 4, 1, 185
coniicit *congerat,* ut apud Tibullum sit 1, 1, 1 *divi-
tias alius fulvo sibi congerat auro,* Rutgersioque in
var. lect. *conserat* placuit. Sed longe aptissimum
conferendi verbum de donis quasi debitis. Plaut. Me-
naechm. 1, 2, 20 *quid dona cessent mihi conferre
omnes congratulantes, quia pugnavi fortiter;* Nepos
Agesil. 7, 3 *cum maxima munera ei ab regibus
conferrentur;* Ovid. Amor. 1, 10, 58 *omne dominae
suae conferre.* Quae insequuntur *sole suo imbre
tuo* inde explicanda esse, quod vulgaris esset et Romanorum et Afrorum opinio, Boream nubes in Italia
collectas in Africam conflare atque ibi imbrium ac fe-
cunditatis causam esse, cum antea Barthius, Graevius,
Dammius, Burmannus obscure significassent, uberius
Wernsdorfius demonstravit ex antiquorum scholiasta-
rum testimoniis ad Lucan. 9, 423 et ad Statii Theb.
8, 411. Antea cum *imber* male intelligeretur sanguis mul-

tus a militibus Romanis pro imperio in Africa profusus, Heinsius coniecerat *imbre suo.*

149. **Interea-fluant.** Hoc ait: per Italicos quo que agros frumenta colligantur et horrea conficiantur; nam *sulcis* ablativum esse malo quam dativum. Notum est autem, Italiae maximam partem incultam tum hortis ac silvis amoenis Romanorum servisse, ut Symmachus quidem Ep. 1, 5 queratur: *hic usus venit in nostram aetatem, ut rus, quod solebat alere, nunc alatur.* Inde saepe Romae caritas frumenti, saepe fames, cum classes frumentariae non advenissent. Ait autem *horrea consurgant* i. e. undique vel ubique existant, ut Lucilius Aetna 265 *plenaque desecto surgant foenilia campo.* Neque igitur Burmanniano opus est *turgescant horrea,* neque eo, quod emendabat vir quidam doctus in Observat. miscell. II, 3 p. 369 *consurgant hordea* aut *consurgat adorea.* Cum frumento autem *vini* abundantia coniungitur. Nam vinum publice cum cetera annona distribuebatur magnaque eius cura erat praefectis urbi atque imperatoribus. Cf. Theod. Cod. 11, 2, 1 et 2. Ne *oleum* nectare Hesperio significari Dammio credam, nectaris vox facit, non temere de oleo usurpata. Quamquam res ipsa facile pateretur, siquidem oleum et advehi consueverat ex Africa et saepe publice dividebatur. Cf. Gothofredum ad Theod. Cod. 14, 15, 3.

151—152. Confert orbis terrarum bona sua Romam et paratae sunt classes frumentariae, nec Italia non abundat omni copiarum genere. Itaque *aptari* vult Tiberis aquas, usitato in re navali vocabulo, quod est Ovid. de arte am. 2, 126 *aquae remigio aptae;* Horat. ad Pison. 65 *sterilisque diu palus aptaque remis.* Sunt autem aquae *famulae* i. e. famulantes Romae. Persaepe ea voce utitur Claudianus, ut de nupt. Hon. et Mariae 177 *agnoscat famulum virgo pontum;* cons. III Hon. 203 *et famulis Gangen pallele-*

lescere ripis; laud. Serenae 116 *Aurorae famulas*
properatur in urbes; in Prob. et Olybr. coss. 160 *sic*
nobis Scythicus famuletur Araxes. Nec vero alii
spreverunt, ut Ovid. Fast. 1, 286 *tradiderat famulas*
iam tibi Rhenus aquas; Auson. Mosell. 360 *famulis-*
lymphis; Sidon. Apoll. Carm. 2, 93 *gurgite pacato*
famulum spectaret Orontem. Pro eo autem, quod
est *Romuleis-classibus,* cum in editione principe inepte
esset *ossibus,* Barthius in Advers. emendabat *famulis*
iussibus, Schraderus *Romuleas famulis classibus,*
Scriverius *ausibus;* in editiones abiit *classibus,* quod
Castalio et Iuretus ad Symmach. 2, 6, et *usibus,* quod
Simlerus coniecerat. Illud codicis nostri auctoritas
confirmat. Ipse autem Tiberis, ut, qui triumphant,
lauro, sit *arundine triumphali* redimitus. Solent enim
cum omnes fluvii (vide eorum imagines apud Millin.
gall. myth. n. 100 et n. 309), tum Tiberis fingi arun-
dinem circa caput gestantes, quare Ovid. Fast. 5, 637
Tibris arundiferum medio caput extulit alveo,
Claudian. in Prob. et Olybr. coss. 217 de eodem Tiberi *vertice luxuriat toto crinalis arundo.*

155. **pande-pontum.** Sic recte editio princeps.
Inepte Mariangelus Accursius diatribe in Auson. de
clar. urbibus VIII coniecerat *pande-portum,* quod idem
tamen est in codice nostro. Quid enim, quaeso, est
placare portum? Quasi vero portus sit, cuius aquae
non sint placatae, ac non, ubi placatum sit mare,
portus dicatur. *Pandere* autem pontum est tranquil-
lum reddere, ut tuto possit intrari, ut Valer. Flacc. 1,
525 *nec vulnere nostro aequora pande viris;* Mart.
Epigr. 12, 99, 4 *cui rector aquarum albula navi-*
gerum per freta pandit iter, neque absimili modo
Valer. Flacc. 1, 7 *pelagi cui maior aperti gloria;*
id. 1, 169 *pelagus quantos aperimus in usus;* Ovid.
Met. 11, 397 *in aperti litora ponti.* Quod autem
gemino-Castore dixit, est Castore et Polluce. Sole-

bat enim nobile illud par fratrum nonnunquam ab altero nominari, ut Tac. Hist. 2, 24 *locus Castorum vocatur*, Plin. nat. hist. 7, 22 *nam Cimbricae victoriae Castoresque Romani, qui Persicam victoriam nuntiavere, numinum fuere praesagia*, quod invertens dixit Horatius Carm. 3, 29 extr. *geminusque Pollux*. Invocat autem eos poëta, cum quia omnibus navigantibus adesse putabantur, tum quia singulare quoddam praesidium apud eos erat eorum, qui ex portu Romano proficiscebantur. Etenim Ostiae vel potius apud Ostiam celebre templum Castoris et Pollucis erat, in quo aliquando etiam ludos celebratos esse apparet ex inscriptione apud Gruter. p. 99, 2 (Burmann. Antholog. lat. lib. I ep. 47). Ibi qui ex portu abituri erant, sacrificare consueverant. Testatur Ammian. Marcell. 19, 10, 4 *moxque, dum Tertullus apud Ostia in aede sacrificabat Castorum, tranquillitas mare mollivit*. Neque vero ob eam rem Burmanniana coniectura *gemino placato Castore* opus est, nec credo Schradero *pacatum* pro eo, quod est *placatum*, coniicienti. De quo si ulla h. l. auctoritatum esset dissensio, cum difficillimum foret iudicare, non temere dissensionem movendam esse existimamus. Certe *placare mare* ex plurimorum et optimorum codicum consensu legitur apud Ovid. Met. 11, 432 *et cum velit, aequora placet*; Virg. Aen. 1, 142 *tumida aequora placat*.

156. dux Cytherea. Etiam Veneris non ignobile templum erat in insula, quae a Tiberi per duo ostia abeunte efficitur, cui sacrae nomen est. Vide Cluver. Ital. antiq. lib. III p. 879 et Vulpium in vetere Latio profano T. VI p. 202. Quare eandem Venerem cum Castoribus invocat Horatius Carm. 1, 3 init. ad Virgilium *sic te diva, potens Cypri, sic fratres Helenae, lucida sidera ventorumque regat pater*, cuius loci sententiam dubito an Namatianus h. l. imitatus sit. Verba ipsa fere expressit ex Ovidio Heroid. 19, 159

auso Venus ipsa favebit, sternet et aequoreas, ae-
quore nata, vias, nisi quod *temperare aequor* dicere maluit, ut idem Ovid. Met. 12, 94 *et totum tem-*
peret aequor; et Horat. Carm. 4, 12 init. *iam veris*
comites, quae mare temperant.

157. regerem cum iura Quirini. Populus Romanus, quatenus pacis munera obit, Quirinus nominatur; quare Claud. IV Hon. 8 *discolor incedit legio*
positisque parumper bellorum signis sequitur vexilla
Quirini; id. Stilich. 3, 99 *hoc quoque maiestas au-*
gescit plena Quirini; id. bell. Get. 639 *plena laces-*
sito rediit vindicta Quirino; id. VI cons. Hon. 9 *pa-*
triis plebem castris sociante Quirino. Itaque *ius*
Quirini usitatiore nomine est *ius Quiritium* vel *ius*
civile, cui praefuerat aliquando Rutilius, cum esset
praefectus urbi. Cf. Observat. §. V. *Iura* autem *re-*
gere hac aetate est, quod meliores scriptores dicunt
iudiciis praeesse. Ita Claudian. in Ruf. 2, 82 *nec pu-*
det Ausonios currus et iura (praefectus praetorio
Italiae designatur) *regentem sumere deformes ritus;*
idem in Eutrop. 2, 342 *pars compede suras crura-*
que signati nigro liventia ferro iura regunt; idem
Fl. Mallio Theodoro 24 de consulare Numidiae aut
Byzacenae *hinc te pars Libyae moderantem iura*
probavit; Sid. Apoll. Carm. 7, 297 *intemerata mihi*
praefectus iura regebat; ibidemque 313 *iura igitur*
rexit, quo loco Savaro plurima similia ex infimae
latinitatis auctoribus affert.

158. si colui-patres. In Observat. §. V demonstravimus, ex Pertinacis fere temporibus praefectum
urbis senatui praefuisse ac sententias rogasse idque
mansisse usque ad extrema tempora imperii Romani;
item quod Rutilius diceret *colere patres,* eo pertinere,
quod consilia sua cum patribus communicare eorumque habere rationem consuesset, quae esset aliqua

6*

laus, cum praefecti tanta esset potestas, ut tuto senatus auctoritatem negligere posset.

159. strinxerunt crimina ferrum. Accipiebat enim praefectus urbi, ut omnes, penes quos erant iudicia capitalia, gladium tamquam insigne quoddam potestatis suae ab imperatore, qua de re diximus in Observat. §. VI. Quare Stat. Silv. 5, 2, 176 *felix, qui magno iam nunc sub praeside iuras cuique sacer primum tradit Germanicus ensem.* Cf. maxime Gothofred. ad Theod. Cod. 9, 41 et Fabric. ad Dion. Cass. 68, 16. Mansitque is mos etiam medio aevo. Versu insequenti Heinsius et Burmannus, dum parum continenter ille *non id praefecti gloria,* hic *non ea praefecti gloria* corrigunt, immutabant sententiam. Poëta enim quietem urbis laudi sibi esse vult, modeste tamen declinat, ne se ipse extulisse videatur, coniunctivumque non sine certa quadam ratione posuit.

161. vitam componere i. e. in otio ac quiete domi manentem vitam finire. Cum enim componere proprie esset disponere et, quae inter se contraria sunt, conciliare, ut nota sunt illa *componere litem* et *bellum* et *curas,* sensim ascivit finiendi notionem, ut fere est apud Virgil. Aen. 1, 374 *diem clauso vesper componet Olympo.* Versu insequenti Kappius solus *oculis nunquam* edidit, quia, opinor, vitam componere quid esset, non intelligebat.

164. digneris. Dignari, ubi invenitur apud Ciceronem, passive invenitur, de invent. 1, 39, 114 *qui apud maiores nostros ob egregiam virtutem tali honore dignati sunt;* ibid. 2, 53, 161; Academ. 1, 10, 36; de orat. 3, 7, 25; fragm. ex Oeconomicis ap. Priscian. 8, 4, 19 (Orell. p. 472). Ceteri melioris aetatis (Caesar autem et Sallustius et Quintilianus eo abstinere maluerunt) deponenti utuntur, idque iungunt vel ablativo vel infinitivo, qui a poëtis primum ex similitudine adiectivi *dignus* usurpatus est, ut valeret *dignum iudicare.*

Hac denique Rutilii aetate is usus invaluit, ut, sicut Graecum ἀξιοῦν, idem prope esset, quod *velle,* aliisque verbis urbanitatis cuiusdam causa adiiceretur. Multa imprimis eius generis exempla sunt apud Symmachum, ut Ep. 6, 28 *iustis itineris dimensionibus communi desiderio satisfaccre dignemini;* 1, 93 *itaque virum-quaeso etiam me precante propensius fovere digneris;* 5, 23 *Anastasium nostrum dignaris agnoscere;* ibid. 25 *nostris negotiis diligentiam dignare praestare;* 6, 7 *quaeso, ut viro optimo Severo-auctor esse digneris;* 6, 15; 6, 28, saepius. Item adverbium *dignanter* hoc tempore idem quod *libenter,* ut Vopiscus Tacit. 8 *loquentem dignanter audite;* Symmach. 5, 65 *humanitatem-dignanter impertias.*

165. iter arripimus, ut Stat. Theb. 1, 100 *arripit extemplo Maleae de valle resurgens notum iter ad Thebas;* Claud. in Eutrop. 2, 406 *protinus excitis iter irremeabile signis arripit.* Idem est *corripere viam* apud Virgil. Aen. 1, 418 *corripuere viam interea, qua semita monstrat.* Atque haec quidem de incipientibus ire, de euntibus *rapere viam* dicitur, ut Sil. Ital. 9, 33 *dux sibi quisque viam rapito.*

166. dicere-vale. In codice Vind. prior manus ita scripserat: *dicere non possum lumine sicco vale,* altera vel eadem se ipsa corrigens supra postremas literas secundi et tertii ultimi vocabuli appinxit literam *a,* ultimae vero literae vocis *possum* hoc signum *t.* Ita haec, quae edidimus, efficiuntur, quae cum male scripta essent, occasionem dederunt eius erroris, qui est in vulgata lectione *non possum sicca dicere luce vale,* in qua, quod est *sicca luce,* iam non excusabitur. Offensionique fuit Heinsio, ut ad Ovid. Met. 2, 278 coniiceret *sicca voce,* quod satis Burmannus refutavit. Satis iucunde autem nec discedens a suo more poëta vale dicere ab lingua ad oculos trans-

fert. *Sicca* autem sunt lumina, quae non madefacta
sunt lacrimis, ut Hor. Carm. 1, 3, 18 *qui siccis oculis
monstra natantia vidit;* Prop. 1, 18, 11 *an poteris
siccis mea fata reponere ocellis;* Claudian. bell. Gild.
130 *nec sicco Cybele nec stabat lumine Iuno;* Quin-
tilian. 6, 2, 27 *siccis agenti oculis lacrimas dabit.*

168. Rufius. Est Ceionius Rufius Volusianus,
idem qui infra v. 421 laudatur, nobilissimo genere
oriundus, filius Ceionii Rufii Volusiani, praefecti urbis
iterum an. 390, qui commemoratur apud Gruter. Inscript. p. 285, 8, nepos C. Ceionii Rufii Albini Volusiani, ex praefecti praetorio et ex praefecti urbi et
Caeciniae Lollianae, pronepos Ceionii Rufii Albini, consulis anno 335, cuius pater C. Ceionius Rufius Volusianus corrector Italiae, proconsul Africae, praefectus
urbi, consul denique fuit anno 314. Longam igitur vides seriem generis honoratissimi. Item superioribus
temporibus Volusiorum gens non raro commemoratur, ut apud Ciceronem Ep. 16, 12 M. Volusius, idem,
qui postea aedilis plebis proscriptus a triumviris singulari fallaciae genere mortem effugisse narratur a Valer. Maxim. 7, 3, 8, apud Tacitum plures Volusii. Imperator adeo fuit anno 252 Vibius Volusianus, C. Vi-
bii Treboniani Galli filius. Ceteram Volusorum sive
Volesorum (ambigitur enim vetustioribus temporibus)
gentis memoriam exposuerunt Heinsius ad Ovid. ex
Ponto 3, 2, 105 et interpretes ad Sil. Ital. 3, 8. Hic
igitur genus repetebat ab antiquissimis Volscorum regibus *teste* quidem *Marone,* qui Aen. 11, 463 *tu, Vo-
luse, armari Volscorum edice maniplis; duc, ait,
et Rutulos,* eadem gloriae vanitate, qua Maecenatem
beat Horatius. De *Albino* autem, huius patre, nihil
mihi praeter hoc notum est; diversus enim ab eo alter Albinus, de quo infra v. 470 dicetur. De tota autem hac re expositum est in Observat. §. XXI.

171. huius facundae Quaestoris dignitas

significatur, qua Volusianus functus erat, cuius hoc erat
praecipuum munus, ut ea, quae princeps iussisset, in
legum formam redigeret, quare *principis ore loqui*
eum ait poëta, non *principis orsa*, quod Schraderus
h. l. coniiciebat, ut Sidon. Apollin. Carm. 5, 575 *quae-
stor-cuius dignatur ab ore Caesar in orbe loqui,* idemque Carm. 1, 26 *aut vestro* (i. e. principis) *qui solet
ore loqui.* Similique ratione Claudian. de Fl. Theodoro coss. 35 *oracula regis eloquio crevere tuo* (quaestoris) *nec dignius unquam maiestas meminit sese
Romana locutam.* Vide Observat. §. XV. Adeptus
autem erat Rufius eam dignitatem *primaevus,* paulum,
opinor, aetate ultra vigesimum annum egressus. Etenim iam antea proconsul Africae fuerat, *puer* quidem,
ut ait poëta. Neque enim eandem ac nos aetatis rationem veteres secuti sunt. Caesar Octavianus cum
undeviginti annos natus exercitui praesset, *puer* vocatur ab Cicerone Ep. 12, 25, 5 et saepe, itemque
haud minor aetate Curio Ep. 2, 1 extr. P. Scipio
undeviginti annorum *puer* appellatur ab Silio 4, 462,
quo loco cf. Drakenborch. Martial. 2, 2, 4. Ipse
autem Rutilius infra v. 470 de Albino, praefecto urbi,
vitae flore puer, sed gravitate senex. Quare Bür-
manni coniectura, ut *pater* scribatur pro eo, quod
est *puer,* facile spernetur. Hac autem aetate tamquam insigne quoddam primaevitatis exemplum laudatur apud Gruter. p. 449, 7 Petronius Maximus,
idem, qui postea Valentiniani tertii ab ipso interfecti
uxorem Eudoxiam invitam in matrimonium duxit et
menses aliquot imperavit. Is igitur in consistorio sacro tribunus et notarius nono decimo aetatis anno me-
ruisse, dein per triennium comes sacrarum remunera-
tionum sive largitionum, postea praefectus urbi sex
menses fuisse hasque omnes dignitates intra vigesimum
quartum aetatis annum complesse dicitur. Cf. Observat. §. XXII p. 68. Omnino autem honorum, quibus

ad summam dignitatem ascendebatur, gradus hoc tempore hi videntur fuisse. Adolescentes enim, ut liberalibus et eloquentiae et iuris prudentiae studiis (cf. ad v. 210) satis eruditi erant, prima togatae militiae stipendia merebant inter advocatos praefecti praetorio, quos centum quinquaginta fuisse scimus ex Iustin. Cod. 2, 7, 11. Ex quibus qui praefecto se probarant, imperatori ad provincias regendas commendabantur. Et primus quidem dignitatis gradus erat rectoris provinciae, sequebantur vicarii, ex quibus comites imperatoris eligebantur, quaestores, comites rerum privatarum vel sacrarum largitionum, praefecti praetorio. Postea qui eximiis honoribus afficiendi esse videbantur, consulatu et patriciatu augebantur. Hunc certe honorum ordinem et res ipsa suadet, quoniam sic alter alterum dignitate excipit, et exposuit diligenter in Flavio Mallio Theodoro, eo, cuius consulatum peculiari carmine celebravit Claudianus, et in Ausonio poëta Albertus Rubenius in dissertatione de vita Fl. Mallii Theodori (iterum edita a Fr. Platner. Lipsiae 1754). Eundemque ordinem servari videmus ab patre Rutilii, cuius honores plene enarrantur. Qui primum consularis Tusciae et Umbriae, deinde comes sacrarum largitionum, tum quaestor, denique praefectus urbi (is autem dignitate praefectum praetorio aequabat) fuisse traditur. Cf. ad v. 575 sqq. Hic quidem Rufius Volusianus, nobilissimo loco, ortus aliquot honores praetermisit, siquidem puer proconsul Africae factus est, qui vicario par est, deinde quaestor, tum praefectus urbi.

173. rexerat - Poenos i. e. proconsul Africae fuerat eius, quae proprio nomine Romanis erat Africa, cuius caput erat Carthago. Cf. Observat. §. XXII.

175. sedula promisit summos imitatio fasces. Cuius, inquis, vel hominis vel rei imitatio? Non patris, opinor, quod placuit Burmanno, sed sum-

morum fascium vel eorum, qui summos fasces adepti
sunt. Confero locum, ubi similiter *imitari* positum
esse videatur, Auson. Caes. 13, 3 de Nerva Traianum adoptante: *imitatur adoptio prolem, quam le-
gisse iuvet, quam genuisse velit.* *Summos* autem
fasces intellige summum honorem i. e. consulatum,
ut ipse paulo post explicat. Cum enim omnes magistratus maiores fascibus uterentur (cf. ad v. 580), factum est, ut fasces ipsam dignitatem significarent, ut
apud Sid. Apollin. Ep. 3, 6 *ita namque fascibus vestris gratamur omnes;* ibid. 2, 13 *per amplissimos
fascium titulos.* Consulatum autem, quamvis is esset hoc tempore *honos sine labore,* ut ait Mamerti-
nus in grat. act. Iul. 2 init., summum tamen honorem
mansisse demonstravit Gothofredus ad Theod. Cod. 6, 6,
1. Cf. Observat. p. 67. Sed quod poëta ait *consul erit,*
quaeres, factus sit necne. Nulla usquam consulis Rufii
Volusiani memoria.

178. divisos-tenet. Sic recte cod. noster. Editiones quidem omnes *corpore diviso mens tamen una
fuit.* At non fuerat modo una mens, sed erat etiamtunc.
Quod quoniam parum aptum esse intelligebat Burmannus, cum in editione Barthiana, non dicam, hominis ipsius
an operarum errore, notae ad hunc locum pertinenti falso
hoc caput *mens tamen una manet* praefixum vide-
ret, illud *una manet* prope adducebatur, ut verum
putaret. Imitatur autem h. l. poëta Ovidium Her. 18,
125 *hei mihi! cur animo iuncti secernimur undis?
unaque mens, tellus non habet una duos?*

179. ad naves gradior. Tiberis, quattuordecim
fere milibus ab Roma in duo brachia divisus insulam
illam, de qua ad v. 156 dictum est, efficit. Itaque
frontem eius dicit *bicornem,* uti notum est cornua
fluviis tribui, Virgiliusque Aen. 8, 727 *Rhenum* vocat
bicornem. Eo autem loco, quo Tiberis per duo flumina decurrere incipit, unde duo fere milia in por-

tum sunt, Rutilius naves (plures enim erant et ex cymbarum genere, vide v. 219) conscendit et in mare devehitur *dextro* quidem *fluvio.* Nam quod ait *dexteriora secat* est *fluit per dexteriora,* ut Virg. Aen. 7, 717 *quosque secans infaustum interluit Allia nomen;* Aen. 8, 63 *et pinguia culta secantem* Tiberim.

181. laevus sqq. Exprobrant fere Namatiano inscitiam antiquitatis, qui Aeneam solum sinistro fluvio usum esse dicat. Immerito quidem, ut mihi videtur. Quod enim constat, non Aeneam solum in hoc ostium intrasse ad eiusque ripas consedisse (Virg. Aen. 7, 30 et Cluver. Ital. antiq. p. 879), sed hoc omnino antiquissimis temporibus solum fuisse frequentatum, quod vel ex Ostia urbe navalium parandorum causa condita apparet, idem Namatianum voluisse opinor. Neque hoc tamen illi, qui poëtam vituperant, utuntur. Cybelen aiunt, deorum matrem, cum anno 204 a. Chr. Romam adduceretur, eo fluvio devenisse, quod narret Ovid. Fast. 4, 329. Quod tamen deae accidit, ut navis eius in arena sederet neque in urbem traheretur nisi summo cum labore, satis illa aetate sinistrum Tiberis flumen non amplius navium patiens fuisse ostendit. Itaque id suo iure Namatianus omisit, in quo nulla esset *gloria.*

183. nocturnis spatium laxaverat horis i. e. noctes crescere coeperant post aequinoctium, ut Claudian. de Mall. Theod. coss. 120 in eadem re *noctis reparant dispendia Chelae.* Eo autem tempore cum sol in signo Librae sive Chelarum positus sit, paulo post *polum Chelarum pallidiorem* dicit i. e. eam partem coeli, qua Chelae atque sol sunt, propter minores hiemis calores minus rubescere, quam aestate.

185. portuque sedemus. Eum, cum antea fuisset nullus, extruxerat Claudius, instauraverat alterumque interiorem addiderat Traianus. Cluver. Ital. antiq. p. 874. Paulo post quod est *oppositis moris,* ut apud

Ovid. Amor. 1, 11, 8 *obstantes sedula pelle moras,*
non oportebat Barthium mutare, ut esset *appositis,*
quasi congruentibus, quibus delectaretur Rutilius. Nam
ut degere Romae iucundum est poëtae, ita morari in
abeundo molestum. Nec magis probo Schraderianum
oppositis Notis ventis.

187. o s c i d u a - P l i a s, ut Claudian. de bello Get. 209
atque sub occidua iactatis Pleiade nautis. Significat
autem Vergilias occidentes, quo tempore agricola plu-
vios sperat, nauta imbres ac ventos timet. Itaque moratur poëta, *dum cadit ira maris.* Quod quidem cre-
das expressum ex Ovid. Heroid. 18, 2 *si cadit ira
maris.* Quamquam *ira* quidem *maris* satis frequens
est. Valer. Flacc. 1, 37 *ira maris vastique-discri-
mina ponti;* Tibull. 2, 4, 10 *vasti tunderet ira maris;* Ovid. Met. 11, 729 *primas aequoris iras;* ibid.
12, 36 *maris ira recessit*, Claud. Stilich. 1, 290 *pelagi coelique obnititur irae.*

191. q u a q u e d u c e s o c u l i. Laudo Wernsdorfium, quod enuntiatum relativum esse putavit, non
laudo, quod explicat *quousque oculi ducere, ferre,
pervenire possunt.* Modo enim dixerat visum se de-
fecisse et Lynceus certe fuisset, qui urbem sedecim
fere milibus distantem cernere potuisset. Quare malo
explicare *qua oculi duces sunt animo*, quod confirmat locus a Wernsdorfio allatus, Lucilii Aetn. 189
oculique duces rem credere cogunt. Antea cum
quaque-oculi-fruuntur coniungeretur, Heinsius coniiciebat *quippe duces oculi* vel *usque duces oculi;*
Livineius ad Propert. 4, 10 et Barthius ad Stat. Theb.
4, 30 *qua,* i. e. regione, *reduces oculi*, quod ediderunt Dammius et Kappius, Burmannus *quam*, i. e.
quantopere, *reduces oculi-fruuntur,* Schraderus denique *quaque datum est oculis.*

194. d o m i n a s a r c e s, urbis Romae, quae toties
domina urbs vocatur, ut ab Horat. Carm. 4, 14, 44;

Martial. 1, 4 et 10, 103; Calpurn. 8, 83; 9, 84. Wernsdorfius. Adde Ovid. ex Ponto 4, 5, 7; eundem Amor.
2, 14, 16; Claud. Stilich. 2, 224; Ovid. Fast. 5, 93
hic, ubi nunc Roma est, orbis caput.

195. commendat Homerus, qui Odyssea 1, 57
sic: αὐτὰρ Ὀδυσσεὺς ἱέμενος καὶ καπνὸν ἀποθρώσκοντα
νοῆσαι ἧς γαίης, quod idem imitatus est Ovid. ex Ponto
1, 3, 33 *non dubia est Ithaci prudentia, sed tamen
optat fumum de patriis posse videre focis.* Quo
loco Heinsius utitur, ut h. l. corrigat *dilecto-foco.*
Quasi vero Ovidium potius, quam Homerum poëta imitari debuerit.

197. sed coeli sqq. Quod antecedit distichon,
pro parenthesi quasi accipio. Non fumus, inquit, locum, quo Roma est, indicat, sed candidior coeli tractus,
qui diem ipsam Romae clariorem ac puriorem reddere
videtur, quam alibi. Fictumne amore Romae dicamus,
quod poëta laudat, ut *videatur* modo purior esse dies,
ut ait ipse, non sit re vera? Sed aliquid tamen
etiam causae subesse puto, ex loci natura petendum.
Roma enim cum in collibus sita sit, Tiberis loco de-
pressiore atque uliginoso in mare influit, ubi aër est cras-
sior ac minus pellucidus. Inde igitur coelum eo loco,
quo Roma est, serenius apparet, inde ibi perpetui soles, dum in portu nubes solem tegunt, inde denique
ipsa lux atque aër purior, quam eo loco, unde Rutilius ad urbem prospiciebat. Nec enim verum esse puto,
quod Barthius et Wernsdorfius fieri dicunt, ut aedificia splendida auroque tecta soles illos efficiant. *Septenis culmina clara iugis*, quamquam fateor obscurius
esse dictum, ut excusem eum, qui in Observat. Miscell.
p. 366 emendabat *septeni-iugi*, intelligo tamen ea,
quae extant aedificia in collibus i. e. templa, arcus, quorum potissimum locos poëta cognoscere cupit. Pro eo
autem, quod est *esse dies*, parum apte Heins. coniiciebat *isse dies*, Ovidio, opinor, abusus Met. 2, 330

et si modo credimus, unum isse diem sine sole ferunt.

201. attonitae-aures non semper sunt pavidae, sed nonnunquam erectae vel fascinatae potius dulcedine, ut Claud. de Mall. Theod. cos. 20 *et attonitas sermo qui duceret aures*, et Ovidius Met. 11, 20 *volucres voce canentis* Orphei *attonitas* fuisse ait. Deinde quod est *Circensibus*, ablativo casu accipe. Aliud enim est *resonare alicui rei*, ut Horat. Serm. 1, 4, 76 *suave locus voci resonat conclusus* i. e. vocem reddit, et Cicero Tuscul. 3, 2 *gloria virtuti resonat tamquam imago*. Resonat autem *aliqua re*, quod strepitu impletur, Ovid. Met. 10, 668 *resonant spectacula plausu;* idem resonat *aliquid*, ut Claud. Epithal. Pall. et Celer. 24 *omnisque maritum Palladium resonabat ager.* *Favoris* autem nomen proprium esse de acclamationibus circensibus copiose docuit Drakenborchius ad Sil. Ital. 16, 315. Ludi circenses quod commemorantur, magna significatio est, quo tempore poëta Roma abierit. Etenim in eo Calendario, quod Constantii aetate compositum extat, (in Graevii thesauro antiquit. Rom. Tom. VIII p. 95 sqq.) a. d. XI et X Cal. Oct. ludi magni sive Romani in Circo ponuntur, ut, si addantur alia quaedam signa, efficiatur, Namatianum a. d. X Cal. Oct. reliquisse urbem. Vid. Observat. p. 9. Versu insequenti, quod edidimus *ab aethere*, dudum Sitzmannus coniecerat.

205 fides pelagi, ut Virg. Aen. 3, 69 *inde, ubi prima fides pelago;* Stat. Silv. 3, 1, 81 *laesique fides peritura sereni;* Claudian. bell. Gild. 499 *certa fides coeli, sed maior Honorius auctor,* ibidemque 65 *ventique fidem poscebat et anni.* Quare improbo h. l. Schraderum, qui *quietem pelagi* expectatam esse volebat, contra atque apud Statium Silv. 2, 2, 26, cum esset *mira quies pelagi*, Marklandus elegantius esse putabat *mira fides pelagi*. Quod paulo post est *dum*

melior lunae fideret aura novae, hoc poëta vult, se
non id modo expectasse, dum fieret ventus secundus,
sed dum confirmaretur luna nova. Sic enim docet
Plin. nat. hist. 2, 48 *de ratione ventorum menstrua
quarta maxime luna decernit* i. e. quartus post novam lunam dies. Quem diem quamquam Rutilius pro-
perans in patriam non expectavit, apparet tamen, quid
voluerit, ut nec Heinsium probem, qui coniiciebat *se
daret,* nec Wernsdorfium, cui placebat *sideret* vel
sisteret.

207. Palladium. Nihil praeter haec de Rutilii
hoc cognato nota sunt, nisi forte eundem esse putabi-
mus, qui anno 458 sub Maioriano praefectus praetorio
fuisse dicitur in Novell. Theod. Cod, 4, 4, quod habet aliquam veri similitudinem. Illi vero errare mihi videntur, qui Palladium illum Rutilium Taurum Aemilia-
num, notissimum rei rusticae scriptorem, huc pertinere
opinantur. Sed, quisquis hic est, notabile certe est,
quod narratur, eloquentiae eum operam dedisse in
Gallia, iuris prudentiae Romae. Celeberrima enim erant
eo tempore in Gallia studia liberalia. Symmachus Ep.
9, 83 *Gallicanae facundiae haustus requiro, non
quod his septem montibus eloquentia Latiaris excessit, sed quia praecepta rhetoricae pectori meo
senex olim, Garumnae alumnus, immulsit. Est mihi
cum scholis vestris* (i. e. *Gallicis*) *per doctorem
iusta cognatio. Quicquid in me est, quod scio
quam sit exiguum, coelo tuo* (i. e. Gallico) *debeo.* Itaque et schola Augustodunensis sub Constantino Chloro
Eumenii oratione pro restaurandis scholis celebratur,
et Narbone, Vesontione, Tolosae, Lugduni, Burdigalae
frequentissimas fuisse scholas, quarum professores publice constituebantur et alebantur (vide Gothofred. ad
Theod. Cod. 3, 12, 11), ex Ausonio constat. Nec tamen in Gallia erant nisi grammatici ac rhetores et graeci
et latini, nulli aut philosophi aut Icti. Itaque ad ea

studia Romam commigrari solebat, quod etiamtum *legum domicilium* erat (Sidon. Apoll. 1, 6). Quare Augustin. Confess. 6, 8 *Romam processerat, ut ius di-
sceret;* Constantius in vita S. Germani init. *atque ut
in eum perfectio literarum plena conflueret, post
auditoria Gallicana intra' urbem iuris scientiam
plenitudini perfectionis adiecit;* Symmachusque Ep.
5, 74 magistratum iuris prudentiae eiusque discipulum
laudat. Cf. et de hac re et de Palladio Observat.
§. XIX.

211. ille-habet. Quod in codice et in editione principe scribendi errore est *cune* et *cunnae,* recte emendavit Michaël Virdungus apud Sitzmannum; nam *cura* apud
poëtas de amore frequentissimum, credoque Burmanno
expressa hic esse, quae Dido dicit de Sichaeo mortuo
apud Virgilium Aen. 4, 28 *ille meos, primus qui me
sibi iunxit, amores abstulit, ille habeat secum ser-
vetque sepulchro.* Cum iis, quae insequuntur *filius
affectu, stirpe propinquus,* compara Cicer. de fin. 5,
1 *L. Cicero frater noster cognatione patruelis,
amore germanus. Affectum* autem dicere pro amore
apud deterioris demum aetatis scriptores invaluit, ut
apud Plinium est Ep. 2, 1 *praeterea quod ille tutor
mihi relictus affectum parentis adhibuit;* post ipsi
liberi et propinqui, ut pignora, sic *affectus* vocari
coepti sunt. Saepius sic, Lucanus; Sidon. Ep. 6, 4
*namque unam feminam de affectibus suis inqui-
sivere,* ad quem locum Savaro multos similes attulit.

213. Exuperantius. De huius rebus quoniam
satis dictum est in Observat. §. XVI et XIX, breviter
hic potissima repetemus. Is enim cum esset dux Are-
moricae sive Armoricae (utraque enim forma recta,
Aremoricamque invenies apud Plin. nat. hist. 4, 17;
Sidon. Apollin. Carm. 7, 370; Auson. Ep. 9, 35; eundem Profess. 10, 24), quae pars Galliae hoc tempore
a Sequana fere usque ad Pyrenaeos montes pertine-

bat — sed is hos populos, cum semper feroces Romano-
rumque legibus non satis domitos, tum vero, debili-
tata imperii vi, etiam magis superbientes, iusto ac severo imperio coërcebat. Praecipuum autem hoc eius
erat meritum, quod servos qui et anno 480 et paulo
ante profectionem poëtae a Gothis Hispaniam petenti-
bus ipsamque Burdigalam diripientibus excitati seditiones moverant herisque expulsis peculiarem quandam rem publicam instituerant, rursus subiecit. Hoc
enim est, quod Rutilius ait, eum legibus restitutis, li-
bertateque reducta illos populos non sisse *servos esse
famulis suis* i. e. servire servis suis. *Famuli* enim
vocantur, qui serviunt, ut Cic. de Offic. 2, 7 *iis, qui
vi oppressos imperio coërcent, sit sane adhibenda
crudelitas, ut heris in famulos;* Claudian. IV Cons.
Hon. 614 *deductum Vindice morem lex celebrat,
famulusque iugo laxatus herili ducitur et grato
remeat securior ictu.* Quos interpretes dum Gothos
intelligunt, qui famulari debeant Romanis, et nimis obscure loqui iubent poëtam, et historia ipsa falluntur,
siquidem Gothi iam anno 416 in Hispanias transierant
nec tum Exuperantii imperio domari poterant. Quod
quam non rectum esset cum intelligeretur, Heinsio causam fuisse opinor, ut ad Ovid. Amor. 1, 6 extr. emendaret *servas famulis-esse* i. e. leges servire. Illud
vero h. l. paulo inusitatius, quod *postliminium* pacis
dixit. Qua voce meliores scriptores de iure tantum
postliminii, quod dicitur, posteriores si qui alia de re
posuerunt, ablativo fere casu, sententia adverbiali, utuntur. Nec tamen ipsum dicendi genus damnaverim;
est enim elegans quaedam metaphora, ab ipso illo iure
postliminii sumpta, pacem dici, profugam quasi antea,
redisse iam et in pristinum ius restitutam esse.

217. aurorae dubio i. e. diluculi tempore. Con-
cinnius Heinsius distinxit *aurorae dubio, quo tempore,* cum antea *dubio quo tempore* coniungeretur.

tur. De eodem autem aurorae tempore Valer. Flacc. 2,
72 *iamque sub Eoae dubios Atlantidis ignes albet
ager; crepusculumque* vocat Ovid. Met. 4, 401 *cum
luce-dubiae confinia noctis* et 11, 596 *dubiae crepuscula noctis.* Color autem non inest in rebus, nisi
cum sol lucet; quare Virgil. Aen. 6, 272 *rebus nox
abstulit atra colorem.* Redeunt colores, ubi illu-
cescit, Sil. Ital. 10, 541 *atque sui terris rediere colores.* Quae in illis *terrae* et *res,* hic *arva* dicuntur, quae ab eo, qui praeternavigat, recte dicuntur
agnosci, ut non opus sit eo, quod Wernsdorfius volebat vel *ora* i. e. facies ac formas rerum, vel *atra* i. e.
quae antea atra fuerant.

219. progredimur-humus. Minore navigiorum
genere poëta etiam in mari usus est; nam *cymbarum*
proprie in fluviis usum esse docet Burmannus. Nec tamen
audio, cum *lembis* corrigi vult. Nam coniunctivus *pateret* significat, cur minoribus navigiis uti maluerit.
Totum enim litus ab Ostia usque ad Centumcellas im-
portuosum erat, Pliniusque Ep. 6, 31 extr. portum Centumcellensem ideo maxime salutarem esse ait, quod per
longissimum spatium eo solo receptaculo litus uteretur. Parvarum autem cymbarum *perfugio crebra patebat humus. Perfugio* quaeres, dativus sit an ablativus. Illud Dammio videtur. At perfugium locus est,
in quem confugias, non fuga ipsa. Itaque ablativo accipio, sic quidem: humus patet, quia crebra in ea sunt
cymbarum perfugia ac receptacula.

222. mobilitate fugae i. e. celeritate fugae, si
celeriter fugere licet. Sic apud Senec. Hippolyt. 446
mobilis cursus, apud Claud. Apon. 60 *mobile torquet iter.* Ea autem re, si iis utare navigiis, quibus
celeriter effugere tempestates possis, tutior est auctumnus, quam si *carbasis* i. e. navibus *onerariis* utare,
quae aestati conveniunt. Non est *gratior* aut *mitior,*
quod Burmannus corrigebat.

223. Alsia-tellus. Alsium, oppidum maritimum veteris Tusciae, duodeviginti milibus passuum a portu Augusto distans, ab Aleso Argivo conditum esse tradunt Virgil. Aen. 7, 724, Sil. Ital. 8, 474. Romani eo coloniam maritimam anno 247 a. Chr. L. Caecilio Metello II M. Fabio Buteone coss. deduxerunt. Strabo sua aetate oppidulum fuisse ait, hoc vero tempore divitis cuiusdam Romani villa erat, quod mansit in hanc diem. Nam nunc Farnesianae gentis praedium est, cui vulgus nomen *Palo* dat. Poëtarum autem more Rutilius *Alsiam* tellurem nominat, quae proprie *Alsiensis* dicenda erat. Sic certe *Alsiense* est apud Ciceron. pro Mil. 20 et Ep. 8, 6; et *colonia Alsiensis* in inscriptione apud Cluver. Ital. antiq. p. 497. Verum poëtarum in hoc adiectivorum genere liberior est licentia, quibus ipsis substantivis pro adiectivis uti licet, ut, quod ad Amiternum, oppidum Sabinum, pertinet, a scriptoribus vocatur *Amiterninum*, Virgilius autem Aen. 7, 710 *Amiternam cohortem* dixit, eumque imitati Sil. Ital. 8, 414 et Martial. Epigr. 13, 20 *Amiternum agrum*. *Praelegendi* autem verbo bis eadem, qua hic, significatione Tacitus usus est Annal. 2, 79 et 6, 1; alii boni quidem scriptores haud scio an non habeant.

Pyrgi, item colonia Romana maritima, deducta incerto anno ante bellum Punicum secundum, (vide Madvigii quaestionem de coloniarum pop. Rom. iure et conditione extr.) antiquitus Ilithyiae templo insignis, quod anno 348 a. Chr. Dionysius Syracusanus diripuit (Diodor. 15, 14). Hodie oppidulum vocatur Santa Severa. Vide Cluver. Ital. antiq. p. 425.

225. Caeretanos-fines. Caere, hodie Cervetri, priscis temporibus, quod originis graecae erat, *Agylla* dictum, quo nomine Delphis amplissimos thesauros consecratos habebat, potens aliquando illa aetate, qua Etruriae liberae imperium florebat, postea spectatae in populum Romanum amicitiae. Strabo ipsius quidem

urbis vestigia tantum vidit, sed celebres etiamtunc
erant *aquae Caeretanae*, quae eaedem Apollinares vocabantur. Item notus fluviolus, quem Plin. nat. hist.
3, 8 *Caeretanum*, Virg. Aen. 8, 597 *Caeritis amnem*
appellat. Haec igitur, quae etiam ultra Pyrgos pertinebant, videbat Namatianus; ait enim *fines* Caeretanos. Urbs ipsa inter Alsium et Pyrgos sita quattuor passuum milia a mari distabat nec, si quae super-
erant parietinae, propter lucum interiacentem ab iis,
qui praeternavigabant, cerni poterat.

227. **stringimus** etc. Sententia quae esse debeat, apparet; verba ipsa mutila inveniuntur et in editione principe et in codice nostro. Itaque alii alia ratione expleverunt, Castalio et Burmannus *stringimus ab-
sumptum fluctuque et tempore*, Barthius et Dammius
exesum fluctuque et tempore, Wernsdorfius, Barthium
in Adversariis 25, 15 secutus, *hinc exesum et fluctu
et tempore*, quod, quoniam proxime ad ea accedit,
quae tradita sunt, etiam in nostram editionem recepimus. Nec tamen non placet, quod Burmannus emendabat *absorptum*. Est enim re vera absorptum illud
oppidulum mari, quippe cuius rudera etiam hodie, in
ipsis undis iacentia, nisi tranquillo mari conspici nequeant.

Castrum Inui esse poëta putat idque nomen
quam ob rem ei inditum sit, explicare conatur. Sed
errasse eum docuit Cluverius Ital. antiq. p. 488. In
eodem oppido erravit Servius ad Virgil. Aen. 6, 775,
qui unum in Italia oppidum esse narrat, quod Castrum novum dicatur, idque a Virgilio illo loco Castrum Inui appellari. Nimirum res ita se habet. Tria
omnino in Italia erant oppida, quibus Castris nomen
esset, unum *Inui*, in Volscorum litore inter Lavinium
et Antium, cuius praeter Virgilium meminerunt Sil.
Ital. 8, 361, Ovid. Met. 15, 727; alterum *Novum* in
agro Piceno, de quo Plin. nat. hist. 3, 13 et Strabo

7*

5, 4 init. dicunt, colonia Romana, cui hodie, nomen
est Flaviano; tertium denique hoc *Novum*, de quo
Rutilius dicit, in litore Etrusco, colonia Romana maritima (Liv. 36, 3), Augusti iam tempore vel perexi-
guum vel nullum (Strabo enim ignorat), a quo loco
hodie non procul abest oppidulum S. Marinella. Excu-
sat autem Rutilii errorem Cluverius. Cum enim Sil-
vani cultus in illa regione, nemoribus obsita, frequens
esset, poëtam, qui Inuum eundem esse deum nosset,
facile potuisse induci, ut urbi falsum nomen daret.

229. praesidet exigui formatus imagine
saxi. Dei alicuius agrestis signum saxeum poëta prae-
tervehens conspexit, quod praesidebat illi portae, de
qua modo dixit, i. e. ante eam collocatum erat, ut eius
dei curae urbem commissam appareret. Hoc enim est
praesidere, non de diis modo, ut Virgil. Aen. 7, 800
quis Iupiter Anxurus arvis praesidet, Ovid. Fast. 1,
125 Ianus *praesideo foribus coeli cum mitibus Ho-*
ris, sed universe de eo, qui tuetur aliquid, ut Livius
10, 17 pr. *nullus iam exercitus Samnio praesidet;*
22, 11 extr. *alii, ut urbi praesiderent, relicti;* 23,
32 pr. *ad eum exercitum, qui-Nolae praesideret;*
23, 48 extr. *praesides provinciarum exercitus.* Eum
autem deum dicit *exigui formatum imagine saxi*,
cum sufficeret *saxo formatum* dicere, ut Claud. in
Prob. et Olybr. coss. 98 *electro Tiberis, pueri for-*
mantur in auro, nec absimili ratione Symmach. Ep.
10, 32 *hinc factum est, ut optimi quique civium*
manu et arte formati in longam memoriam mitte-
rentur.

230. qui pastorali cornua fronte gerit i. e.
in cuius fronte pastorali cornua sunt. Inuum deum
designat, quem deinde nominat. Cornua enim caprina
et Inui et omnium deorum pastoralium insignia quasi
esse testatur Macrobius Saturn. 1, 22 *ergo Inui cor-*
nua barbaeque prolixa demissio naturam lucis osten-

dunt, Serviusque ad Virgil. Eclog. 2, 31 *habct enim*
(Pan) *cornua in radiorum solis et cornuum lunae
similitudinem;* ac de Pane Sil. Ital. 13, 326 *ac parva
erumpunt rubicunda cornua fronte,* tum *pastorale
deo baculum.* In editione principe scribendi errore
erat *nomina fronte gerit,* quod solus Wernsdorfius
explicat, statuae pastoralem frontem i. e. speciem fuisse
eique nomen quoddam fuisse inscriptum, ceteri interpretes alii alia coniecerunt. Crusius quidem Probab.
Critic. p. 59 emendat *qui pastorali gramina,* i. e.
coronam gramineam, *fronte gerit.* At Pana, qui non
differt ab Inuo, tempora pinu, quae ei sacra erat,
cincta habere ait Sil. Ital. 13, 332. Kappius autem, Mark-
landi in praef. Stat. Silv. et Almeloveenii coniectura,
qua codicis lectio occupatur, paulum mutata *pastorali cornua fronde tegit,* Dammius cum Graevio *pastorali numina fronte tegit* scripserunt, qui iidem
sine iusta causa (nam, quae versu 233 sunt, Inui nomen explicant) hoc distichon ei, quod insequitur, post-
posuerunt. Burmannus denique cum cetera eadem, quâ
Wernsdorfius, explicatione uteretur, quo accuratius nomen statuae inscriptum significaretur, malebat legi *qui
Pastoralis nomina fronte gerit.* Quasi vero Rutilius,
quamvis is stringeret rudera Castri, nomen vetustate
exesum atque in exigua statua positum (utrumque enim
ait) legere potuerit.

233. seu Pan Tyrrhenis etc. Inuus deus qui
sit, explicat. Aut enim est graecus Pan, receptus et
patrio nomine appellatus ab Italis, aut deus quidam
indigena, qui ab ineundo Inuus dictus est. Atque illud
quidem, quod est *seu Pan Tyrrhenis mutavit Maenala silvis,* apertum est; Pana enim Maenala habitare constat. Nec movemur codice nostro, qui pro eo,
quod est *mutavit,* habet *immutant,* deleta tamen syllaba *im,* quod scribendi errore ortum esse vel plura-
lis coarguit. Sed aptius etiam est perfectum *mutavit*

praesenti, quoniam mutasse oportet sedes eum, qui prae-
sideat Castro. Ea autem, quae insequuntur *sive sinus
patrios incola Faunus init*, conturbarunt Burmannum.
Qui, cum Servius ad VirgiL Aen. 6, 776 Inuum narret
dici ab ineundo passim cum omnibus animalibus, unde
et Incubonem dici, h. l. corrigebat aut *sive greges proprios Incubo Faunus init* aut *seu simus pecudes Incubo Faunus init*, itaque a Rutilio, qui praesertim
paulo post diceret *mortalia*, i. e. animalium vel hominum, *semina*, scriptum esse sibi persuaserat, nisi forte
sinus essent loca sinuosa et abdita, recessus silvarum.
Atqui sic dici *sinus* docuit Wernsdorfius exemplo Ovidii Met. 5, 608 *usque sub Orchomenon-Maenaliosque
sinus*. Adde Liv. 23, 1, 6 *et pleraeque cavae sunt
viae sinusque occulti;* Auson. Mosella 155 *et rupes
et aprica iugi flexusque sinusque vitibus assurgunt;*
Boetticher. in Lexico Taciteo s. v. Quod autem *iniri*
dicuntur agri a Fauno, recte idem Wernsdorfius confert Horatium Carm. 3, 18, 3 *Faune-per meos fines
et aprica rura lenis incedas abeasque parvis aequus
alumnis*. At quae illa *mortalia semina?* Non certe
hominum, ut sunt apud Ovidium Met. 3, 105 et 15,
760, sed ea, quae moriuntur, quae intereunt. Quot-
annis enim semina renovantur. Paulo autem post Burmannus pro eo, quod est *dum renovat*, emendari posse
putabat *dumque novat*, ut et agros et animalia inire
dicatur. Sed parum apte coëunt *init* et *fingitur esse,*
pro quo debuerat certe esse *est*, nec sententia satis
recta. Quamquam, opinor, vidit illo hoc, si, ut vulgo
fit, illud, quod est, *seu Pan-init* ad ea, quae antecedunt, referatur, sententiam non constare. Refer igitur
ad ea, quae insequuntur, hac sententia: Inuus, sive
Pan est sive Inuus, hoc constat, eum proniorem fingi
in Venerem ac propterea dictum esse Inuum.

237. Centumcellas. Hodie est Civita Vecchia,
urbs propter portum, quem imperator Traianus extruxit

et Traianum appellavit, celebratissima, in qua contra
videtur accidisse atque in Alsio et Pyrgis, quas ex oppidulis villas factas esse Rutilius paulo ante dixerat.
Traiani enim tempore praeter villam vel nulla vel
exigua admodum urbs eo loco videtur fuisse villam-
que commemorat etiam Ael. Lamprid. Commodo 1.
Sensim vero ita crevit, ut Iustiniani temporibus et
frequentissima et amplissima fuisse dicatur a Procopio
bell. Goth. 2, 7. Opportunissimus enim erat portus,
qui per longissimum spatium unus esset in Etrusco litore. Cf. supra ad v. 219. Praeter Rutilium autem
Plin. Ep. 6, 31, qui eo ipso tempore, quo portus ex-
truebatur, cum Traiano in villa Centumcellensi com-
morabatur, portum hunc describit. Cuius quidem verba,
quia poëta inde nonnihil sumpsisse videtur, quae huc
pertinent, omnia apponemus. *Imminet* (villa) *litori,*
cuius in sinu quam maximus portus velut amphi-
theatrum. Huius sinistrum brachium firmissimo
opere munitum est, dextrum elaboratur. In ore
portus insula assurgit, quae illatum vento mare
obiacens frangat tutumque ab utroque latere de-
cursum navibus praestet. Assurgit autem arte vi-
senda. Ingentia saxa latissima navis provehit; con-
tra haec alia super alia deiecta ipso pondere ma-
nent ac sensim, quodam velut aggere, construuntur.
Eminet iam et apparet saxeum dorsum: impactos-
que fluctus in immensum elidit et tollit. Vastus
ille fragor; canumque circa mare. Saxis deinde
pilae adiicientur, quae procedenti tempore insulam
enatam imitentur. Itaque *moles* sunt opera a dextra
et a sinistra in mare excurrentia, quae tamquam are-
nam includunt maximum portum, quem hic Plinium imitatus *aequoreum amphitheatrum* vocat. Versu autem
v. 238, quo melius haec cum iis, quae antecedunt, co-
haererent, Heinsius coniiciebat *tranquilla hic* vel *tran-*

quilla puppes hic statione; Kappius emendabat *tranquillae puppes.*

240. insula facta, i. e. non nativa, sed arte ac *manu facta,* ut est apud Caesarem bell. Gall. 3, 23; Cic. de offic. 2, 4 *portus manu factos* et Ovid. Met. 11, 728 *adiacet undis facta manu moles.* Cf. infra v. 529. *Geminarum* autem *turrium,* quas deinde commemorat, etiamnunc insignes superesse reliquias testatur Cluverius Ital. antiq. p. 482. Quod denique est pandit utrumque latus, intellige *aperit portum ex utraque parte,* et dextra et sinistra. Cf. supra ad v. 155.

243. sqq. Portum interiorem Centumcellensem describit. Nec enim *satis* fuerat *navalia* i. e. locos ad recipiendas ac reficiendas naves aptos *ponere,* extruere, sed, ne naves ulla omnino aura, quamvis eae iam in exteriore portu satis essent tutae, ventilarentur, *medias sinus invitatus in aedes* fuerat. Quas aedes. eredo Cluverio Ital. antiq. p. 482. appellari eas, quas Graeci simili voce νεωϛοίκους vocant, Latini suo vocabulo *cellas,* unde ipsum urbis nomen deductum est, creditque etiam Antigonus Frangipanius in descriptione Centumcellarum urbis (Romae 1761), qui copiose de portu Traiani disputat et, quae in eo usque ad suam aetatem mutata sint, enarrat. Idem tabulam addit, quae cum accurata Rutilii descriptione plane convenit. Simili ratione Strabo 5, 2, 6 Populonii λιμένιον καὶ νεωϛοίκους esse ait, atque in Carthaginiensi portu aliquando supra ducentas tales cellas fuisse narrat Appianus de reb. Punic. 8, 96. Quod a ceteris interpretibus fieri video, ut *aedes* ipsam urbem intelligant, quae portum aedificiis quasi concludat, minus probo. Pro eo autem, quod est *invitatus,* Heinsius corrigebat. *insinuatus,* ut sinum insinuari faciat, Burmannus vero, quamquam mutare nec audet nec scit, si tamen, ut *crivandi,* ita *irrivandi* extaret verbum, hoc se prae-

laturum esse profitetur. Nec vero huic loco dissimilia, quae sunt apud Ovid. Amor 2, 16, 35 *et vocet in
rivos parentem rusticus amnem,* et ap. Manil. 5, 684
appellatque suo deductum ex aequore fluctum, quos
locos Wernsdorfius laudavit. Illa autem, quae sunt
ne vaga-rates, non ad navalia in portu posita, ut
Burmannus et Wernsdorfius, sed ad sinum in aedes
invitatum refero, ad sequentia, non ad antecedentia;
neque enim unquam in portu aquae fixae esse et instabilem aërem nescire possunt.

247. qualis in Euboicis-sinu. Cellas portus
Traiani comparat cum piscinis Baianis sive Cumanis.
Inter Baias enim et inter Cumas siti sunt Lucrinus et
Avernus lacus, *regio opere,* ut ait Horatius, auspiciis
Augusti ab Agrippa cum mari coniuncti, ex quibus
cum hic hodie integer extet, ille anno 1538 ex vicino monte subito inter crebros terrae motus enato
ita fere totus cineribus oppletus est, ut exigua palus
raro arundineto obsita supersit. Eorum autem lacuum
litora totaque maris adiacentis unda fontibus calidis
tepebant, qui usque in ipsum mare pertinebant. Itaque Romani, quibus in deliciis esset in aqua marina
eaque tepida natare, non lavari modo (cf. Heyn. ad
Tibull. 3, 5, 30), molibus operibusque partes quasdam
ex mari excluserant et stagna piscinasque fecerant, in
quibus tuto natandi voluptate perfrui possent. Describit eius loci amoenitatem copiose Cassiodorus Variar.
9, 16, Symmachusque Ep. 8, 23 *in Lucrino serii sumus. Nullus in navibus canor, nulla in conviviis
helluatio nec frequentatio balneorum, nec ulli iuvenum procaces natatus;* Propert. 4, 17 init: *clau-
sus ab umbroso qua ludit pontus Averno, fumida
Baiarum stagna tepentis aquae;* Martial. 1, 63 de
Laevina *dum modo Lucrino, modo se permittit Averno,
et dum Baianis saepe fovetur aquis,* id. 4, 57 *dum
nos blanda tenent lascivi stagna Lucrini et quae*

pumiceis fontibus antra calent. Dicit autem *sinum*, ut accurate describens Strabo 5, 4. p. 193 (Siebenk.) ὅ τε Λοκρῖνος κόλπος καὶ ἐντὸς τούτου ὁ Ἄορνος et Symmach. 7, 16 *festivitas ista Baiana est. Nimiis salibus te* sinus *Lucrinus infecit.* Alternum *sinum* intelligo sinus inter se oppositos, contra se positos. Eadem notione *alternus* est apud Stat. Silv. 1, 3, 64 *quid referam alternas gemino super aggere mensas;* ibid. 25 *nec te mitissimus amnis dividit: alternas* (i. e. contra se positas) *servant praetoria ripas;* id. Theb. 2, 182 *quae Doricus alligat Isthmos et alterno quos margine submovet infra;* Claudian. Prolog. in Flav. Mall. Theod. Cons. 16 *contulit alternas Pythius axis aves.* Natatus autem vocantur Euboici, quia fiant Cumis vel prope Cumas. Ea enim urbs, quoniam a Chalcidensibus Euboicis condita esse ferebatur (Plin. nat. hist. 3, 9 et Serv. ad Virg. Aen. 6, 2), et ipsa saepe Euboica vocatur et quicquid inde repetitur. Captiva unda est molibus et aggeribus inclusa, lenta brachia pertinent ad tranquillitatem piscinae. ac facilitatem natandi sumptaque sunt ab Tibull. 3, 5, 30 *at vobis Tuscae celebrantur numina lymphae et facilis lenta pellitur unda manu,* quo loco Heynius *lenta* non recte videtur interpretari *luctantia;* diverse enim dixit Ovid. Her. 19, 48 *lentaque dimotis brachia iactat aquis.* Quod autem edidimus *alterno-sinu* ex auctoritate codicis nostri, antea fuerat *alterna-sono,* quae soni commemoratio cum nihil faciat ad summam sententiam, interpretes videtur induxisse. Qui cum *natatus,* ut loci aliqua esset significatio, contra latinitatem aquas, non ipsum natare intelligerent, Schraderus *penatibus* vel *meatibus* malebat. Quod quia repudiabant, pro eo quod erat *sono,* Heinsius ad Ovid. Met. 4, 253 *solo,* Crusius Prob. Crit. p. 59 *salo* coniiciebant. Barthio vero et Dammio, qui ea, quae insequuntur, minus cum his coniuncta esse viderent, nonnulli versus post hoc distichon intercidisse videbantur. Sed solet ita Rutilius nulla uti narrationis perpetuitate. Cf. v. 277, v. 337, v. 349.

249. **Tauri dictas de nomine Thermas.** Describit aquas Taurianas (sic enim nominat Sanct. Gregor. Dialog. 4, 55, qui eas in dioecesi Centumcellensi commemorat) tria milia a Centumcellis sitas, quas Cluver. Ital. antiq. p. 486 eo in oppidulo esse ait, cuius incolas Plin. nat. hist. 3, 5, 8 vocet *Aquenses, cognomine Taurinos.* Nec enim fidem habeo Francisco Mariano, homini parum rectae doctrinae, in Etruria Metropoli c. 28 p. 183, qui Aquenses Taurinos eo loco collocat, qui hodie est Acquapendente. Praeter Rutilii autem hunc et S. Gregorii locum, de quo dixi, nullam invenio harum aquarum apud veteres memoriam. Hodie quidem aquae ipsae non interierunt, aedificiorum, quae eo loco fuerunt, pauca supersunt rudera. Vide Frangipanium in libro, quem supra laudavi, p. 223. Versu insequenti notabilis est abl. milibus-tribus, pro quo debuerat esse *milia tria.* Similem locum nescio; nec enim ii conferri possunt, ubi distandi verba additum habent ablat. De tempore quidem constat nonnunquam in deteriore latinitate ad spatium temporis, per quod aliquid fiat, significandum pro accusat., qui proprie esse debet, poni ablat., ut Suet. Calig. 59 *vixit annis undetriginta, imperavit triennio et decem mensibus diebusque octo,* atque ita etiam Liv. 5, 23, 2 *quia tot annis varie ibi bellatum erat.* Cf. Drakenborch. ad Epitom. Liv. 5. Ciceronis quidem locum, qui hoc in genere afferri solet, de Off. 3, 2 *scriptum est a Posidonio, triginta annis vixisse Panaetium, posteaquam libros de officiis edidisset,* alienum esse iudico, propterea quod sequitur *posteaquam.*

252. **lymphave.** Dixerat antea aquas non esse *gustu amaro* i. e. *non acida salsave mixtura,* ut

Plin. nat. hist. 31, 1 ait de nonnullis aquis Baianis; nam amaritudinem hic ad *gales* marinos pertinere docuit Burmannus ex Ovid. Met. 15, 286 *qui fuerat dulcis, salibus vitiatur amaris.* Pergit ne sulphure quidem aquas vitiari. Quod quoniam diversum ab illo, nec illinc consequitur, verum esse existimo, quod Barthius et Dammius malebant *lymphave*, ut infra v. 520 est *nec censu inferior coniugiove minor.*

254. qua melius parte. Rectius erat *utra parte* i. e. lavando an bibendo. Sed est pro adverbio quasi, ut *quo modo, qua ratione, quo pacto.* Proximo versu antecedenti pro eo, quod est *lavantem*, vitiose in codice et in editione principe invenitur *labantem*, quod Simlerus correxit. Insequenti autem versu quod item vitiose apud Sitzmannum et Barthium est *fragrantia*, immerito placuit Wernsdorfio. Nec enim, quod *purum odorem* habet, fragrat.

257. pugnam praeludere. Burmannus, ne accusativus adderetur *praeludendi* verbo, praepositionem *ad* inserebat: *ut solet ad pugnam excussis* cet. Facilius erat scribere *pugnae.* Cum enim optimi auctores accusativum addant, ut Virg. Aen. 12, 106 *sparsa ad pugnam praeludit arena*, deteriore aetate dativus non rarus est. Senec. Ep. 102 *illi meliori vitae longiorique praeluditur;* Stat. Silv. 1 prooem. *nec quisquam est illustrium poëtarum, qui non aliquid operibus suis stilo remissiore praeluserit;* Claud. VI cons. Hon. 68 *et magnis docuit praeludere fatis.* Haec demum latinitas accusativo utitur, ut Claud. Stilich. 2, 335 *hic ego promissam sobolem sperataque mundo pignora praelusi;* Avien. descript. orb. 1364 *discursuque sacro praeludit proelia Liber.*

259. arma iuvenci. Sic rectissime codex noster, cum fuerit antea *ora iuvenci.* Arma enim iuvenci, i. e. cornua, imprimis deo opus erant, ut aquas illas inveniret, nec obstat, quod Castalioni Virgilium

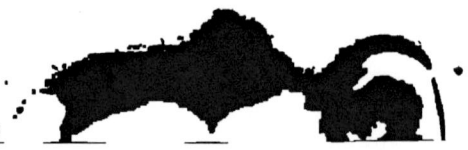

videtur imitatus esse Aen. 1, 658 *ut faciem mutatus
et ora Cupido*, et rursus 5, 477 *dixit et adversi
contra stetit ora iuvenci.* Nam etiam imitantem licet mutare ea, quae minus apta videantur. Cf. supra
ad v. 5 et 32.

261. qualis-onus. Locus impeditior paulo propter pentametrum, in quo quod est *per freta*, Kappius et vetustiores aliquot cum *sollicitandi*, Burmannus et Wernsdorfius rectius cum *rapiendi* verbo con-
iunxerunt. Nec enim certe *sollicitare per freta* pro
eo, quod debuerat esse *portare per freta*, latinum est.
Nec tamen magis probo, quod *sollicitare* hoc quidem
loco intelligunt pellicere ad coitum. Quasi vero Iupiter Europam compresserit, ut raperet, non rapuerit,
ut comprimeret. Vulgari potius sua significatione dixit *sollicitare* i. e. pellicere, atque ut adderet, ad
quam rem pellexerit, ab affectu quasi virginem vocavit *virgineum onus*. Quod facit paulo ille quidem
inusitatius, nec tamen non recte. *Furtum* autem *Age-
noreum* Europam dici constat, Agenoris, Phoenicum
regis, filiam, ex qua quoniam Iupiter gaudia sperabat,
ipsam solito suo more (vide ad v. 19) poëta dicit *gaudia*, frequenti in re amatoria verbo, ut Nemes. Eclog.
2, 7 *tum primum dulci carpebant gaudia furto.*

263. ardua non solos-habet. Miracula sunt
ardua, quae credere est arduum sive difficile. Similiter
Claud. in Eutrop. 2,316 *furtim tamen ardua mittit cum
donis promissa novis*, id. de Stilich. 1, 295 *responsa
quod ardua semper Eois dederis, quae mox effecta
probasti.* Quod insequitur, *fontem Heliconis*, sive
Hippocrenen, natum esse a *pecude*, non insolitum est,
equos vocari pecudes, ut est apud Columellam 6, 27
extr. de equis *id praecipue genus pecudis amore
natorum noxam trahit*, apud Curtium 6, 17 *Buce-
phalum vocabant, quem Alexander non eodem, quo
ceteras pecudes, animo aestimabat.* Wernsdorfius

autem, qui *pecoris* vocem de equis usurpari docet, diversa confundit.

265. elicitas-equi. Hippocrene est Musarum fons, Taurianae aquae sunt Nympharum. Primum igitur bovem vel pecudem omnino auctorem fontis esse posse docet exemplo Hippocrenes. Quod si accidere potuit Musarum fonti, quis dubitabit, quin potuerit etiam vulgari Nympharum fonti? Itaque *Nymphas* necessarium esse arbitror, non probo *lymphas*, quod Castalionem secuti omnes editores recentiores praetulerunt, cum in universum nymphas dici aquam ostendisset Heinsius ad Ovid. Her. 5, 31. Nec opus est eo, quod Dammius et Wernsdorfius ediderunt *Musarum ut latices*, qua re versus ipsi quamquam coniunguntur, aptius tamen videtur illud ἀσύνδετον. Graevii vero ratio tota abiicienda, qui cum duo haec disticha v. 263—266 carmen illud, quod v. 268 intrantem capere, discedentem morari dicitur, esse putaret, ea post v. 270 ponenda esse censuit. Idem in extremis his mavult *ungula fudit equi*, quod rectius aut de terra aquas emittente, ut est apud Claud. Apon. 86 *telluri medicas fundere iussit aquas*, aut de ipso fonte, ut est apud Avien. in Arati Phaen. p. 94 Grot. *cornuque excita repente lympha Camenalem fudit procul Hippocrenen*, dici ait Wernsdorfius. Fodiendi autem verbum eadem de re est apud Ovid. Fast. 3, 456 *cum levis Aonias ungula fodit aquas*.

267. haec quoque Pieriis-ager. Traiecta est particula *quoque*, quae proprie pertinebat ad *nobilitatum agrum*. Nec enim solum origo similis facit, ut aquae Taurianae conferri possint cum Hippocrene, sed etiam carmen Messalae. Similes traiectiones eiusdem particulae sunt apud Ovid. Met. 14, 158 *hic quoque substiterat post taedia longa laborum Neritius Macareus*; Liv. 22, 23 init. *haec in Hispania quoque gesta*; eundem 22, 14, 15 *circumfundebatur tribu-*

norum equitumque *Romanorum multitudo et ad aures quoque militum dicta ferocia volvebantur.* Spiracula autem sunt *scrobes quaedam terrae, unde
spiritus vel salubres vel letales emittuntur*, ut explicat Plin. nat. hist. 2, 105. Itaque Valer. Flacc. 3,
553 *procul ad nitidi spiracula fontis ducit;* Symmach. Ep. 4, 33 *nec de spiraculis Delphicis ullum
carmen audivi;* idemque 1, 5 laudat *spiracula regionis
Praenestinae, quae aestivam flagrantiam temperant.* Sequitur comparandi verbum, quod sumptum
est a gladiatoribus, quorum cum par ad pugnam committitur, componi vel comparari dicitur, ut Sueton.
Calig. 35 *hunc Threci et mox hoplomacho comparavit*, translataque significatione Cicero p. Quint. init.
*Ita se res habet, ut ego cum disertissimo patrono
comparer;* Liv. 24, 8 *repente lectus adversus veterem et perpetuum imperatorem comparabitur;* id.
30, 28 *erexerant omnium animos Scipio et Hannibal, velut ad supremum certamen comparati duces.* Itaque *comparat* h. l. est facit, ut contendere
possit, simile reddit. Schraderus denique corrigi vult
Pieriis undis, temere illud quidem. Nam de eodem
fonte Ovid. Met. 3, 14 *vix bene Castalio Cadmus
descenderat antro;* Lucan. 5, 84 *sacris se condidit
antris incubuitque adyto vates ibi factus Apollo;*
Claudian. praef. III Cons. Hon. 15 *me quoque Pieriis
tentatum saepius antris.*

270. postibus-sacris. Aediculam Nymphis sacram intellige ad antrum fuisse positam, qualem prope
Clitumnum fontem ait esse Plin. Ep. 8, 8 *sparsa sunt
circa sacella complura totidemque dei: sua cuique
veneratio: suum nomen;* atque Frontin. de aquaeduct. c. 10 *aediculam fonti* aquae Virginis *apposi-
tam* aquae *originem ostendere* dicit. Atque omnino
sacella ad fontium capita a veteribus poni consuevisse
constat. Imitatus est hunc Rutilii locum Sidon. Apol-

lin. Ep. 2, 2, ubi villae suae balneas describit: *pauci versiculi lectorem adventicium remorabuntur, minime improbo temperamento, quia eos nec relegisse desiderio est nec perlegisse fastidio.* Thermarum autem, quales hae Taurianae erant, elegantissima est descriptio apud Claudian. Apono Idyll. 6. Burmannus denique quod maluit *rapit* pro eo, quod est *capit*, si aptum, certe non opus est.

.271. hic est. Messala hic non ignotus aliunde. Diu enim eum aut saepe praefectum praetorio Italiae inde ab anno 396 fuisse et multae leges Theodos. Codicis ad eum datae et Symmach. Ep. 7, 81—92 ostendunt. Idem non alienus erat a literis, siquidem eum inter suae vel proximae antecedentis aetatis scriptores laudat Sidon. Apollin. Carm. 9, 302: *Paulinum Ampeliumque Symmachumque, Messalam ingenii satis profundi.* Atque a Wernsdorfio quidem fieri video, ut poëta fuisse dicatur, eique opinioni ex hoc ipso loco praesidium quoddam quaeratur. Ac certe nec Sidonius, qui cum Symmacho componat, poëtam significat, nec Symmachus ipse cum saepe eius facundiam praedicet, quicquam de poëtica laude, quam meruerit, habet, et Namatianus denique *mentem* eius i. e., opinor, prudentiam civilem, et *linguam* sive facundiam laudat. Nec in paucis versiculis, quos animi causa scripsit, satis argumenti, ut poëta fuisse putetur. *Ducebat* autem *seriem* generis sui a P. Valerio Publicola, qui primus Romanorum consul fuit, luculento exemplo, quam ne his quidem temporibus nobilitatis studium evanuerit. Cf. supra ad v. 169. Alium autem quendam Valerium Proculum Symmach. Ep. 1, 2 *haud unquam indignum magnorum Publicolarum* dicit. Itaque non aptum, quod Kappius malebat *duxit*, ut a poëta tantum propter nobilitatem praedicetur, non ipse gloriatus esse videatur. Sed praefectum praetorii fuisse sic significat praefecti nutu praetoria rexit. Praetoria enim, ut

ex

ex multis locis Theodosiani Codicis et ex Notitia dignit. utriusque imperii apparet, et aedes sunt, in quibus iudicia exercentur, et officia i. e. scribae ceteraque turba librariorum, quae ad iudicium pertinet.
Cf. Gothofred. ad Theod. Cod. 1, 10, 3 et 15, 1, 8.
Ne autem Messala iudex tantum, sed princeps iudi-
cum, quotquot erant in praefectura Italiae, fuisse videatur, eum ait *praefecti nutu* praetoria *rexisse*,
ut Symmach. Ep. 1, 1 *aurorae in populis regum
praetoria rexi;* Sidon. Apoll. Ep. 3, 12 *praefectus
iacet hic Apollinaris post praetoria recta Galliarum.* Cf. etiam Claud. in Eutrop. 1, 284 *gestis pro
talibus annum flagitat Eutropius, ne quid non pol-
luat unus, dux acies, iudex praetoria, tempora
consul.* Inutile autem, quod Schraderus malebat *praefectus nutu.*

275. qualem poscat facundia sedem. Nobi-
lis est illa vox M. Catonis: *orator est vir bonus, dicendi peritus*, quam copiose exequitur Quintilianus
init. libr. 12. Eius exemplum fuisse Messalam poëta
significat. *Sedem* enim dicit animum, in quo quasi
sedere debet bonitas ac facundia. Burmannus citat
Claud. Stilich. 2, 12 *haec dea* (i. e. clementia) *pro
templis et thure calentibus aris te fruitur posuit-
que suas hoc pectore sedes;* ac Symmachus Ep. 4,
59 *qui sciam in pectoribus sedem esse religioni.*
Quare non opus est eo, quod Crusius Prob. Crit. p. 60
et Schraderus corrigebant *legem.*

276. quisque disertus erit. Wernsdorfii cete-
rorumque recentiorum praeter Dammium et Kappium
interpunctionem secuti sumus. Nam *quisque* hac quidem aetate non raro est *quicunque, quisquis,* ut, ne
extremae latinitatis auctores, quorum aliquot locos attulit h. l. Sitzmannus, laudem, Auson. Sept. Sap. in
Pittaco 5 *pareto legi, quisque legem sanxeris;* ibidem
in Cleobulo 5. *parcit quisque malis, perdere vult bo-*

8

nos; Sidon. Apoll. Ep. 4, 11 extr. *at tu, quisque do-les, amice lector;* id Carm. 22, 9 *quisque tamen tantos non laudans ore penates inspicis.*

277. crepuscula. Recte de hac voce praecipit Servius ad Virgil. Aen. 2, 268, cum proprie dubia esset, usum tamen obtinuisse, ut vespertinum potius tempus quam matutinum significaret. Sed peccant deterioris aetatis scriptores. Wernsdorfius attulit Avien. Progn. p. 115 Grot. *at decedentis postrema crepuscula noctis.* Adde Symmach. Ep. 1, 3 *priusquam manifestus dies creperum noctis absolveret;* Sid. Apoll. Ep. 8, 3 *cum me defatigatum ab excubiis ad deversorium crepusculascens hora revocaverat.*

279. Munione. Iussi et Virgilium Aen. 10, 183 et Rutilium suum utrumque habere, ut ille quidem fluviolum dicat *Minionem,* hic *Munionem;* sic enim h. l. auctoritas codicis et editionis postulat. Nam quod Cluverius Ital. antiq. p. 483 hodie nomen ita dubium esse testatur, ut modo Mignone, modo Mugnone sonet, idem olim accidisse opinor. *Ostia* autem eius fluvii *parva trepidant* i. e. aqua per ostium arenis oppletum impeditius fluit aegreque iis superatis in mare pervenit, unde *solum* maris illo loco *suspectum* sive vadosum esse colligitur. *Trepidare* in simili re dixit Horat. Ep. 1, 10, 21 *quam quae* (aqua) *per pronum trepidat cum murmure rivum;* id. Carm. 2, 3, 11 *obliquo laborat lympha fugax trepidare rivo.* Itaque non placet, quod Wesselingius in Observat. II, 30 emendabat *crepitant,* quasi non arenosa, sed saxosa ostia fuerint. Quod autem pro *suspecto solo* Crusius in Probab. Crit. p. 61 malebat *suspenso solo* i. e. excavato litore, quis, quaeso, probabit? Soloecum vero est, quod Dammius edidit *suspecto trepidant horia parva solo,* quoniam horia, navicularum genus, primam declinationem sequitur.

281. Graviscarum. Oppidum erat antiquitus

non ignobile, inde ab anno 181 a Chr. colonia civium
Romanorum, Strabonis aetate exiguum, hodie nullum,
ut ne locus quidem, quo fuerit, ullis ruinis ruderibusque agnoscatur. Quare dubitatum est, quo loco fuisset, dum Cluverius Ital. antiq. p. 483 prope eam urbem, quae hodie Corneto vocatur, in planitie quadam
humili ac palustri situm fuisse demonstravit. Quod
quoniam montes silvis obsiti circumdabant, factum est,
ut Rutilius *fastigia* tantum aedificiorum, non aedificia
ipsa cerneret. Hoc igitur oppidum Virg. Aen. 10, 184
nominat *intempestum*, ad quem locum Servius M. Ca-
tonem tradere narrat, illi inde nomen esse datum, quod
gravem sustineret aërem, quemadmodum Minturnae propter paludis propinquitatem ab Ovid. Met. 15, 716
graves appellantur. Idem de Graviscis narrat Rutilius. Cur tamen additur *saepe* eas premi aestivae
paludis odore? Quia certe nec omnibus annis aeque
molestae erant paludes nec omni aestatis tempore. Illud
enim, quod Marklandus ad Silv. 4, 3, 137 emendabat
quas premis aestivae, saeve paludis odor, non opinor verum esse.

283. s e d n e m o r o s a v i r e t d e n s i s v i c i n i a l u-
c i s. Non idem est *nemorosum* et *densis lucis*, ut,
quamvis *nemorosus* et *numerosus* saepe confundi doceat Drakenborch. ad Sil. Ital. 4, 60, parum recte tamen Burmannus non improbet, quod Leandro Alberto
fortasse invito exciderat *numerosa-densis lucis* i. e.
frequens lucis, nec Schraderianum placere debeat *sed
generosa viret densis vindemia lucis*. Est enim nemus non arborum modo, recteque apponitur *densis
lucis*, ut Ovid. art. am. 3, 689 *silva nemus non alta
facit;* Columell. 2, 2 med. *nemorosus arboribus locus;* Plin. Ep. 8, 8 *collis-antiqua cupressu nemorosus et opacus.* Atque iis lucis extrema adeo ora obsita
erat; f l u c t u a t enim u m b r a f r e t i s, cui comparatur ab
interpretibus Valer. Flacc. 5, 109 *magnae pelago tremit*

8 *

umbra Sinopes; Claud. rapt. Proserp. 443 *quacunque it in aequore, fulvis armatat umbra fretis.* Addo Ausonium Mosell. 194 *tota natant crispis iuga montibus et tremit absens pampinus et vitreis vindemia turget in undis.*

286. C o s a e. Urbs erat antiquissima, ex qua iam ab Aenea milites conscripti esse narrantur apud Virg. Aen. 10, 169. Sitam fuisse narrat Strabo 5, 2, 8 in colle non procul a mari, in initio, opinor, stagni marini, quod Strabo ab altero latere Cosae ponit, ibi fere, unde isthmus montem Argentarium cum terra continenti coniungens incipit. Non procul ab eo loco postea fuerat urbs Ansedonia, sed ea quoque hodie maximam partem deserta est. Nam eorum opinio, qui Cosam antiquam prope illud oppidum, quod hodie est Orbetello, fuisse putant, ut reiicienda esse videatur, facit ipsa haec narratio Rutilii, qui prius Cosam, deinde portum Herculis se tetigisse narrat, quod alióquin contra se habere oporteret. Quae autem fabula de Cosae ruina hic traditur, non traditur illa quidem ab aliis scriptoribus, sed nonnunquam similia accidisse veteres narrant, ut Plin. nat. hist. 8 (29) 43 ex Gyaro, Cycladum insula, incolas a muribus esse fugatos, idemque 10, (55), 85 in Troade urbe factum esse ait Haec vera putentur nec ne, in cuiusque pónatur arbitrio; illud vero pro certo tradit Strabo 3, 4, 17 in Iberis exercitum Augusti a muribus adeo esse vexatum, ut vix se ab iis defenderet, atque vulgo talia esse credita ostendit Cicero de offic. 2, 5, qui in causis intéritus hominum *belluarum repentinas multitudines* commemorat.

291. P y g m a e a e damna cohortis. Nota Pygmaeorum fabula et gruum cum iis pugnantium, quam primus commemorat Homerus Iliad. 3, 3. Cetera vide apud Heynium ad Virg. Aen. 10, 264. Quod autem paulo post ait in sua bella, intellige in bella gruibus

propria et perpetua, quippe quae naturali discidio nata et quasi hereditaria sint.

293. signatus ab Hercule portus i. e. portus Herculis, quem Cosanum appellat Liv. 22, 11, quia Cosae subiacet. Hodie et eodem nomine utitur et eadem navium frequentia. Navigarat autem poëta eo die, qui alter erat itineris, ex portu Centumcellensi usque ad portum Herculis, quae sunt circiter 54 milia passuum, vento usus satis secundo, qui sub vesperum demum mollior factus est i. e. remissior ac minus vehemens, ut est apud Ovid. Trist. 4, 5, 19 *utque facis, remis ad opem luctare ferendam, dum veniat placido mollior aura deo;* eund. Fast. 2, 148 *a Zephyris mollior aura venit.* Postridie autem mane v. 314 ventum rursus affuisse ait.

295. Inter castrorum vestigia sqq. Totum hunc locum de quattuor Lepidis breviter, sed docte, ut solet, exposuit Lipsius ad Tac. Annal. 14, 2. Primus autem est M. Aemilius Lepidus, partium Marianarum studiosus vel suae dominationis cupidus, qui cum iam in consulatu de actis Sullae rescindendis a Q. Lutatio Catulo dissensisset, postea aperte bellum paravit. Sed a Catulo et Cn. Pompeio ad pontem Mulvium victus in Etruriam, inde ex portu Herculis in Sardiniam fugit. Ibi paulo post morbo et poenitentia eorum, quae gesserat, periit anno 77 a. Chr. Exercitus pars dispersa, pars M. Perperna duce in Hispaniam ad Sertorium perrexit. Rem narrant Appian. bell. civil. 1, 105 et Florus 3, 23.

sermo retexit. Alii dicunt *sermone retexere*, ut Claud. bell. Gild. 325 *talia dum longo sermone retexunt,* vel solum *retexere*, ut Auson. Mosella 298 *qui potis innumeros cultusque habitusque retexens pandere*; Stat. Theb. 3, 338 *multumque et ubique retexens, legatum sese-isse*; Ammian. Marcell. 20, 5, 4 *et retexere superfluum puto, quotiens repulimus*

Alemannos; Symmach. Ep. 1, 37 extr. *sed quid diutius ea retexo;* id. 6, 6; 2, 42. Paulo post notabiles ablat. absoluti Lepido praecipitante, qui illud, quod est fugam Sardoam i. e. fugam in Sardiniam factam, explicant. Contraxit enim poëta substantivis, quae sic debuerant explicari: commemoravimus, ex portu Herculis fugam aliquando factam esse in Sardiniam, cum Lepidus praecipitaret i. e. praeceps rueret. Cognatos autem versu insequenti dicit hostes, qui ex eadem sint civitate, aliter atque Lucanus 1, 4, quem locum non recte cum hoc confert Wernsdorfius, Caesaris et Pompeii, affinitate inter se coniunctorum, exercitus dixit *cognatas acies.*

299. Ille tamen Lepidus, M. Aemilius Lepidus, triumvir reipublicae constituendae, qui, cum exercitum in Gallia haberet a bello integrum, M. Antonium ab Mutina profugum excepit eumque auxiliis novis septem legionum adiuvit, ut Caesar Octavianus cum eo ad libertatem opprimendam pacisci iam prope cogeretur. Vide Appian. bell. civil. 3, 84. Triumvirum autem ut significet, gessisse eum ait impia *bella tribus sociis.* Sic enim recte coniunxit Wernsdorfius, ut describatur illud bellum, quod Octavianus, Antonius, Lepidus contra libertatem Romanam gesserunt. Nam ceteri quidem minus recte coniungunt *gessit sociis tribus,* idque latinum esse, ut graece sit ἐπολέμησε τρίτος αὐτός, docere falso instituunt. Quod autem est *urbe pavente,* cum in editione principe vitiose esset urbe favente, Heinsius emendabat *urbe patente,* Dammius et Wernsdorfius ediderunt *orbe pavente.* Quid autem ad orbem pertinebant proscriptiones, quae tunc instabant?

303. Tertius est M. Aemilius Lepidus, triumviri et Iuniae, M. Bruti sororis, filius, qui cum pacem ab Augusto institutam evertere ac novum bellum accendere pararet, mira celeritate a Maecenate, tunc praefecto urbi, oppressus est anno 26 a. Chr. Narrat rem

Vellei. 2, 88; attingunt Suet. Aug. 19; Livius Epit.
libr. 133; Seneca de brevit. vitae 5, de clem. 1, 9.
Is autem tristibus excepit congrua fata reis
i. e. non acie cecidit, sed merita poena interemptus
est in carcere. *Excipere* enim *fata* est mortem op-
petere. Vulgare illud est *vulnera excipere*, ut Cicero p. Sext. 10, 23; Suet. Aug. 20. Cf. Drakenb. ad
Liv. 2, 47, 7. Quare non opus est Heinsiano *exegit*.

305. Quartus est M. Lepidus, alter maritus Drusillae, qui anno 39 p. Chr., ut in regnum ab imperatore Caligula, fratre Drusillae, promissum ante tempus
invaderet, cum Lentulo Gaetulico coniuravit et stu-
prum cum Agrippina et Livilla, Gaii sororibus, iniit.
Vide Dion. Cass. 59, 11 et 22; Suet. Calig. 24. Lipsius et Ryckius ad Tac. Annal. 14, 2 dissentiunt, cuius fuerit filius, ut demonstrent, cur *incestum* vocetur
a Rutilio hoc adulterium, quod ad hunc quidem locum
parum pertinet; nam illud certe est incestum, quod cum
uxoris sorore committitur. Irrependi verbum optime
illustrat Barthius allato Taciti loco, qui est Annal. 1,
7 de Tiberio, *dabat et famae, ut vocatus electusque
potius a republica videretur, quam per uxorium
ambitum et senili adoptione irrepsisse.* Nihil igitur
opus est eo, quod Schraderus coniiciebat *irrepere lecto*
vel *tecto*.

307. nunc quoque-notet. Nihil agebant Barthius et Burmannus, qui aposiopesin tollebant. Quorum ille quidem coniiciebat *nunc quoque, sed melius
de notis fama queretur* i. e. nunc quoque fama de
illis Lepidorum facinoribus queretur, sed melius, quia
nota ea reddidi meo carmine, hic *nunc quoque (di
melius) de nostris fama queretur.* Sic potius supple:
nunc quoque aliquis Lepidus pacem turbat patriaeque
bellum infert, quem nolo nominare, quia fama significari malo. Quem hominem dicat, cum incertum sit,
in Observat. tamen §. XXVII conieci significari Clau-

dium Posthumum Dardanum, qui cum fratre Claudio
Lepido commemoratur apud Gruter. p. 111, 6. Is enim,
qui et plurimis dignitatibus functus esse illo loco dicitur atque anno 416 contra Iovinum imperatorem bellum
gessisse eumque interfecisse narratur ab Olympiodoro
(in script. hist. Byzant. ed. Bonnen. I p. 426), a Sido-
nio Apollinari Ep. 5, 9 inter affectatores imperii numeratur et maximis criminibus notatur. Quod in proximis est queretur, immerito Dammius, Kappius, Wernsdorfius, ut respondeat ei, quod sequitur *notet*, muta-
runt in coni. *queratur*. Fama certo queretur, po-
steri, qui alieni ab omni studio facta et consilia hominum considerabunt, admonendi sunt, ut iudicent me-
ritaque memoriae ignominia *semina dira* i. e. infaustum reipublicae Lepidorum genus *notent*. *Vindicem*
posteritatem nominari, quod Heinsio placebat, non
opus est.

311. quicquid id est i. e. utut res se habet,
sive scelus nomini ac genti, sive nomen sceleri ad-
haeret, admodum usitata dicendi formula, ut apud Virg.
Aen. 2, 49; Ovid. Her. 7, 71; ibid. 19, 203; eund. ex
Ponto 1, 1, 21. Sequitur Lepidum-reccidit-ma-
lum i. e. calamitas a Lepidorum genere proficiscens
redit. Imago petita est a frumento, quod cum demeti-
tur, fit, ut nonnulla semina rursus in terram cadant
ac renascentia plantam instaurent. Illud semen *recidit* ac *recidivum* vocatur. Documento est locus Me-
lae 3, 6, 17 *adeo agri fertiles, ut cum semel frumenta sata sint, subinde recidivis seminibus sege-
tem novantibus, septem minimum, interim plures
messes ferant;* itemque *recidiva semina* sunt apud
Prudentium in Symmach. 2, 819 *non facit ergo pa-
res in relligione tuenda aëris et coeli communie:
corpora tantum gignit, alit, reparat, recidivaque
semina servat.* In bona latinitate imprimis nobile est
Troia recidiva i. e. renascens ab excidio, ab incolis,

qui cladi superfuerant, rursus condita, apud Virgil.
Aen. 4, 344 *et recidiva manu posuissem Pergama*
victis; ibidem 7, 322 *funestaeque iterum recidiva*
in Pergama taedae; ibid. 10, 58 *recidivaque Per-*
gama quaerunt, quo postremo loco Servius minus
recte a recidendis arboribus sumptum esse ait. Imi-
tantur Virgilium Sil. Ital. 1, 106; Ovid. Fast. 4, 45;
Senec. Troad. lib. 472; eodemque pertinet, quod est apud
Iuvenal. 6, 363 *velut exhausta recidivus pullulet*
rca nummus, quo loco etiam pullulandi verbum a
hominibus provenientibus petitum est. Item *febres* dicuntur *recidere*, ut apud Plin. nat. hist. 28, 16 (66)
quartanis magi excrementa felis cum digito bubo-
nis adalligari iubent, et, ne recidant, non removeri,
septeno circuitu, atque *recidivae febres* apud Celsum 3, 4; Plin. nat. hist. 30, 11. Inferiori vero latinitati ita illa vocabula placuerunt, ut ad omnia mala
transferrentur, ut Ausonius in grat. act. Gratian. extr.
quae bona praestas, efficis, ne caduca sint, quae
mala adimis, prospicis, ne possint esse recidiva; Symmach. Ep. 9, 50 *ne quando alteri servata iudici co-*
gnitio recidivam filio gignat iniuriam. Alios locos
vide apud Heinsium ad Claudiani Phoenicem 6, 6 et
Drakenborch. ad Sil. Ital. 1, 106, imprimis autem
apud I. F. Gronovium ad Senec. Troad. 472, a quibus
tamen principalis illa vis vocabuli, de qua supra dictum est, parum recte explicatur. Hoc igitur malum
lepidum *recidere* dicitur, quod, cum semper oppri-
meretur, nunquam ita extinctum est, ut repullulare ne-
quiret. Scripsimus autem *reccidit*, ut iubet Schnei-
derus in gramm. lat. p. 586 et 595 sqq. Praesens
reccidit longa prima syllaba legitur apud Ovid. Met.
1, 18 *in quem reccidimus, quicquid mortale crea-*
t; Iuvenal 12, 54 *illuc reccidit-ac se explicat.*
Nunquam utroque loco varians scriptura annotatur
lit. Sed infinitivus tamen *reccidere* apud Lucret.

1, 857; 1, 1062; 5, 281, et *reccidat* apud Ovid. Met. 6, 212; Phaedr. fab. 3, 18, 15 demonstrat praesens *reccidit* recte dici. Quod ad modum ac rationem significandam additum est en se, debuerat proprie esse *cum ense* i. e. cum bello, sed excusatur multis similibus exemplis, quae vide apud Drakenb. ad Liv. 5, 45, 2. Heinsius quidem ad Ovid. Her. 14, 46, ubi sic est *ter male sublato reccidit ense manus*, et Burmannus, quia Ovidium Met. 1, 190 *immedicabile vulnus ense recidendum* exprimendum esse putabant, emendabant *rescidit*, hac sententia: *ordo annalium ense malum rescidit* i. e. rescissum esse narrat, ut esset apud Horat. Serm. 1, 10, 36 *iugulat Alpinus Memnona*. Wernsdorfius vero *reccidit* explicat in cassum cadit, reprimitur. Quasi hoc sit mirum, quod malum Lepidum reprimebatur, non, quod, cum esset repressum, renascebatur. De indole autem gentis Lepidae contra, ac Rutilius, sentit Tacitus Annal. 6, 27 *Aemilium genus fecundum bonorum civium et qui eadem familia corruptis moribus, illustri tamen fortuna egere.*

313. decessis umbris. Prisce locutus est. Talia enim sunt, quod Gellius 17, 2 ex Claudio Quadrigario affert *sole occaso*, quod erat in XII tabulis *sol occasus suprema tempestas esto*, quae sunt apud Priscianum p. 869 *sole occaso ductoque, multis utrimque interitis, custodibus discessis multi interficiuntur.* Atque etiam Plaut. Epidic. 1, 2, 41 *ante solem occasum.* Haec postea renovata. Scribon. Largus compos. medicam. 100 *est enim vitium non contemnendum utique in processa aetate;* Apuleius de mundo p. 736 *obitorum loco;* Sidon. Apollin. Ep. 2, 10 *ut Latiarem linguam brevi abolitam defleamus interitamque;* Prudent. Apotheos. 1006 *descensos nascendo gradus redeundo retexit.* Itaque nec *discussis umbris,* quod Almeloveenius, nec *detersis,* quod Heinsius malebat, opus est, praesertim cum decedendi verbo ea-

dem de re utatur Virgil. Eclog. 8, 14 *frigida vix coelo noctis decesserat umbra.*

314. vortice. Sic codex atque editio princeps et hic et infra v. 640; nam v. 116 et 2, 30 est in iis *vertex.* Nam quam aliquando putatum est significationis intercedere diversitatem, eam nullam esse consentiunt Schneider. in gramm. lat. Vol. I p. 12, et Drakenb. ad Liv. 28, 3, 9.

315. Mons-Argentarius, hodie monte Argentario, ab argenti fodinis, quae etiamnunc sunt, dictus, est peninsula per isthmum angustum vix ducentorum pedum cum continenti cohaerens, quae inde ab eo loco, ubi portus Herculis est, ita tenditur in mare i. e. excurrit (quemadmodum Claud. bell. Gild. 512 *tenditur in longum Caralis*), ut ab altera parte ingens stagnum marinum sit, quod λιμνοθάλατταν Strabo nominat, cui hodie urbs Orbetello adiacet, per exiguum fretum cum mari ipso coniunctum. Litora peninsulae mons ambit, cuius iugum australe promontorium efficit, quod Argentarium sive ab Cosa urbe Cosanum dicitur, septemtrionale eo loco finitur, quo hodie portus Sancti Stephani est. Illud igitur anceps sive duplex est iugum, de quo poëta dicit. Longitudo insulae, cum alia aliis locis sit, media a portu S. Stephani usque ad portum Herculis duodecim fere milium est; transversos colles i. e. si per transversum metiare, sex milia tantum efficere ait ipse poëta idque confirmant, qui hodie eas regiones viserunt. Quia autem latitudo insulae exigua est ad ambitum, artari eam ait transversam, patere circuitu maris i. e. si mari circumeas. Curva autem caerula Wernsdorfius explicat ea, quae a monte sinuoso iugo in mare procurrente curventur, ut est apud Senec. Hippolyt. 25 *qua curvati litora ponti Sunion urguet;* Lucil. Aetna 93 *extremique maris curvis incingitur undis.* Rectius fortasse ea intelliges, quae curva esse videntur,

quam speciem maris intuentibus apparere constat. *Cae-rula* h. l. substantivi vicibus esse ipse docet Rutilius, qui infra 2, 30 *caerula Etrusca.* Quare nec eo, quod metro neglecto invenit Almeloveenius *caerula cava,* opus est nec Leandri Alberti emendatione *caerula rura,* quae Dammio placuit. Idem autem Albertus versu insequenti pro eo, quod est *artat,* scripsit *effert.*

319. qualis per geminos fluctus-aquas. Corinthiacum Isthmum (Ephyre enim vetus nomen Corinthi) comparat cum monte Argentario, propterea quod uterque in mare excurrit atque longior est quam latior. Primum igitur isthmum dicit *per geminos fluctus porrigi* (tale enim aliquod verbum supple), deinde eius litus bimare, ut Ovid. Met. 7, 405 ipsum *isthmum,* idem Met. 5, 407; Her. 12, 27; Horat. Carm. 1, 7, 2 *Corinthum* nominant bimarem. Illud vero notabile, quod Ionias aquas findi ait, cum Aegaeum et Ionium mare dicendum esset. Sed si uno nomine appellare volebat, nullum certe erat aptius. Nam et Aegaeum mare aliquando vocatur Ionium, ut Valer. Flacc. 1, 23 Peliae, Thessalorum regis, amnes esse ait, *Ionium quicunque petunt,* et Hadriaticum ita totum pertinebat ad Ionium, ut ab Avieno Perieg. 141 nominaretur *Ionius sinus.* Itaque non recte mutabat Burmannus, qui aut pro eo, quod est *findit,* emendari volebat *finit,* aut sic corrigebat *quali inter geminos fluctus Ephyreïus Isthmos Ion. bim. litore finit aquas,* neutrum recta sententia, siquidem ineptum est aut *per geminos fluctus* dici aut *bimare,* quod finiat.

321. sparsae dispendia rupis i. e. dispendia viae, quae sparsa per mare rupes parat. Ut enim compendia, sic dispendia viae dicuntur, ut apud Martial. Epigr. 9, 100, 5 *tu qui longa potes dispendia ferre viarum;* atque huic loco etiam similiora sunt, quae affert Barthius, Lucani 8, 2 *Haemoniae deserta petens dispendia silvae.*

322. sinuosa cura. Intelligo curam sinuum, ut terrae sinus, quos mons ille efficiebat, praeternavigarentur, ut Phormio ait apud Terent. (Phorm. 5, 7, 3) *et Phaedriae curam adimere argentariam* i. e. argentum sibi faciendi. Non intelligo curam velorum, quod Wernsdorfio placet; nec enim dicitur sinuosum, quod ad vela pertinet. Nec magis assentior Burmanno, qui *ripa-caret*, aut Almeloveenio, qui *rura-carent* emendabat. Ceterum in Reusneri editione v. 321 est *circumvehitur*, v. 325 *sinuosa;* pro eo, quod est *illvosa*, utrumque operarum errore, opinor. Paulo post quod est varie-flexu, est *cum varie flectimus saxa prominentia*. Ipsi enim, qui navigant, sinus et dispendia rupis flectunt. Cic. de divinat. 2, 45, 94, *quod, qui navigant, maxime animadvertunt, cum in flectendis promontoriis ventorum mutationes maximas saepe sentiunt;* idem ad Att. 5, 9 *et Leucatam flectere molestum videbatur.* Versu insequenti cùm in editione principe mendose esset *non*, Simlerus, Almeloveenius, Dammius scripserunt *nunc*, Barthius longius recedens *iam*, ceteri Castalione auctore *modo.* Hoc codex noster confirmavit.

325. Igilii. Insula, contra montem Argentarium sita, hodie quoque nomen vetus (vocatur enim Giglio) servat. Praeter geographos commemorat Caesar bell. civ. 1, 34. Quae Rutilius de ea narrat, ad bellum Geticum, octo fere annis (*nuper* ait poëta), antequam haec scripta sunt, gestum, in quo cum Alaricus rex Romam (haec enim est *lacera* i. e. capta ac direpta urbs, ut supra v. 29 *laceros fundós*) peteret, nobilissimus quisque ac ditissimus profugit. Atque Igilium quidem proximus iis *portus* (v. 335; est autem etiam hodie ibi portus oppidulumque ad eum) erat, in quo tuti essent. Cf. v. 331 sqq. Plurimos in terras multo remotiores, in Aegyptum, in Syriam, in Africam abisse narrant Hieronym. ep. 12 et Augustin. de civit. dei 1, 32. Nec

vero Gothi insulam videntur invasisse, nam quod v. 529
ait eam obstitisse victricibus armis, tamquam longinquo mari dissociatam, nihil certe auxilii in longinquitate,
nisi ad eam rem, ne invadare, idque significat v. 336.
Itaque poëtice auget, quod Gothi insulam invadere no-
luerant. Cf. Observat. §. XXVIII.

328. sive loci ingenio seu domini genio.
Quae plerumque *natura loci* vocari solet, eam hic,
ut facetias captet, *ingenium loci* dicit, ut Claud. rapt.
Proserp. 1, 140 *Ceres-commendat furtim sua gaudia terris ingenio confisa loci;* Sil. Ital. 14, 283 *ingenio portus urbs invia;* Stat. Silv. 2, 2, 44 *Iocine
ingenium an domini mirer prius,* eique opponit hunc
ipsum, opinor, Statii locum imitatus *genium domini* i. e.
fortunam imperatoris Honorii, qui dominus est universus,
quae insulam tutam ab hostibus praestiterit. Quod
autem versu insequenti est gurgite-modico, refer ad
dissociandi verbum: cum gurgite modico tamquam longinquo mari dissociata obstitit, quod secus fieri video
a Dammio.

333. plurima terreno populaverat-eques.
Equitem dicit hostem, et quod Gothi ipsi multum
equitatu valebant, et quod Hunni, quos Athaulfus ex
Pannonia adduxerat nonnullaeque aliae gentes, quae
cum Gothis erant, paene totae equitatu constabant.
Quod autem eum hostem ait contra naturam (i. e.
contra ac solet fieri in equitibus) classe metuen-
dum esse, ultra quam verum est, auctum esse puto.
Quae enim traduntur de Visigothis, eos nunquam mari
potentes fuisse ostendunt, ut, cum post Romam captam Siciliam frustra ab iis tentatam esse narrant
Oros. 7, 43; Iornandes de reb. Get. 30; itemque frustra eos ann. 418 ex Hispania in Africam transire co-
natos esse dicunt iidem illi. Nec si multum mari va-
luissent, nulla eius rei ad nos pervenisset memoria.
Idem de plurimis aequoribus (i. e. insulis in mari

sitis, ut recte interpretes) vastatis iudico. Quod autem est terreno bello, intelligo *quamvis bellum esset terrenum* atque in Italia, terra continenti, gerere-
tur, ut ablativi sint absoluti, non apti sint ex popu-
landi verbo, quod minus recte Dammio placuit. Neque enim certe illud est terrenum bellum, in quo
classis adhibetur.

335. **mira fides** i. e. difficile est ad credendum.
Sic Stat. Silv. 3, 3, 20 *celeres genitoris filius annos
(mira fides) pigrasque putat properasse sorores;*
ibidemque 1, 3, 20 *ipse Anien (miranda fides) in-
fraque supraque saxeus hic tumidam rabiem posuit,* ut non opus sit Burmanni coniecturis, qui mavult aut *vera fides,* aut *mira vides,* aut denique *unum
mira quies vario discrimine portum*, ut omnibus
circa bello ardentibus ac vastatis, in illa insula pax et
quies fuisse dicatur. Quod versu proximo est **tam prope
Romanis, tam procul esse Getis,** hoc ait, Igilium propter propinquitatem perfugium fuisse Romanis, propterea quod remotior esset, non esse invasum
a Getis, imitatus, opinor, Martialem Epigr. 1, 87, 9,
qui de Novio, vicino suo, *nec urbe tota quisquam
est tam prope tam proculque nobis.*

337. **Umbronem.** Flumen est *non ignobile,* quia
navigiorum est capax, ut ait Plin. nat. hist. 3, 5, quod
in montibus circa Senam urbem ortum mediam fere
Etruriam secat. Est autem hic distinguendus ab altero
Umbrone, qui Arno ad dextram accedit. Hodie uterque veteri nomine Ombrone dicitur. Hunc tuto ore
ait excipere naves, cum mare sit procellosum. Nec
enim aut codici nostro, qui, si fides est silentio, *toto
ore* habet, aut Burmanno et Wernsdorfio idem pro-
bantibus credo. Nam nec hoc laudat in Umbrone,
quod nullis arenis impeditus fluat, quod supra v. 274
in Munione vadoso notarat, nec ea hic utitur imagine,
qua Virgil. Aen. 8, 712, ubi Nilus dicitur *pandere si-*

nus et tota veste vocare fugientem Antonium, quod opinatur Wernsdorfius. Unum hoc dicit, tutum esse Umbronis ostium, cum periculosum sit mare. Itaque addit *trepidas* naves et paulo post de procella.

339. pronis-undis. Non intelligo cum Barthio et Wernsdorfio eas, quae ex mari revolvuntur in fluvium, ut commode naves intrent. Nihil enim illud singulare, nec eae dicuntur pronae undae, quae sunt adverso flumine. Eas igitur intelligo, quae non turbantur procella, qua fit, ut fluctus revolvantur. Virgil. Aen. 8, 548 *pars cetera prona fertur aqua segnisque secundo defluit amni.* Quod autem est tam facilis, supple: ut tutus sit etiam in tempestate. Nihil igitur opus est eo, quod a Burmanno excogitatum edidit Kappius, *nam facilis.*

341. hic ego tranquillae volui succedere ripae. Recte Dammius: in terram volui egredi ad pernoctandum, secus Kappius, cum secundum ripam procedere explicaret, coniiciebat *hinc ego tranquillae.* Saepe autem succedere, dativo iunctum, est accedere ad aliquid. Ne Liviana afferam *succedere muro, vallo,* Virg. Aen. 3, 276 *parvae succedimus urbi,* et de appellendo ad litus idem Aen. 7, 213 *nec fluctibus actos atra subegit hiems vestris succedere terris.* Ut autem hoc potissimum loco pernoctare vellet, movit Rutilium, quod haud procul ab litore viae Aureliae, quae ibi proxime ad mare accedit, statio est, quae in itinerariis vocatur ad Umbronem.

343. festinantem, non *festinantes,* ut Dammius, Kappius, Wernsdorfius correxerunt. Herus enim est poëta ac dominus navigiorum. Proxime pro eo, quod est *reliquit* in edit. vetustioribus et in codice nostro, recentiores a Dammio editores scripserunt *relinquit,* nolentes, opinor. Nam aequalitatem temporum *relinquit-licet* non videntur secuti esse, cum antecedat *volui-sequor.* Totum autem hunc versum Castalio vidit

ex-

expressum esse ex Virg. Aen. 3, 568 *intcrea fessos ventus cum sole reliquit.*

345. noctis requiem metamur i. e. locum ad requiem, ad pernoctandum, ut Ovid. Met. 4, 642 *hospitium requiemque peto;* ibidemque 8, 629 *mille locos adiere locum requiemque petentes.* Metandi verbum sumptum a re castrensi, ut Plin. nat. hist. 6, 32 *Scenitae- a tabernaculis cognominati, quae ciliciis metantur.* Videtur autem pernoctasse poëta inter Almam et Pecoram fluvios, quo certe loco et litus est arenosum et silva etiamnunc permulta, myrti an aliarum arborum, nescio. Sed *litora myrtus amat,* ut ait Martial. Epigr. 4, 13, unde ipsa vocatur *litorea* ab Ovid. Amor. 1, 1, 29.

347. parvula subiectis-erat. Explicavit hunc locum I. F. Gronovius ad Senec. Thyest. 54, quamquam non laudo, quod emendavit *subrectis* pro ea, quod est *subiectis.* Non confero Virg. Eclog. 10, 74 *quantum vere novo viridis se subiicit alnus,* quem locum minus recte comparavit Wernsdorfius, sed Caesarem bell. Gall. 4, 17 in descriptione pontis in Rheno facti *ac nihilo secius sublicae et ad inferiorem partem fluminis obliquae agebantur, quae pro pariete subiectae et cum omni opere coniunctae vim fluminis exciperent.* Culmen autem sive columen est proprie trabs in summo aedificio posita, unde cetera ligamenta tecti apta sunt, quemadmodum in piscibus a spina dorsi maiore reliquae proficiscuntur. Facta nimirum erant tentoria in formam maxime graecae literae A, ut remi proni ac fastigati in terram defixi contra se invicem procumberent, insuperque immisso culmine distinerentur. Quod autem est *subito culmine,* recte Wernsdorfius explicat *cum culmen subitarium faciendum esset.* Nam Barthii coniectura *subito culmina,* quamvis ingeniosa, non est necessaria.

351. Ilva. Imitatur Virgilium Aen. 10, 174 sic de Ilva dicentem: *insula inexhaustis Chalybum generosa metallis.* Graece est Aethalia, hodieque celebratissima. Portus eius, antiquitus Argous, hodie porto Ferraio, a litore Populoniensi duodecim maxime passuum milia abest. Comparat autem cum ferro Hvae primum Noricam-glebam i. e. terram ferri feracem, quae in Noricis metallis effoditur, de qua narrant Strabo 5, 1, 8; Plin. nat. hist. 34, 41; Horatiusque Carm. 1, 16, 9 *Noricum ensem* laudat.

353. Biturix largo potior strictura camino i. e. non plus ferri effoditur in Biturigibus. Is autem populus in Aquitania est prope Arvernos ad Ligerim. Vide Strabon. 4, 22; Caesar. bell. Gall. 7, 22 et 3, 21. *Strictura* est ferrum in fornace decoctum et per malleum in massam coactum; *caminus* graeca vox, latine *fornax,* ut docet Serv. ad Virg. Aen. 3, 580. Nec vero Ilvae ulla proprie erat strictura, siquidem praeter antiquissima tempora (Diodor. 5, 13) nec erant nec sunt hodie ibi officinae ferrariae. Nam deest silva, qua ferrum excoquatur; itaque ad liquefaciendum in litus Poploniense traiicitur. Vide Strabon. 5, 2, 6 et Serv. ad Virg. Aen. 10, 174.

354. quae Sardonico cespite massa fluit. Fuerat antea in editionibus veteribus *Sardonio,* dum Graevius in eo metri vitium deprehendere sibi visus est, immerito quidem, quod Santenius in supplementis edit. Wernsdorfianae Graecorum scriptorum locis demonstravit, cum posset latino Prisciani Perieg. 85 *inter Sardonium pelagus Celtumque refusi.* At editores certe a Burmanno omnes, Heinsio ad Claud. bell. Gild. 508 et ad Nemesiani Eclog. 4, 53 obsecuti, scripserunt *Sardoo,* ut supra est v. 296 *Sardoam-fugam.* Nos codicis auctoritatem non deserimus; item enim Sardonicum, quod a Sardinia proficiscitur, dicit Salv. Massiliens. de gubernat. dei 7, 1 extr. Difficilius est

de ipsa re iudicare. Nemo enim usquam veterum ferrum Sardiniae commemorat. Ferax erat insula frumenti
et prioribus temporibus et hac aetate (cf. Gothofred.
ad Theod. Cod. 9, 40, 3); item montes eius divites argenti esse ait Solin. c. 11, atque Sidon. Apoll. Carm.
5, 49 *Sardinia argentum, naves Hispania defert,*
ut hoc loco argentum Sardiniae cum ferro Ilvae comparari putet Gothofr. ad Theod. Cod. 10, 19, 6. Quod
non probo, vel quia *massa,* nisi quae ferri est, non
fere dicitur. Itaque iis acquiesco, quae hodie esse
narrantur. Sunt autem sex ferri fodinae in Sardinia,
unde et plurima et optima metalla proveniunt, ac
plura etiam caperentur, si vel studiosius vel diligentius
ei rei opera daretur. Vide Hoerschelmanni descriptio-
nem Sardin. p. 363. Atque etiam ex veteribus temporibus tamquam vestigium quoddam ferri in Antonini
itinerario (p. 80 ed. Wesseling.) locum quendam com-
memorari inveni, tredecim milibus supra Caralim urbem situm, cui nomen *Ferraria* datur, unde, opinor,
etiam hodie promontorium quoddam in eadem insulae
parte situm vocatur Capo Ferraio. *Cespitem* recte
Wernsdorfius terram, unde ferrum excoquitur, intelligit, ut v. 352 est *Norica gleba.* Quod enim Barthius
terram ad solem arefactam et pro lignis ustam interpretatur, homo suae patriae mores sine causa ad alie-
nas terras transtulit. Idem versu 355 coniecit *ferri fecunda cicatrix,* quod vix potest intelligi. *Creatrix*
autem imprimis fecunda erat Ilva, quod ferrum putabatur succrescere, ut narrat Strabo 5, 2, 6.

356. Tartessiaci-Tagi. Tagum aurum secum
ducere frequens apud veteres fama est. Vide Plin.
nat. hist. 4, 22, 35. *Tartessiacus* autem nominatur,
quod in mare occidentale effunditur. Tartessus enim
antiqua, de qua ipsi veteres dubitant, sive Gades fuit,
sive Carteia, sive alio quo loco, ad Oceanum certe
sita fuit. Itaque Lucan. 3, 99 et 6, 1 et 10, 638 so-

lem *in mare Tartessiacum* abdi ait, item Ovid.
Met. 14, 416. De Tago autem sic dixit Claudian. in
Ruf. 1, 101 *non Tartessiacis illum satiavit arenis*
tempestas pretiosa Tagi.

357. aurum letale. est, quod per cupiditates,
quas excitat, multorum hominum caedes inter se affert,
non, ut Wernsdorfius ait, quod est perniciosum, pestife-
rum; nunquam enim sic dicitur *letalis*. Rectius Burmannus, ut illam sententiam efficeret, frequenti com-
mutatione scribi maluit *fatale*. Quod autem dicit
materies-vitiis parandis i. e. quasi emendis ac com-
parandis (quod enim Burmannus corrigebat *vitiis pa-*
trandis, falsum esse apparet), Horatium videtur imitari, qui Carm. 3, 24, 49 aurum *summi materiem*
mali vocat, alterumque similem locum affert Wernsdorfius Sulpicii Luperci (Poët. Lat. Min. T. III p. 235),
ubi aurum *ferale pretium et turpis materies scele-*
ris dicitur.

359. aurea legitimas expugnant munera
taedae sqq. Nuptas mulieres (eas enim significant
legitimae taedae) auro *expugnari* ait, i. e. corrumpi,
solito in re amatoria vocabulo, ut Propert. 4, 12, 9 *haec*
etiam clausas expugnant arma pudicas: Cic. p.
Cael. 20, 49 *utrum hic tibi adulter an amator ex-*
pugnare pudicitiam an explere libidinem voluisse
videatur; Horat. Carm. 3, 15, 9 *filia rectius expu-*
gnat iuvenum domos. Virgines autem auro corrumpi
Danaës exemplo demonstrat. Ad eam enim pertinet
aureus imber, cuius specie Iupiter eam vicit. Nec tamen propterea scribendum est *aureus imber init,* quod
Schradero placebat. De totius autem loci sententia
conferendus imprimis Horat. Carm. 3, 16 init., qui de
auro dicens et Danaës fabulam commemorat et addit
diffidit urbium portas vir Macedo-muneribus, Phi-
lippum, Macedonum regem, designans, de quo Plutarch.
in Aemilio Paullo 12 ἐρρέθη, ὅτι τὰς πόλεις αἱρεῖ τῶν

Ἑλλήνων οὐ Φίλικκος, ἀλλὰ τὸ Φιλίκκου χρυσίον. Eun-demque versu insequenti a Rutilio, Horatium imitante, significari arbitror.

362. ambitus est hoc tempore, si qui suffragiis eorum, qui gratia apud principem valent, clam pecunia corruptis honores a principe assequi student. Ea nimirum sola ratio comitiis sublatis relicta erat. Vide potissimum Gothofredum ad Theod. Cod. 9, 26, 1. Ac sub Arcadio quidem initio fuerat ambitus per Rufinum et per Eutropium, si fides est Claudiano in Rufin. 1, 179 *profert arcana, clientes fallit et ambitos a principe vendit honores*, in Eutrop. 1, 196 *quicquid se Tigris ab Huemo dividit, hoc certa proponit merce locandum, institor imperii, caupo famosus honorum.* Postea coёrcitus est lege, quae est in Theod. Cod. 9, 26, 1. Honorium autem, ut imperare coepit, protinus ambitum sustulisse ait Claud. III cons. Hon. 186 *cumque suo demens expellitur ambitus' auro. Non dominantur opes, non corrumpentia sensus dona valent: emitur sola virtute potestas;* id. Stilich. 2, 114 *ambitio, quae vestibulis foribusque potentum excubat et pretiis commercia pascit honorum, pulsa simul.*

364. vivendi prima-via. Nam primi homines aetate aurea, quos *semideos* vocat, cum *Martem ferratum* i. e. bellum ferro gerendum nondum nossent, vitam a feris ferro tuebantur, ut ipse deinde explicat. Nec enim recte Wernsdorfius agro ferro culto primam vivendi viam inventam esse dicit; nam primi homines a poëtis agro abstinuisse narrantur.

367. humanis manibus-manus. Ludit in voce *manus.* Nam et a natura habet homo *manus* et arte sibi parat *alias*, nimirum *ferrea tela.* Notabilis antem usus verbi *sufficiendi*, quod est aliquando *adesse, praesto esse, suppetere,* ut Ovid. Met. 4, 586 *illa quidem vult plura loqui-nec verba volenti sufficiunt.* Hoc

igitur dicit: *humanis manibus inermis*, i. e. nisi armatae sint, *non sufficit usus*, vel humanae manus, nisi armatae sunt, nisi tamquam alias quasdam manus habent ferrea tela, non sufficiunt ad usum.

370. vile celeuma. Duo genera cantuum, quibus in remigando nautae utantur, esse docet Schefferus de milit. naval. libr. III c. 1 p. 180, unum κέλευσμα, clamorem vel carmen (Mamert. Panegyr. Max. Aug. 12, 7) nauticum, quo remiges ab hortatore modo incumbere remis, modo remittere iubeantur, alterum, quae symphonia nominetur, cantilenam prolatam voce, saepe etiam cum instrumentis musicis editam. Lege eundem libr. IV p. 304, Meycrum ad Adami syntagma antiquit. Rom. Tom. II p. 157, Drakenborch. ad Sil. Ital. 6, 361, Savaronem ad Sid. Apoll. Ep. 2, 10. Ille hortator hic intelligitur. *Vile* quod celeuma vocat, Barthio ex causa erat, ut Christianos hic carpi putaret. Cum enim Sidon. Apoll. Ep. 2, 10 suo tempore in remigando a nautis alleluia cani solere significet, vile dici ait, quod poëta christianum cantum aegre tulerit. At *vile* est tritum, vulgare. Scripsimus autem 'celeuma propter codicem et editionem principem. Sic est apud Ascon. in Cicer. divinat. 17, 55. Sed etiam *celeusma* bonum et graece et latine, ut apud Martial. 3, 67, 4.

371. vicina Faleria. Falesiam nominat Itinerarium maritimum, quae forma quoniam magis cum hodierno loci nomine Falese sive Felese convenire videbatur, inferebatur huc ab Hieronym. Surita ad Anton. Itin. marit. p. 501 (ed. Wesseling.) et a Dempstero in Etrur. regal. 4, 12, nulla idonea causa, quod iam Wesselingius l. l. intellexit. Nam saepe *r* et *s* commutantur. Vide Schneideri gramm. lat. Vol. I p. 342. Erat autem hic portus medio aevo non infrequens, hodie terra oppletus inutilis est, propter vicinitatem stagni, opinor, de quo deinde dicit Rutilius. Vide Tar-

gioni. Tozzetti itinera Etrusca Vol. IV p. 240. Quod
autem est lassatum cursum, intellige fessum; nam
v. 349 mane remis se processisse ait. Itaque non probo,
quod Castalio ac recentiores plerique ediderunt *laxa-*
tum-cursum i. e. quem laxiorem, longiorem institue-
ramus, ut Wernsdorfius explicat, pro quo certe debuerat esse *laxandum.*

372. medium Phoebus haberet iter i. e. esset in medio itinere, teneret medium iter, ut ait Ovid.
ex Ponto 4, 9, 24 *densaque quam longum turba*
teneret iter; ibid. 4, 16, 32 *Callimachi Proculus*
molle teneret iter. Itaque non opus est Heinsiano
obiret iter; nec magis indicativo, quem Burmannus
ad Ovid. Met. 2, 417 sic inferebat *agebat iter.*

373. sqq. Osiridis festa describit antiquitus ab
Aegyptiis ad Romanos translata. Quamquam, dum libera fuit respublica, non admissa sunt, sed coepta a
privatis publice prohibita an. 219 et 56 a. Chr. Sed
post proelium Mutinense anno 43 Octavianus et Antonius Isidis et Osiridis templum dedicarunt, tertiaque
urbis regio Isidis appellata est. Vide supra ad v. 49.
Nec Romae modo, sed per totum imperium frequen-
tem fuisse eius cultum ostendunt inscriptiones apud
Orell. Vol. I p. 338 sqq. De ipso Osiride nihil dicam, de quo cum multi multa doceant, acquiescam iis,
quae breviter, sed apte disputata sunt in Nitzschii lexico mytholog. Vol. II p. 387 sqq. Hoc constat, eius
numen gignendo praeesse, quare cum semina in terram conduntur, moritur, ubi ea ex terra proveniunt,
renovatur. Eius igitur festa celebrabant pagi, quos
notum est diutissime vetera sacra retinuisse, ut paganorum nomen omnium fieret commune, qui antiquos
deos colerent. Recte etiam confert Castalio Horat.
Carm. 3, 18 *vacat otiosus cum bove pagus;* Ep. 1,
1, 49 *quis' circum pagos et circum compita pu-*
gnax magna coronari contemnat Olympia?, addit-

que Wernsdorfius Horat. Ep. 2, 1, 139 sqq. Quod autem
eos ait sacris pectora fessa, labore rustico et con-
serendis agris fatigata, iocis mulsisse, ipsum hoc intellige, quod dixit. Nam sacrificari quidem ceterosque ritus sacros adhiberi dudum imperatores vetuerant,
nuperrime Honorius lege, quae est in Theod. Cod. 16,
10, 17. Festos tamen conventus civium et communem
omnium laetitiam, etiam convivia festa permiserant.
Cum autem versu 373 in editione principe esset *fagi*,
recte emendavit Castalio, Simlerus *vagi* scribens metro lapsus est, Kappius vero *facti* edidit atque hoc
distichon ei, quod insequitur, postponi malebat. Idem
pro eo, quod est *et tum*, corrigebat sine causa *nam tum.*

377. egressi villam-vagamur. Quae villa fuerit, nescitur; nam quod Vetulonios esse dicit Cluverius in Ital. antiq. p. 472, ea urbs supra Populoniam
sita eo fere loco, quo hodie sunt turres duae, quarum
uni veteri, alteri novae nomen est, longius aberat. Nec
lucum, quem poëta dicit, quamquam superest, vocari
puto Vetletta. Proximam autem ei loco, quo antiqua
erat Faleria, medio aevo celebrem quandam S. Iustiniani abbatiam, conditam anno 1022, fuisse, nec procul alterum monasterium S. Bartholomaei abfuisse docuit Targionius in itin. Etrusc. Vol. IV p. 251. Illud
autem, quod Dempsterus in Etrur. regal. 4, 12 et Burmannus coniecerunt atque mihi probatum est in Observat. p. 109, inveni iam etiam in codice Vindob.,
cum in editione principe esset male *petimus lutoque
vagamur.* Aliter Barthius et Dammius scripserunt
ludoque, i. e. ludendo, ludentes, *vagamur,* Wernsdorfius *ludoque vacamus* i. e. ludo nos damus, Heinsius denique ad Ovid. Met. 13, 903 coniiciebat *late-
que vagamur.* Quam autem rectum sit *lucoque vagamur,* inde apparet, quod v. 385 eo maxime nomine
ab Iudaeo increpatur, quia *frutices vexavit,* quod
certe nisi ambulando per lucum fieri nequibat.

678. stagna-septo deliciosa vado. Prope Falesiam mare ingens stagnum efficit, in quo hoc mirum
erat, quod aquae calidae, quae ex solo scaturiebant,
fecundissimae tamen erant piscium. Narrat Plin. nat.
hist. 2, 103 *Patavinorum aquis calidis herbae vi-*
rentes innoscuntur, Pisanorum ranae, ad Vetulo-
nios in Etruria non procul a mari pisces. Idemque hodie earum aquarum proprium esse testatur Cluverius in Ital. antiq. p. 473, unde appellentur le Cal-
dane. Romani autem, dum naturam loci in volupta-
tem suam convertunt, aqua marina in piscinas sive
stagna coacta, vivaria effecerant, in quibus pisces ale-
rentur. *Deliciosa* igitur Rutilius stagna vocat, quae
piscium delicias alant. Nam quod vir quidam doctus
in Miscell. observat. III, 3 p. 366 coniecit *desidiosa,*
propterea laudari non posse stagna apparet. Versu
insequenti cum Schradero et Wernsdorfio necessarium
esse putavimus *intra,* quamvis et codex noster et editiones ceterae omnes *inter* habeant. Illud vero sper-
nendum, quod v. 390 Dammius et Kappius scripserunt *unda facit.* Ad *ludendi* verbum illustrandum
confert Burmannus Terent. Adelph. 3, 3, 23 *congrum*
istum maximum in aqua sinito ludere paulisper.
Adde Cicer. in Arateis 328 *exin squamigeri serpen-*
tes ludere pisces; Virg. Aen. 5, 594 *Delphinum si-*
miles, qui per maria humida nando Carpathium
Libycumque secant luduntque per undas; Serv. ad
Virg. Aen. 8, 632.; Ovid. Met. 3, 685 *inque chori lu-*
dunt speciem, lascivaque iactant corpora.

382. hospite conductor dirior Antiphate.
Non satis recte Savaro ad Sidon. Apollin. Ep. 5, 17
conductorem interpretatur hospitem sive stabularium,
nec id propter hospitem Antiphatem, qui contra ponitur, necesse est. Quamquam hoc potest fuisse, ut Iudaeus
ille cum agro etiam tabernam villae eius, quae commemoratur v. 377, conductam haberet. Solebat enim saepe

fieri, ut eae villae, quae ad viam adiacerent, cauponas et tabernas deversorias haberent, in quibus et vinum et ceteri fructus agrorum venirent. Cf. Bekkeri Gallum Tom. I p. 231. Nec tamen hinc colligi licet, quae sententia est Wernsdorfii, agrum illum fuisse publicum. Nam conductores etiam privatarum possessionum fuisse docet Gothofred. ad Theod. Cod. 2, 30, 2. Nihil autem certe aptum est, quod Heinsius emendabat *convictor*. Scripsi deinde *dirior Antiphate*, secutus Drakenborchium ad Sil. Ital. 14, 126. Nec enim certe *durus* erat Antiphates, cum hospites eccisos devorabat, sed dirus et saevus et barbarus, atque de eo Sil. Ital. 14, 33 *post diri Antiphatae sceptrum et Cyclopia regna;* idemque 14, 126 *regnatam diro quondam Laestrygone terram.* Antiphatae vero fabulam pete ex Homero Odyss. 10, 80 sqq. et Ovid. Met. 14, 234 sqq.

384. humanis animal dissociale cibis, quia Iudaei carne suilla abstinent, ut Rutilio ne homines quidem esse videantur. Nam plurimum Romani carne suilla utebantur. Quare Aurelianus imperator publice pop. Rom. carnem porcinam distribuit, ut narrat Vopiscus in Aurel. 35 *Aurelianus et porcinam carnem populo Romano distribuit, quae hodieque distribuitur.* Cf. etiam Gothofredum ad. Theod. Cod. 14, 4; Pancirolum ad Notit. dignit. Occid. c. 12. Etiam Iuvenal. 14, 98 de Iudaeis: *nec distare putant humana carne suillam.* Tac. Hist. 5, 4. *Dissociale* autem quod est, usitatius erat *dissociabile;* illud haud scio an in latinitate sit ἅπαξ λεγόμενον.

385. pulsatas imputat algas. Heinsius emendat *calcatas computat algas.* Quasi vero alga, quae in stagnis erat, *calcari* i. e. pedibus teri potuerit. Nec computatur alga, tamquam ratio quaedam sit, sed recte imputantur frutices ex silva decerpti et alga baculo turbata.

389. radix stultitiae. Quid autem stulti, Ru-

tilii quidem opinione, provenit ex Iudaeis? Christiani,
opinor. Nam eos aperte designat versu 395 sqq. Iis
sabbata-cordi sunt, frigida illa quidem, quia nihil
iis serii agere Iudaeis fas est. Nam, ut ait Sidon. Apoll.
Carm. 5, 549 *otia frigus habent,* unde frigora ipsa
pigra appellantur constanti epitheto, ut apud Tibull.
1, 2, 29 *non mihi pigro nocent hibernae frigora
noctis.*

391. septima quaeque dies turpi damnata
veterno. Idem in Iudaeis vituperari annotant interpretes ab Ovidio Art. am. 1, 415 *quaque die redeunt,
rebus minus apta gerendis culta Palaestino septima festa Syro,;* Iuvenal. 14, 105 *cui septima quaeque fuit lux ignava et partem vitae non attigit
ullam.* *Veternus* autem proprie est morbus, qui in-
festat cerebrum et memoriam simul ac rationem aufert inevitabilemque dormiendi necessitatem adducit.
Poëtae sic quamvis pigritiam vocant, ut Virg. Georg.
1, 124 *nec torpere gravi passus sua regna veterno.*
Quod autem est *turpi-veterno,* accipe ablativo casu.
Is enim in deteriore latinitate damnandi verbo non raro
additur. Ne de nota illa dicendi formula *votis damnari*
dicam, Senec. Ep. 91 *mortalium opera mortalitate damnata sunt;* id. Ep. 71 *humanum genus-morte da-
natum est;* id. de vita beat. 23 *nemo sapientiam pau-
pertate damnavit;* Ovid. Met. 3, 335 *aeterna damnavit lumina nocte;* Claud. in Prob. et Olybr. coss. 170
glacieque niger damnabitur Ister; idem. Idyll. 4, 17
loca continuo solis damnata vapore; Gigantom. 59
paribus damnata sepulchris. Apud Lucret. autem
4, 1179 scribendum esse arbitror *stultitiaeque ibi se
damnet,* gen. casu, non *stultitia.* Saepe etiam dativus additur, sed apud poëtas tantum, pro praepos.
ad vel *in,* maxime ubi locus significatur vel loci aliquid simile. Lucret. 6, 1230 *morti* (i. e. *ad mortem,*
ut ait Tac. Annal. 16, 21) *damnatus ut esset;* Virg.

Aen. 4, 699 *Stygioque caput damnoverat Orco;* Ovid. art. am. 2, 387 *nec mea vos uni damnat censura puellae;* Sil. Ital. 5, 242 *nisi quem deus ima colentum damnasset Stygiae nocti;* id. 15, 557 *damnavi tumulis Poenorum atque ossibus agros;* id. 15, 76 *degeneres animas tenebris damnavit Avernis;* Claud. in Prob. et Olybr. coss. 43 *nec tenebris damnavit opes;* id. in Ruf. 395 *altorumque exul nemorum damnatur arenae muneribus* i. e. ad bestias; id. rapt. Proserp. 3, 212 *de matre queri, quae tale recessu* (i. e. recessui, ad recessum) *maluerit damnare decus.* Cf. Ruddimann. Institut. gramm. lat. II p. 166.

393. mendacis catastae. Catasta pulpitum est, in quo servi venales prostant, qua in re notum est multa fieri mendacia et mangonum et servorum ipsorum. Itaque hic suggestum illum, unde, qui Iudaeorum ac Christianorum sacris praesunt, diebus festis concionari solent, contumeliose catastam nominare videtur. Sic enim cum Burmanno interpretari malo, quam Dammium Wernsdorfiumque secutus catastam intelligere hominem catasta i. e. servitute dignum, servilis ingenii, quae significatio nusquam reperiri videtur.

394. nec pueros omnes i. e. ne puerum quidem ullum, ut meliores scriptores dicunt. Et hoc quidem, quod est *nec* pro eo, quod est *ne-quidem,* huic aetati commune esse docuit Madvigius in Excursu III ad Ciceron. de fin. Sic infra v. 446 *nec bona posse pati.* Illud, vero insolitum, quod *pueros omnes* dixit. Imitatur autem h. l. Iuvenal. 2, 152 *nec pueri credunt, nisi qui nondum aere lavantur.*

398. victoresque suos natio victa premit. Apte Barthius confert, quod Horatius ait de Romanis Ep. 2, 1, 56 *Graecia capta ferum victorem cepit.* Paulo ante, quod est *excisae pestis,* minuit vim sententiae Dammius, cum *excisae gentis* edidit.

399. adversus surgit Boreas. Virgilii est imitatio, qui ventos·flare incipientes surgere dicit Aen. 3, 130 *prosequitur surgens a puppi ventus euntes;* ibidemque 3, 481 *et fando surgentes demoror austros,* quem locum Avianus fab. 16 imitatus est: *ast ego surgentes paulatim demoror austros.* Nec tamen ideo etiam id, quod insequitur remis surgere certamus, expressum credo Dammio et Wernsdorfio ex iis, quae sunt apud Virgil. 3, 207 *vela cadunt, remis insurgimus: haud mora, nautae annixi torquent spumas et caerula verrunt;* ibidemque 3, 560 *pariterque insurgite remis;* Valeriumque, Virgilii imitatorem, 2, 13 *remis insurgitur,* quod ad nautas in remos incumbentes pertinet, qui, ut ait Lucan. 3, 543, *in transtra cadunt et remis pectora pulsant.* Est enim hic *surgere remis* remigando in mare provehi ex statione. Nam differt surgere et insurgere. Simul autem pro eo quod est, cum tegit, scripserunt *dum tegit,* necessario illi quidem, ut tam diu poëtam navigasse significarent, quam lux esset. Ego vero tueor, quod in codice est. Paulo enim ante meridiem Faleriam appulsus aliquotque ibi horas versatus vergente iam die ad occasum abiit proximeque sitam Populoniam petiit, ut non sine causa addat diem astra texisse, cum abiret, eadem locutione usus, qua Lucan. 8, 202 *ostendit Titan terras et sidera texit.*

401. proxima Populonia sive Populonium sive Populonii, urbs Etruriae, antiquissimis temporibus satis magna ac potens, siquidem de ea Virg. Aen. 10, 173 *sexcentos illi dederat Populonia mater expertos belli iuvenes.* Neque sub Romanorum imperio minuebatur, dum bello Sullano ex proscriptis nonnulli eo confugerunt strenueque se defenderunt, quo tempore maxima pars urbis diruta esse videtur. Nam Strabo 5, 2, 6 de ea sic ait: τὸ Ποπλώνιον ἐπ' ἄκρας ὑψηλῆς ἵδρυται κατερρωγυίας ἐς τὴν θάλασσαν καὶ χερρονησιζούσης. Τὸ μὲν

οὖν πολίχνιον κᾶν ἔρημόν ἐστι πλὴν τῶν ἱερῶν καὶ κατοικιῶν ὀλίγων, τὸ δ'ἐκεῖνον οἰκεῖται βέλτιον πρὸς τῇ ῥίζῃ τοῦ ὄρους λιμένιον ἔχον. Itaque quam Rutilius hic Populoniam vocat, navale proprie urbis erat (nec enim ipsa post restituta est), quod hodie quoque incolitur (porto Baratto). Portus autem perexiguus est, ut Italus quidam non multo eum maiorem esse dicat quam forum sanctae Crucis Florentiae (vide Targion. Tozzett. Tom. IV p. 265), sed securus tamen, quia in sinu maris est, quem litus longe in terram recedens efficit, quare poëta naturalem dicit. Quod autem v. 407 castellum dicitur, antiquitus urbs ipsa erat, quam castello munitam fuisse Strabo l. l. significat. Atque qui hodie eas regiones viserunt, moenia, quae supersint, ex ingentibus saxis quadratis constare narrant, simillima operi Cyclopio, quod Volaterris sit. Ad Etrusca igitur prisca tempora, quibus Populonia una ex duodecim foederatis urbibus Etruriae erat, refero, quod Rutilius v. 403 *vetustatem* et v. 409 *aevum prius* dicit et *grandia* moenia vocari puto, quae saxo illo quadrato extracta sint. Cf. Targion. Tozzett. l. l.; C. O. Müller. Etruscis.

408. praesidium terris indiciumque fretis, ut id castellum urbem defenderet et ab hostibus, et, dum procul ex mari conspicitur, navium cursus regeret. Illud explicat Strabo 5, 2, 6, qui de urbibus Italicis ad mare sitis sic narrat: οἱ κτίσται προσβάλλοντο ἐρύματα πρὸς αὐτῆς (τῆς θαλάττης), ὥστε μὴ λάφυραν ἐκκεῖσθαι τοῖς ἐπικλεύσασιν. De altero ignotum fuisse significat priscis illis temporibus, pharo uti, i. e. turri ad cursus navium etiam noctu regendos ignibus instructa, qualis Alexandriae fuit, a qua, ut scribit Solinus 32, *machinae in portubus ad praelucendi ministerium aedificatae phari deinceps apud omnes gentes appellari coeptae sunt.* Hoc illis suffecisse ait, ut interdiu naves haberent, quod sequerentur.

412. ruderibus latis i. e. late patentibus, ut Virg. Aen. 8, 8 *undique cogunt auxilia et latos va-stant cultoribus agros;* id. Georg. 4, 522 *discerptum latos iuvenem sparsere per agros;* Ovid. Met. 10, 477 *latosque vagata per agros.* Itaque non opus est eo, quod Barthio ac Dammio auctoribus ediderunt omnes *ruderibus late,* nec eo, quod Kappius coniiciebat *ruderibusque altis,* quod ne aptum quidem est, quoniam rudera sunt, quae iacent, non quae stant atque in altum eriguntur.

413. non indignemur sqq. Eandem sententiam expressit Auson. Epigr. 35, 9 *miremur periisse homines? monumenta fatiscunt; mors etiam, saxis nominibusque venit;* similiaque sunt apud Servium ad Ciceronem (Ep. 4, 5, 4) *hem! nos homunculi indignamur, si quis nostrum interiit aut occisus est, quorum vita brevior esse debet, cum uno loco tot oppidum cadavera proiecta iaceant?* Quos locos cum comparasset Castalio, non sufficiebat sententiae similitudo; ut verba etiam exprimerentur, Dammius ceterique scripserunt *nos indignemur-solvi?,* Heinsius vero *neve indignemur.* Cf. ad v. 32 et 269.

415. crebrescit fama i. e. frequens esse coepit in auribus nostris. Verbum est Virgilianum, usurpatum deinde a Tacito, ut Hist. 4, 12 *crebrescit fama cladis Germanicae;* ceterisque eiusdem aetatis scriptoribus. Quod autem v. 418 *delatam* esse ait praefecturam urbis Ruffo, ne de ipso munere iam inito accipi possit, facit Theod. Cod. 14, 10, 4, quae lex prid. Id. Dec. a. 416 ab Honorio ad Probianum quendam, praefectum urbi, data est. Designatum igitur puto Rufium ad praefecturam, quam post demum gessit. Paulo post quod codicem secuti scripsimus *cognoscimus,* rectius videtur esse, quam quod antea vulgabatur *cognovimus.* Utendum enim est eo tempore, quod constanter hoc loco posuit.

419. verum nomen i. e. Volusiani, quod cum tres primas syllabas corripiat, cum hexametro non convenit. Dicit enim de Ceionio Rufio Volusiano, de quo supra ad v. 167 explicatum est. Quod Castalio emendabat *veterum nomen* i. e. a veteribus, a veterum stirpe repetendum, falsum esse apparet.

421. Veneris, carissime Rufi. Hoc debet dicere: cum nomen tuum verum, quamvis velim, non possit illud quidem versu hoc comprehendi, cognomen tamen convenit cum versu, atque eo te dudum cano. Verba ipsa tamen, quae nunc quidem leguntur, intelligi nequeunt. Itaque Pithoeus coniiciebat *Veneri carissime Rufi* atque sic edidit Burmannus, Castalio *versans* (i. e. saepe commemorans) *Veneris, carissime Rufi*, Barthius et Schraderus *serva Veneri*. Alii pentametrum emendabant, Burmannus *nullo conclusum* (sive *non ullo clausum*) *pagina nostra capit*, Heinsius in epistola ad Graevium in Syllog. Epistolarum T. IV p. 381 pro eo, quod est *illo te*, *illoto* i. e. rudi et rustico, deinde *invito*, eadem fere sententia, qua *invita Minerva* dicitur. At enim mendi sedes posita est in voce *Veneris*. Quod enim aiunt Veneri carissimum fuisse Rufium, ineptum est, neque Venerium vocatum esse Rufium, ut *Veneri Rufi* vocativo casu coniungatur, aut demonstrari potest aut est verisimile. Ab tota enim Rufii gente Venerii cognomen alienum fuisse demonstravimus in Observat. §. XXI. Recte igitur intellecto eo, quod emendandum esset, non recte tamen Heinsius in ead. Sylloge p. 387 coniiciebat *a teneris carissime Rufi*, nec Dammius et Kappius *cognomen versus servet, carissime Rufi*. Nec Wernsdorfius mihi probavit *cognomen versu veniat, carissime Rufi* i. e. cognomen in versum recipiatur, quoniam *versu* nec pro dativo satis recte accipi potest nec pro ablativo. Quare in contextu nihil malui equidem mutare, quam edere, quod non verum esse appareret.

Diu

Diu tamen ac saepe re pensitata sic scriptum fuisse mihi persuasi *cognomen versu tuleris, carissime Rufi.* Similem autem querelam de nomine Tuticani cum hexametri mensura non conveniente vide apud Ovid. ex Ponto 4, 12.

422. du dum i. e. v. 168. Est enim idem ille *Rufius, Albini gloria viva patris* etc. Quod autem veteres editores ex hoc versu collegerunt, totum hoc carmen Venerio, quem vocabant, Ruflo dedicatum esse vel codicis nostri inscriptio, in qua tale nihil est, refutare poterat. Cf. Observat. §. XXX extr.

423. festa dies-colat. Festus erat dies, quo Rufius Volusianus delatam sibi praefecturam adiit, propter salutantium ac gratulantium frequentiam. Nam amici, qui poterant, ipsi mane salutabant, ceteri per epistolas gratulabantur, ut Symmachus Messalae praetorii praefecturam adepto ep. 91 libr. 7. Ab iisdem munuscula mittebantur, diptycha et apophoretica, vide Symmach. Ep. 9, 119. Nec vero accipiebant solum, sed mittebant etiam munuscula, qui provecti erant ad aliquam dignitatem, ut Symmach. Ep. 2, 81 narrat, filium suum, cum quaestoris munus adisset, amicos suos pugillaribus eburneis et canistellis argenteis honorasse, atque ipsi adeo principi diptychum auro circumdatum obtulisse. Idemque Symmach. Ep. 9, 134 ad amicum quendam se ei solidum unum scribit pro sportula consulatus sui, quem anno 391 gessit, tamquam sollemnia sui officii libamina mittere. Vide copiose de hac re disserentem Gothofred. ad Theod. Cod. 15, 9, 1. Vota autem secunda sunt ea, quae pro felici administratione praefecturae urbis concipiuntur a Rufio, qui est alter quasi Rutilius; nam amico provecto poëta sibi ipse iterum esse provectus videtur.

425. virides rami ornamento adhiberi solent *postibus coronatis,* de quibus modo dixit, diebus festis. Vide Lipsium ad Tac. Anual. 3, 9. Addo Senec. Thyest. 54

10

ornetur altum columen et lauro fores laetae vire-scant; Prudent. in Symmach. 2, 726 *quos spargam flores, quibus insertabo coronis atria?,* Coripp. de laud. Iust. 3, 62 *totam plebs laeta per urbem sacra coronatis ornavit moenia tectis: pratorum spolia-tur honos, nemus omne refertum frugibus et glau-cae frondes rapiuntur olivae. Exornant postes et arundine limina comunt.* In codice autem nostro, quod est emendatum *exornent,* tuetur consensus edi-tionis principis.

426. provecta est i. e. aucta et honorata, ut Plin. Ep. 8, 12 *colit studia, studiosos amat, fovet, provehit;* Tac. Histor. 1, 1 *dignitatem nostram - a Domitiano longius provectam non abnuerim.* Ple-rumque enim addi solet, quo quis provehatur. Formulae autem amicae animae portio magna meae, qua deinde Rufium appellat, similis est v. 493 *Victorinus enim, nostrae pars maxima mentis.* Solent veteres ita animam cum amicis communicare. Ovid. ex Ponto 1, 8, 2 *accipe, pars animae magna, Severe, meae,* Horat. Carm. 2, 17, 5 *te meae si partem animae rapit maturior vis;* id. Carm. 1, 3, 7 *animae dimi-dium meae.* Portionem vitae nominant deteriores au-ctores, ut Symmach. Ep. 3, 66 *si nosse dignaris, quanta sit in domino Flaviano pectoris mei portio;* Sidon. Apoll. Carm. 21, 4 *namque animae nostrae portio maior eras.*

428. rursus honore fruor. Haud dubie signi-ficat, spem sibi fuisse, iterum praefecturam urbis adi-piscendi, qua depulsus est, sive quia gentilium sacra sequebatur, sive aliam ob causam. Cf. Observat. p. 28. Scripsi autem codicem secutus *fruor,* non *fruar,* quod antea vulgabatur. Iam enim iterum sibi frui videtur animo Rutilius amici dignitate.

429. currere curamus velis. Supra v. 399, cum ex portu Faleriae abiret, se propter Boream ad-

versum remis usum esse dixerat et *certasse* surgere;
hic eodem Borea, a quo Aquilo nihil differt, reverso
velis se processisse ait. Ideo Heinsius emendabat *currere certamus* vel *currere conamur*, quibus non opus
est. Ipsum enim curandi verbum significat, non facile,
sed curae ac laboris fuisse velis uti. Eous autem,
cuius *roseum equum* commemorat (cf. infra v. 511) est
Lucifer, ut apud Virgil. Georg. 1, 288 *aut cum sole
novo terras irrorat Eous;* Sil. Ital. 9, 180 *conscia
nox sceleris roseo cedebat Eoo;* eundem 11, 517;
Auson. Ephem. 12.

431. incipit obscuros-levat. Imitatus est Virgilium Aen. 3, 522 *iamque rubescebat stellis Aurora
fugatis, cum procul obscuros colles humilemque videmus Italiam.* *Obscuri* igitur montes sunt, quia
procul absunt nec certo dignoscuntur; *concolor* autem
umbra, i. e. quae parem colorem cum capite montium
Corsicanorum nubibus circumdato habet, *levat caput*
montium i. e. sublime ostendit, facit, ut altiores etiam
montes videantur, quam revera sunt, contra ac Virgilius l. l. *humilem videmus Italiam.* Non recte Dammius concolorem umbram putat esse eam, quae unius
coloris sit, in qua nihil discerni possit, id quod constans usus vocabuli non patitur. *Nubiferum* autem
caput sumpsit ex Virgil. Aen. 4, 248 *Atlantis, cinctum assidue cui nubibus atris piniferum caput;* ex
quo expresserat Sil. Ital. 1, 203 *sidera nubiferum
fulcit caput.* Atque idem 4, 2 *nubiferos montes;*
Claudian. Stilich. 3, 307 *nubiferas Alpes Apenninique recessus,* qui hoc quidem sumpserat ex Ovid. Met.
2, 226 *aëriaeque Alpes et nubifer Apenninus.*

433. sic dubitanda solet sqq. Rursus petiit a
Virgil. Aen. 6, 452 *agnovitque per umbram obscuram, qualem primo qui surgere mense aut videt
aut vidisse putat per nubila lunam,* quae imitatus
est etiam Claud. Idyll. 1, 37 *qualis cum forte tene-*

10°

tur nubibus et tenui vanescit Cynthia cornu. Etiam
Ovid. Met. 2, 226 *cornuaque extremae velut eva-
nescere lunae. Dubitanda* igitur luna est, cuius cornu
est tam exile, ut dubitare possis, viderisne an non
videris, ut in stella Claud. IV Hon. 184 *visa etiam
medio populis mirantibus audax stella die, dubitanda nihil.* Ea luna, etiamsi reperta est, latet
tamen i. e. non certo dici potest, visa sit nec ne, in
quo acumen quoddam quaerit poëta, ut illud, quod
quibusdam placuisse ait Castalio *repente latet*, nec
opus sit, nec aptum esse videatur.

435. haec ponti brevitas **auxit** mendacia famae i. e. fecit, ut falsa fama videretur verisimilis.
Pervertit sententiam loci Castalio, cum emendat *fama.*
Quasi vero illa ponti brevitas fabularum numerum hac
de Corsica insula auxerit. Brevitas autem illa ponti
tanta erat, ut adeo ab ipso litore Populoniensi insulam conspici posse Strabo 5, 2, 7 narret. Fama autem haec ferebat, feminam aliquam Ligurem, bubulci
servam, quae Corsa dicebatur, cum aliquotiens bovem
de armento suo mare transnare auctoque corpore redire animadvertisset, coniecisse, pecus in insulam fer-
tilem traiicere, indicioque facto Liguribus auctorem
fuisse, ut Corsica inveniretur et ab ipsa nominaretur.
Vide Isidor. Orig. 14, 6 et Eustath. ad Dionys. Perieg.
458. Ad illud autem, quod est proximo versu natasse, supple *pontum;* nam videtur hoc fieri posse,
ut accusativus addatur natandi verbo. Certe passive
dicitur apud Ovid. Trist. 5, 1, 23 *quot piscibus unda
natatur;* eund. de art. amand. 1, 48; Martial. 4, 30,
3 *sacris piscibus hae natantur undae.* Corsica autem cum a Graecis semper, a poëtis latinis nonnunquam
appelletur Κύρνος (Plin. nat. hist. 3, 12; in Epigram-
matis, quae Senecae ascribuntur, ante Consol. ad Helv. I;
Claud. de Fl. Mallio Theod. 203; id. de bello Get.
218; Priscian. Perieges. 470) sive *Cyrne,* ut scribendum

esse videtur apud Serv. ad Virg. Eclog. 9, 30, adiectivum
quoque graecum invenitur *Cyrnaeus*, ut apud Virg. Bu-
col. 9, 30 vulgo leguntur *Cyrnei taxi*, rectius *Cyrnaei.*
Non est enim, ut ait Heynius, Κύρνιος, sed Κυρναῖος,
Steph. Byz. auctore. Atque ita editur in Epigr. Senec.
de exilio suo 6 *at mea Cyrnaeae saxis telluris ad-
haerens mens tecum est,* edendum est apud Claud. de
Stilich. 3, 314 *Cyrnaeis Siculisque iugis.* Cf. infra ad
v. 516.

439. processu pelagi i. e. postquam processi-
mus in pelago, Capraria sive Caprasia, hodie Ca-
praia, graece Αἴγιλον, conspicitur, quae sita est adversa litori Populoniensi. Eam a capreis feris, quas
plurimas alebat, vocatam esse et nomen ipsum indicat
et testatur Varro de re rustic. 2, 3. Quod Rutilius
narrat insulam refertam fuisse monachorum multitudine, confirmat Orosius 7, 36, qui Mascezilem, ducem
belli Gildonici, quo maiore cum fiducia rem gereret,
inde sanctissimos aliquot servos dei secum duxisse ait.
Ibidemque monachos commemorat Sanct. Gregor. Epist.
4, 60 et Augustini ep. 48 data est ad Eudoxium, eorum abbatem. Squalere autem ait insulam, quia mo-
nachis, sordidis atque otiosis hominibus, referta est.
Hoc enim valet *squalere*, refertum esse rebus sordidis
ac tetris, nec Wernsdorfium probo, qui squalere h. l.
explicat incultam, sentibus ac dumis obsitam iacere (nam
herbas, quibus monachorum multitudo ali posset, certe
ferebat), nec totam verbi sententiam assecutus est Sal-
masius ad Tertull. de pallio p. 69, qui squalere ad
solas monachorum sordes refert.

441. monachos Graio cognomine sive nomine,
ut Virg. Aen. 3, 163 *est locus, Hesperiam Graii cognomine dicunt;* id. 8, 48 *Ascanius clari condet cognominis Albam;* Propert. 5, 1, 69 *sacra diesque ca-
nam et cognomina prisca locorum;* Claud. in Eutrop. 2, 242 *gens una fuere tot quondam populi,*

priscum cognomen et unum; id. bell. Get. 555 *per-*
venit ad fluvium miri cognominis Urbem. Atque *co-*
gnomentum saepe pro ipso nomine apud Tacitum invenitur.

443. munera fortunae metuunt i. e. uti fortunae muneribus nolunt, dum verentur damna animo-
rum, in quae fortunati solent incidere, ne quod san-
ctitatis detrimentum fortunae afferant.

444. quisquam sponte miser. Sensus est: estne
verum, estne credibile quemquam sponte sua miserum
esse, ne forte miser fiat? Haeserunt tamen partim in
defectu verbi substantivi, partim in particulae defectu.
Burmannus cum Almeloveenium secutus edidisset *quis-*
quam est sponte, in notis emendabat *quis fit* vel
quisnam est, quod utrumque sententiam negativam
huic loco aptissimam pessumdat. Heinsius coniiciebat
quisquam an sponte, parum recta sententia, quoniam
cum modo dixerit, esse aliquos, qui munera fortunae
metuant, sequi nequit: *an* quisquam est miser?, Crusius in Probab. crit. p. 60 *quisque est sponte* i. e.
omnes monachi sponte miseri sunt. Quaeritur igitur,
num sint loci, ubi *quisquam est?* pro eo, quod debuerat esse quisquamne est?, dicatur. Sic sane est apud
Virg. Aen. 10, 65 *Aenean hominum quisquam dicom-*
que subegit bella sequi, aut hostem regi se inferre
Latino?; Ovid. ad Liviam 7 *et quisquam leges audet*
tibi dicere flendi? et quisquam lacrimas temperat
ore tuas?; eund. remed. 523 *et quisquam praecepta pot-*
est mea dura vocare?; eund. Amor. 3, 3, 33 *et quis-*
quam pia tura focis imponere curet? Similia autem
sententiarum acumina, ac quo hic poëta usus est, interpretes attulerunt ex Martial. 2, 80 *hic, rogo, non*
furor est, ne moriare, mori; Claud. de Stilich. 1,
341 *ne timeare, times.*

446. nec bona i. e. ne bona quidem, ut supra
v. 394 *nec pueros omnes.* Stulti sunt monachi, quia,

dum, quae in vita mala sunt, timent, ne quae bona
quidem in ea sunt, admittere, ferre volunt, sed in
solitudinem secedunt. Nam *pati* est aequo animo ferre,
quod datur, nec insolenter se gerere in fruendo. Ut
Plaut. Asin. 2, 2, 58 *fortiter malum qui patitur,*
idem post patitur bonum. Quod Burmannus, ut erat
tritissimi cuiusque dicendi generis amator, corrupit,
aut *tot mala* corrigens, aut *nec bona* interpretans
mala, id quod poëta iam antea dixerat.

447. sive suas-poenas. Monachi ita agunt, sive
quia scelera sua luunt, sive, quia insaniae morbo la-
borant. Ergastula illos dicit tamquam homines servilis ingenii poenam facinorum luentes, sed eam sibi ipsi
imponunt ex fato, i. e. aeterna lege, secundum quam
mala malis rependuntur. De ergastulis pro ipsis mancipiis vide Florum 4, 8, 1 *cum insuper ergastula ar-*
masset; Iuvenal. 14, 24 *quem mire afficiunt inscri-*
pta ergastula. Sic omnia concinunt: noli autem ·er-
gastula dicta putare cum Wernsdorfio pro aerumnis,
neve fatum h. l. providentiam divinam explica.

448. nigro felle. In eo morbi, quem μελαγχολίαν,
appellant, sedem esse docet Plin. nat. hist. 11, 37 (75)
sed in felle nigro insaniae causa homini. Hinc et
in mores crimen, bilis nomine; Cic. Tuscul. 3, 5, 11
quem nos ·furorem, μελαγχολίαν *illi vocant, quasi*
vero atra bili solum mens, ac non saepe vel ira-
cundia-graviore moveatur. In iis autem, quae insequuntur, significantur, quae apud Hom. Il. 6, 200
sunt de Bellerophonte:

> ἀλλ᾽ ὅτε δὴ καὶ κεῖνος ἀπήχθετο πᾶσι θεοῖσιν,
>
> ἤτοι ὁ κὰκ πεδίον τὸ Ἀλήιον οἶος ἀλᾶτο,
>
> ὃν θυμὸν κατέδων, κάτον ἀνθρώπων ἀλεείνων,

quorum extremam partem Cicero Tuscul disput. 3, 26
ita vertit:

> *Qui miser in campis moerens errabat Aleis,*
>
> *Ipse suum cor edens, hominum vestigia vitans.*

Homerus non nominat ille quidem atram bilem, sed Rutilius illud, quod ait ὅν θυμὸν κατέδων, κάτον ἀνθρώπων ἀλεείνων, philosophans interpretatur morbum atrae bilis, eodemque exemplo Bellerophontis in Paullino, qui secesserat, utitur Auson. Ep. 25, 70 *ceu dicitur olim mentis inops coetus hominum et vestigia vitans avia perlustrasse vagus loca Bellerophontes,* quem locum citat. Castalio. Pentametrum vero B e l l e r o - p h o n t e i s s o l l i c i t u d i n i b u's recte videtur Barthius ad Claud. Hon. 4, 560 dicere unum reperiri in tota latinitate ex duabus vocibus constantem.

451. s a e v i p o s t t e l a d o l o r i s, post mortem li- berorum, quam causam ei tristitiae fuisse Homerus si- gnificat, cum alii narrent alias. *Tela* autem dolori tribuit, quia is animum ferit quasi ac vulnerat, quem- admodum Cicero Ep. 5, 16 *fortunae* adeo *tela* dedit.

453. V o l a t e r r a n u m, v e r o V a d a n o m i n e, t r a c t u m. In eam partem maris se venisse ait, quae agrum Volaterranum alluat. Qua in parte paululum ultra fluviolum Caecinam duo loci vadosi sunt, arenae tenui aquae superficie tectae refertaeque alga aliisque plantis marinis, ita quidem, ut exiguae tantum cym- bae, et ne hae quidem nisi tranquillo mari, quo so- lum, antequam ingrediare, explorare possis, eas supe- rare possint. In mediis tamen his vadis, ubi mare paulo altius, portus est propter ipsa haec vada tutus, qui hodie quoque dicitur porto di Vada. Prope eum portum hodie turris est, medio aevo ad praesidium ex- tructa, statioque militum, antiquitus oppidum fuisse colligi licet ex Ciceron. p. Quint. 6, Plin. nat. hist. 3, (5), 8 et ex tabulis itinerariis. De quo quia nihil di- cit Rutilius, num illo tempore extiterit, incertum est, sed visendi tamen ac commemorandi nulla vel neces- sitas vel occasio fuit, quod Albini hospitio se excep- tum esse v. 466 narrat. Quod autem a nautis ad iter per vada illa designandum institutum esse poëta

narrat, non referunt, qui ea loca viserunt, hodie quoque
servari, sed cum parvis cymbis per vada haec navigaret, summa cum diligentia despectasse se solumque,
antequam accederet, examinasse tradit Targionius Tozzettius in itiner. Etrusc. Tom. IV p. 414. Itaque Rutilius dubii, inquit, tramitis alta lego i. e. mediam
partem dubii tramitis per vada ducentis sequor, quae
satis alta et profunda est, ut naves ea uti possint. Nec
enim credo Dammio sic interpretanti: *lego alta* i. e.
navigo per mare *dubii tramitis*, ubi iter est valde incertum. *Legere* autem est sequi aliquid, continere se
euntem aliquo loco, ut in mari dixit Ovid. Fast. 4,
289 *aequoraque Afra legit Sardoaque regna sini-*
stris prospicit a remis; ibid. 4, 566 *Ioniumque rapax*
Icariumque legit; Virg. Aen. 3, 127 *crebris legimus*
freta consita terris, idemque 3, 706 de vadis *et vada*
dura lego saxis Lilybeïa caecis. Frequentia vero illa,
quae his non dissimilia, *legere vestigia, legere arva.*

455. prorae custos sive proreta, cuius voci mo-
nenti obtemperat, qui clavo praeest, gubernator. Is
enim diversus a proreta. Quod autem Barthius coniecit, edidit Dammius, *dispectat*, nec aptum, quia di-
spectatur, quod in manus sumitur, et levissimae est
auctoritatis, siquidem apud solum Arnobium legi videtur.

457. incertas gemina-sudes. Sic Castalionem
ceterosque editores secutus scripsi, cum in codice et
in editione principe vitiose sit *incertus gemina-fauces*,
quod non recte emendabat Barthius *insertus-limes.*
Modo enim fuerat *dubii tramitis.* Itaque *fauces* i. e.
spatium illud navium patiens, incertae sunt; *limes* i. e.
ipse terminus, qui vada distinguit, si esset incertus,
navigari omnino non posset. Fauces autem ut certae
fierent, utrimque (quamquam non opus est eo, quod
quidam in Miscell. Observat. III, 3 p. 367 et Schraderus malebant *limes utrimque)* sudes erant *defixae*,
quibus rami annexi arborum speciem praebebant. Sic

enim intelligo, quod sit primum *gemina arbore* et
deinde ipse particula *que* explicat *sudes*, quibus an-
nexae sint *lauri*. Cur autem potissimum lauri? Quia
sunt *fruticante coma* conspicuae. In laureis enim
ramis idem videtur accidere, quod in salicibus fieri
constat, ut, quamvis ab arbore decerpti sint, virescant
tamen novasque frondes emittant. Nam quod Dammius et Wernsdorfius *fruticans* interpretantur *fron-
dibus viridibus et densis*, falso huc eam notionem
transferunt, quae est in adiectivo *fruticosus*, ut *rami
fruticosiores* sunt apud Plin. nat. hist. 20, 51 et *vi-
mina fruticosa* apud Ovid. Met. 6, 344.

461. ut praebente viam densi symplegade
limi. Symplegades proprie duae insulae sunt, contra
Bosporum Thracium, eaedem Cyaneae vocatae, quas
inter se concurrere fabula erat. Vide Plin. nat. hist.
4, (13) 27; Mart. 2, 7. Nec absimili ratione in re
obscena inveniuntur apud eandem Mart. 11, 99, 5 et
Auson. epigr. 108, 9. Quare quod antea vulgabatur
praebente algam densi symplegade limi, non recte
a Dammio Wernsdorfioque explicabatur de complexione
et cohaesione limi, qui aestu aut vento congestus ad
sudes se applicaret. Sed limitem utrumque denso limo
circumdatum, qui undis marinis motus concurrere
quasi videtur, cum symplegade comparat; itaque optimum est, quod in codice nostro invenitur *praebente
viam*, ut ne eo quidem opus sit, quod ipse aliquando
in Observat. p. 110 conieci *symplegmate limi*. In contextum autem irrepserat, quod explicans voci *limi* ascri-
pserat aliquis *algam*. Quod Wernsdorfio aliquando
h. l. videbatur corrigendum esse *et-servat* pro eo,
quod est *ut-servet*, eo pessumdatur elegans horum
versum cohaerentia.

462. inoffensas-notas, quae non offenduntur a
navibus, quia rami, cum depressi sunt, rursus emer-
gunt. Non recte Wernsdorfius explicat *nulla of-*

fensione vel incursione navis laedendas aut tur-
bandas, nec conferendus erat v. 538 *alga molliter*
offensae non nocitura rati, quasi inoffensum sit, quod
non offendat, ac non, quod non offendatur. Nec debuerat idem probare, quod in notis Burmannianis errore
est *inoffensas-vias.* Nam semita certe vias habere
nequit.

463. rapidus-Corus, quem eundem Zephyrum
sive Argesten vocant, ab occasu solstitiali flat. De eo
Plin. nat. hist. 2, 47 *cum hoc* (i. e. aequinoctio au-
ctumni) *Corus incipit. Corus auctumnat, huic est*
contrarius Vulturnus. Idem paulo post Corum sic-
cum esse ait, sed grandines apportare, quare apud Senec.
est Hippolyt. 1130 *imbriferumque Corum.* Quod versu
insequenti est *frangere lustra,* Virgilius silvas frangi
ait Georg. 2, 441 *silvae, quas animosi Euri assidua*
franguntque feruntque.

466. Albini. Est Caecina Decius Acinatius Albinus, filius, ut videtur, Caecinae Decii Albini, qui
anno 402 urbi praefuit, nepos Caecinae Albini, quem
Macrobius in Saturnalibus disputantem facit. Florebat
autem maximis honoribus. Etenim praeter hanc urbis
praefecturam iterum videtur praefectus urbi fuisse anno
426 (Theod. Cod. 5, 1, 7), praetorio autem praefectus
anno 443 per triennium, iterumque anno 447; idemque anno 444 consul, triennio post patricius factus est.
Cf. Ritter. ad Novell. Theod. Cod. 1, 22. Hic autem
Rutilius eum sibi in urbis praefectura successisse ait;
nam illa, quae sunt *subiungi honori* et *continuari*
iura, nisi de eo, qui proximus succedit, dici nequeunt.
Atque in Theod. Cod. 13, 5, 58 a. d. XV Cal. Octobr. ad eum praefectum urbi lex data est eiusdemque
praefecturae mentio fit in inscriptionibus apud Murat.
p. 466, 3 et Grut. p. 286, 7; atque Olympiodorus
(script. hist. Byzant. ed. Bonn. Tom. 1. p. 458) eundem, cum urbi praeesset, de re annonaria cum impera-

tore egisse ait. Vide Observat. §. XXIII; O. Müller.
Etruscis Vol. I extr. Ut autem praefectum urbi fuisse
significet, qui et senatui et iudiciis praeerat (cf. supra
ad v. 158 et 159), per eum iura togae suae continuata esse ait. Toga enim cum dudum homines alia
veste uti coepissent, indui iubet senatores et in senatu
et in iudiciis Theodosius anno 382 ea lege, quae extat in
Theod. Cod. 14, 10, 1. Quare *toga* ipsum aliquando
senatum significat, ut Claud. de laud. Stilich. 1, 330
decretoque togae felix legionibus iret tessera; id.
IV cons. Hon. 598 *adfuit ipsa suis ales Victoria
templis, Romanae tutela togae,* aut forum remque
iudiciariam, ut Auson. Prof. 17, 7 *Palladiae primum
toga te venerata Tolosae;* Symmach. Ep. 9, 31 *et
qui togae amicus es, cuius laude supra alios splen-
duisti;* Sidon. Apoll. Carm. 3, 7 *bibliothecarum medius vel togarum.* Cf. Savaro ad Sidon. Apoll. Ep. 2,
13 init. Atque Statius Silv. 1, 4, 23 de praefecto praetorio: *docto neque enim sine numine tantus Auso-
niae decora ampla togae centumque dedisti iudicium mentemque viris.*

470. vitae flore puer. Cf. supra ad v. 173.
Confert Wernsdorfius Sil. Ital. 8, 466 *ora puer pue-
rique habitu, sed corde sagaci aequabat senium
atque astu superaverat annos.* Quod autem antecedit non expectatos pensavit laudibus annos,
sic explicat recte Dammius: quantum deerat annis eius,
cum provectior aetas non esset expectata ad honores
ei mandandos, tantum sibi adiecit aestimationis per
facta laudabilia, supplevit defectum annorum suorum
artibus ac virtutibus egregiis.

473. praetulit ille meas-habenas. Non sequor Dammium et Wernsdorfium, qui *praetulisse* Albinum Rutilii *habenas* sic explicant, prae suis eum lau-
dasse ac praedicasse eius magistratus, quem poëta gesserat, rationes et acta. Nec enim aut praeferre, nisi

quid áddatur, est extollere sermonibus, aut vincere
idem, quod detrahere de aliqua re. Barthium igitur
sequi malo, qui Albinum ait, cum posset esse superior atque ipse Rutilii loco fieri praefectus urbi, ma-
luisse cedere quam cum amico contendere, ut Rutilius
potius praefecturam adipisceretur, quam ipse. Nam quod
supra ad v. 428 observavimus, Rutilium, cum vellet
iterum praefici urbi nec esset praefectus, parum videri
imperatoris gratia floruisse, idem hic significari puto.
In iis autem, quae insequuntur at decessoris maior amore fuit, i. e. tantum autem abfuit, ut noce-
ret ei ille amor decessoris, ut eo laudem mereret, vide
vero in his, quomodo codicis nostri auctoritas maculam
aliquam demat Rutilio. Vulgabatur enim antea *praedecessoris*, quod vocabulum est deterioris latinitatis,
ut est apud Symmach. Ep. 10, 55 *cognitio et relatio
viri illustris, praedecessoris mei.* In codice autem
est *ad decessoris*, quod cum parum intelligeretur, supra scriptae sunt tres literae *nte* i. e. *antecessoris*,
pro quo alius quidam, ut metrum restitueret, consue-
tum sibi vocabulum *praedecessoris* scripsit. Vs. 471
germani mores sunt, qui ex eadem quasi stirpe pro-
venerunt, quales inter fratres germanos esse solent, no-
tabili adiectivi *germanus* significatione.

475. subiectas villae - salinas deinde palude
salsa constare ait. Sine dubio sunt eo loco, quo hodie quoque palus quaedam est, cui vulgo ipsum hoc
nomen Padule datur, mille fere passibus a Caecina flumine. Hodie quidem ibi non amplius salinae sunt,
sed fuisse aliquando usque ad annum 754, dimidiam-
que earum partem ad monasterium quoddam eius regionis pertinuisse demonstrat Targion. Tozzett. in libro saepius laudato Tom. IV p. 426. Eandem autem
prorsus salinarum rationem, quam Rutilius hic describit, explicant Manil. Astron. 5, 682 sqq. et Plin. nat.
hist. 31 (7) 39.

476. **hoc censetur nomine** i. e. propterea magni aestimatur, propterea nobilis est. Nam censeri aliqua re apud deterioris aetatis scriptores est censum vel pretium suum constitutum habere in aliqua re. Senec. Ep. 76 *id in quoque optimum est, cui nascitur, quo censetur;* Sueton. Grammat. 10 *Eratosthenes multiplici variaque doctrina censebatur;* Plin. nat. hist. 36, (4), 5, 2 *non vitibus tantum censeri Chium, sed et operibus Anthermi filiorum;* Valer. Max. 8, 7 extern. 4 *Democritus cum divitiis censeri posset;* id. 5, 3 extern. 3 *Aristides, quo totius Graeciae iustitia censetur;* Martial. 9, 17, 5 *felix, quae tali censetur munere tellus;* Claud. laud. Seren. 66 *nec laude virorum censeri contenta fuit.* Alia exempla vide apud Schwartzium ad Plin. Panegyr. 15, 5, ubi sic est: *hic te commilitone censetur,* et apud Gothofred. in Gloss. Nom. Theod. Cod. s. v. censere. Itaque etiam nomine aliquo censeri dixit Valer. Max. 8, 7 extern. 2 Pythagoras *quo cognomine censeretur, interrogatus*-φιλόσοφον *esse respondit;* Appulei. Met. 5 *et nomen, quo tu censeris,* aiebat.

479. **Sirius,** stella in ore maioris canis, quo circa solstitii tempus orto solis aestum excitari veteres putabant, quare Ovid. Fast. 4, 939 de eo canit: *est canis (Icarium dicunt), quo sidere moto tosta sitit tellus praecipiturque seges.* Atque eius aestus ea vis est, ut palleant herbae, ut est apud Ovid. Fast. 1, 688 *ac vitio coeli palleat aegra seges.* Quod enim Heinsius inducebat *squalent* ex Sil. Ital. 3, 654 *ad finem coeli medio tenduntur ab orbe squalentes campi,* aliisque locis, quos partim ipse, partim Drakenborchius ad Sil. Ital. 12, 373 attulerunt, quo loco *squalidaque intus arva coquit nimium cancro fumantibus austris* scribi volunt pro eo, quod est vulgo *pallidaque intus arva,* squalere non est exustum esse aestu solis, sed incultum iacere, quod fit nonnunquam

aestu solis nimio, saepe alias ob causas. Neque herbae ipsae possunt squalere. Itaque verum existimo *pallent.*

481 cataractarum claustris. Cataractae aut in urbium portis sunt, fores pendulae ferreae vel ligneae (Veget. de re milit. 4, 4 et Liv. 27, 28), aut ad aquam temperandam adhibentur, ut Plin. Ep. 10, 69, 4 *expeditum erat cataractis cursum aquae temperare,* qui locus recte ab interpretibus cum hoc confertur. Initio versus quod edidi *tum,* coniectura est illa quidem Simleri, sed necessaria propter illud, quod est v. 478 oppositum *parvula fossa rigat,* meritoque ab editoribus recepta. Item versu insequenti Burmanni coniecturam *torrida* recte confirmat margo codicis nostri. Quod enim antea vulgabatur *horrida,* ad campos gelu rigentes pertinet, quemadmodum v. 485 est *cum glacie riget horridus Ister.* Torridum vero est exustum sole, ut Ovid. Fast. 4, 940 *tosta sitit tellus praecipiturque seges;* Sil. Ital. 12, 372 de Sardinia: *qua videt Italiam, saxoso torrida dorso,* quare *Sirius* vocatur *torrentior* apud Claud. in nupt. Hon. et Mar. 20, idemque rapt. Proserp. 2, 105 *silvaque torrentes ramorum frigore soles temperat.* Fixi qui sint latices, supra v. 246 ipse explicat *instabilem fixis aëra nescit aquis.*

483. nativa coagula, quae sua sponte, non arte coagulantur, quemadmodum Plin. nat. hist. 31, (7), 38 montes *salis nativi* i. e. non factitii, concipiunt acrem Phoebum i. e. urentem ac penetrantem. Virg. Georg. 1, 92 *ne tenues pluvii rapidive potentia solis acrior;* Horat. Serm. 1, 6, 125 *ast ubi me fessum sol acrior ire lavatum admonuit.* Quod autem paulo post est crusta coit, similitudinem a glacie concrescente petiit, de qua Virg. Georg. 3, 360 *concrescunt subito currenti in flumine crustae;* Lucret. 6, 625 *mollisque luti concrescere crustas.*

485. riget horridus Ister. De Istro, ne Ovidium, perpetuo, ut Trist. 3, 10, 39 et ex Ponto 4, 7, 10, de eius glacie querentem laudem, Claud. III Hon. 150 *stantemque rota sulcavimus Istrum;* Sid. Apoll. Carm. 2, 270 *solidumque rotis transvecta per Istrum;* Coripp. in laud. Iust. 3, 288 *plaustra super solidas stridentia duximus undas* sqq.; Iornandes de reb. Get. 55 *Ister fluvius ita rigescit, ut in silicis modum vehat exercitum pedestrem plaustraque et tragulus et quicquid vehiculi fuerit.*

487. solitus naturae expendere causas. Dicebat *rerum causas,* ut Ovid. Met. 15, 67 *magni primordia mundi et rerum causas, et quid natura, docebat;* Nemes. Eclog. 1, 35 *omnipotens aether et rerum causa liquores.* Intelligit enim causas eorum, quae sunt et fiunt, quae a bonis auctoribus non solet nominari natura. Cf. Observat. p. 105. Item quae deinde dixit fomitem et opus, optimi scriptores dixerunt *causam* et *effectum.* Fomes enim cum in meliore latinitate sit materies, qua ignis alitur, in hac deteriore quidvis significat, unde aliquid proficiscitur. Cum autem et in editione principe et in codice nostro vitiose esset *solitus natura,* illud Castalio, hoc Pithoeus emendavit.

489. vincta. Sic recte a Castalione emendatum, a Dammio, Kappio, Wernsdorfio editum opinor, cum sit et in codice nostro et in editione principe *iuncta,* quod nunquam de aquis congelatis dicitur. Saepe autem *iuncta* et *vincta* a librariis inter se esse commutata multis exemplis docuit Drakenborch. ad Sil. Ital. 8, 487.

493. Victorinus. De eo praeter haec, quae a Rutilio narrantur, nihil notum est. Erat autem Tolosanus, quod significatur v. 496 *et colere externos capta Tolosa lares.* Capta enim erat Tolosa, frustra aliquamdiu defensa Exuperii episcopi precibus (cf. Hieronym.

ronym. Ep. 11) ab Athaulpho, Gothorum rege, qui anno 412 Italia relicta in Gallias invaserat. Hoc quidem tempore, quo Namatianus in Gallias proficiscebatur, cum dudum Gothi in Hispanias se recepissent, licebat Victorino in patriam reverti. Verum nolebat, opinor, iterum periclitari. Popularem autem suum fuisse Victorinum etiam v. 510 significat poëta *dum videor patriae iam mihi parte frui.* Nec tamen hoc eo valere debet, ut hoc, de quo dicimus, versu scribendum esse putemus *nostrae pars maxima gentis,* quod Burmanno placebat. Nam sibi videtur modo frui parte patriae, non fruitur re vera, et quis tandem hominem maximam partem terrae dixerit? Animae vero ac mentis dici posse supra demonstratum est ad v. 426.

497. duris-rebus. Heinsius praepositionem *in* addi volebat, ut legeretur *nec tantum in duris-rebus,* ut Ovid. Trist. 1, 9, 23 *sed tamen in duris remanentem rebus amicum,* ex Ponto 2, 7, 53 *adiuvat in duris alios praesentia rebus.* Verumtamen idem Ovid. Art. Am. 2, 437 *luxuriant animi rebus plerumque secundis;* Claud. VI cons. Hon. 582 *quo* (die) *tibi confusa dubiis formidine rebus;* idem in Entrop. 1, 25 *fortuna, humanis quantum bacchabere rebus,* alia alibi. Utrumque bonum esse existimo. Quod versu insequenti cum codice nostro scripsimus pectore non alio, in editione principe male erat *pectora non alio.* Inde Simlerus ceterique editores hoc emendarunt, quod codex confirmavit, Heinsius ad Ovid. Met. 9, 99 *pectora non alius.*

499. conscius Oceanus sqq. Victorinus fuerat vicarius Britanniarum. Hanc enim dignitatem poëta significat, cum ait praefectorum vicibus frenata potestas. Illud autem cum omnes interpretes intelligerent vicarium Britanniarum significari, quid esset potestas vicibus praefectorum frenata, nemo videtur vidisse. Nec enim credo Burmanno, qui eam potestatem vicibus

praefectorum ideo frenatam esse ait, quia non unus semper esset vicarius, sed per vices alter alterum sequeretur;
nec Barthio et Wernsdorfio, qui imperio superiore et
dispositione praefectorum freno quasi astrictam et coër-
citam interpretantur. Sic intelligo: *potestatem ge-*
stam pro praefectis. Praefectus urbi iudicat *vice*
sacra (Cf. Gothofred. Glossar. Nom. Theod. Cod.
s. v.); ipsi vicarii dicuntur *agere vicem praefecto-*
rum (Amm. Marcell. 15, 4, 10) vel *agere vices prae-*
fectorum (Theod. Cod. 2, 33, 1 et 16, 10, 2; Cassiod. Var. 11, 4) et *vice praefectorum cognoscere*
(Theod. Cod. 11, 30, 16), quare iidem vocantur *pro*
praefecto vel *pro praefectis* (Theod. Cod. 16, 10,
15; Amm. Marcell. 23, 1, 2; 29, 1). Cf. Valesium ad
Amm. Marcell. 14, 5, 7 et Gothofred. ad Theod. Cod.
2, 23, 2 et in prosopographia sub vicariis. *Frenatam*
autem *potestatem* accipio gestam, administratam, ut
Amm. Marcell. 23, 1, 5 *Maximinus regens quondam*
Romae vicariam praefecturam; Sid. Apoll. Carm.
5, 564 *si praefecturae quantus moderetur hono-*
rem; id. Ep. 7, 1 *praefecturam primam gubernavit*
cum magna popularitate consequentemque cum ma-
xima populatione. Britannia autem constabat ex quinque provinciis, Maxima Caesariensi, Valentia, Britannia priore et altera, Flavia Caesariensi, quibus omnibus praeerat vicarius, sed ita, ut praefecto praetorio
Galliarum subiectus esset. Rutilius more poëtico auget
eius imperium, cum Oceanum et Thulen commemorat,
fabulosam illam insulam, quae circa Britanniam esse
putabatur, de qua vide Mannerti geograph. vet. Vol. I
p. 78 sqq. et Vol. II p. 265 et Bernhardium ad Dionys.
Perieget, v. 581 p. 685. Addit et quaecunque ferox arva Britannus arat. Eam enim Castalionis coniecturam, qua Barthius, Burmannus ceterique usi sunt,
confirmat et codex Vindob. et ipsa res, quoniam Britannia etiamtum erat paulo minus nota, ut, quibus

terris constaret, dissimulare liceret poëtae. Heinsius
vero quod correxit *quacunque*, demit substantivo *arva*
adiectivum, quod necessarium est. Feroces vocat Bri-
tannos, quia Tac. Agr. 11 de iis dicit *in deposcen-
dis periculis eadem* (quae Gallis) *audacia, et, ubi
advenere, in detrectandis eadem formido. Plus
tamen ferociae Britanni praeferunt, ut quos nondum longa pax emollierit.*

502. perpetuum magni foenus amoris habet i. e. perpetuo fructum gignit ex magno amore,
quem sibi in Britannia conciliavit, eum nimirum fructum, ut ametur Victorinus. Eo, quod Heinsius coniecit, *foedus*, non opus est; nec Burmannum vulgaria
ubique quaerentem probo, qui *perpetui magnum foenus amoris habet* emendabat, quod ut accipiatur, non
satis causae est in eo, quod solet saepe foenus magnum
vocari, ut apud Tibull. 2, 7, 4; Petron. c. 83; Propert. 1, 7, 26.

503. extremum pars illa - discessit in orbem. Pars non munus est, quod putabat Burmannus,
nec ita falsum, ut, quod ex veterum temporum consuetudine petitum Heinsius emendabat, *sors* verum
esse videatur; sed est regio, terra, quatenus magi-
stratui alicui committitur, ut nobilis illius notitiae
dignitatum titulo additur *in partibus Orientis et Oc-
cidentis*, multaque eiusdem significationis exempla attulit Gothofred. in Gloss. Nom. Theod. Cod. s. v. Versu
antem insequenti rector latiore quadam significatione
dicitur. Proprie enim et plerumque rector est, qui
uni provinciae praeest, non, qui pluribus, atque iis
ipsis, qui proprie sunt rectores, praefectus est. Sed
saepe etiam de maioribus magistratibus dicitur, ut
apud Ammian. Marcell. 22, 14, 6 praefectus Augusta-
lis Aegypti, cui sex rectores, qui proprie sunt, obedie-
bant, *rector* vocatur, apud Claud. in Eutrop. 1, 105
praefectus praetorio Orientis *Eous rector;* de Stilich. 3,

100 proconsul Africae *rector Libyae.* Vide Observat. p. 59 sqq. De sententia commode Barthius confert Claud. Hon. 4, 269 *hoc te praeterea crebro sermone monebo, ut te totius medio telluris in orbe vivere cognoscas, cunctis tua gentibus esse facta palam.* Paulo post *plus palmae est* i. e. plus laudis affert, maiorem laudem meretur.

507. illustris-comes. Non satis recte Wernsdorfius comitem domesticorum, qui dicitur, hóc loco significari ait. Victorinus enim cum factus esset comes illustris, sprevit tamen honores. Sunt autem tria omnino genera comitum illustrium, unum eorum, qui re vera munere aliquo funguntur, qui dicuntur in actu positi, alterum, quibus propter merita ita honor illustratus datur, ut spes simul aut oblatio muneris fiat, quibus vacantibus nomen est, tertium denique honorariorum, qui gratia florentes merum honorem assequuntur. Vacantium autem et honorariorum rursus duo genera erant, siquidem aut praesentibus aut absentibus illustratus deferebatur. Exposuerunt rem Gothofredus ad Theod. Cod. 6, 18, 7 et Ch. G. Haubóldus in dissertatione de consistorio principum Spec. II (Lipsiae 1789) c. 7 §. 4 p. 33. Victorinus igitur ad illustres comites vacantes pertinebat, et ad absentes quidem, quia poëta eum rus amasse ait. Quod ne relinquendum esset, in actu poni et veros honores adipisci noluerat. Cf. Observat. p. 60. Sacram autem vocat aulam solita illorum temporum consuetudine; nam, quicquid ad imperatorem pertinebat, sacrum erat. Vide Gothofred. in Glossar. Nomic. Theod. Cod. s. v. Gradus denique esse honores infra demonstrabitur ad vs. 591.

509. ventorum adversa fefelli i. e. effeci, ne moram ac molestiam venti adversi sentirem, consueta apud poëtas fallendi verbi significatione.

511. sudos Aurora iugales. Equos i. e. car-

rum Aurorae dat, ut supra v. 430 Eoo sive Lucifero
equum singularem, quod idem facit Claud. de rapt.
Proserp. 2, 121 *dum meus humectat flaventes Lu-*
cifer agros roranti provectus equo. Liberior in talibus rebus fingendi poëtis est licentia, ut hoc ipso
loco perinde sit, bigas an quadrigas Aurorae tribui putes. Utrumque enim per optimorum poëtarum usum
licet. Nam Virgil. Aen. 6, 535 *hac vice sermonum*
roseis Aurora quadrigis iam medium aetherio cursu
traiecerat axem Aurorae quadrigas; idem Aen. 7, 26
Aurora in roseis fulgebat lutea bigis eiusdem bigas
esse ait. Plura h. l. attulit Burmannus. Versu insequenti rectius erat, non antennas, sed *vela* tendi,
ut Virgil. Aen. 3, 268 *tendunt vela Noti;* ibid. 3,
683 *et ventis intendere vela secundis;* ibid. 5, 33
et vela secundi intendunt Zephyri. Sed cum velis
etiam antennae tenduntur.

512. litoris aura i. e. Vulturnus, qui a litore
flat, secundus ex portu abituris, ut supra v. 314 *natus*
vicino vortice ventus adest; nam v. 463 Coro vento
in Albini villam se compulsum esse narravit, ut, quod
vitiose in editione principe *litoris unda* legitur, recte
a Castalione ceterisque emendatum esse appareat.

513. aplustria, graece ἄφλαστα, tabulatum puppi
navis impositum, iuxta quod baculus fixus erat, unde
fasciae suspensae, dum per aërem ludunt, ventum in-
dicabant. Vide plura apud Schefferum milit. naval. II,
6 p. 157 et Drakenborch. ad Sil. Ital. 10, 325. Inconcussa i. e. non huc illuc iactata, sed molli sinu
mota, ut paulo post mollia vela, quae non inflantur
et intenduntur a vento. Securus autem rudens,
cuius proprium usum in velis aut tollendis aut demit-
tendis esse docet Schefferus l. l. II, 5 p. 244, est, in
quo nullus est metus, ne tempestate dirumpatur.

515. Gorgon: Plin. nat. hist. 3, 6, Pomponius
Mela, Stephanus Byzantius Urgonem sive Orgonem

nominant, cum Rutilio Sanct. Gregorius in epistolis
Gorgonem sive Gorgoniam, ut posterioribus demum
temporibus litera ab initio addita esse videatur. Quae
mansit hodie in nomine Gorgona. Quod Rutilius insulam monachorum latebris squalere ait, confirmat S.
Gregorius in Ep. libr. 1, 50 et 4, 59 et 60, quos locos Castalio laudavit. Assurgere insulam dicit, et
quia appropinquantibus sensim apparere coepit, ut
v. 439 est *processu pelagi iam se Capraria tollit,*
et quia saxosa est, ea quidem parte, qua poëta praetervehitur, ut ipse paulo post significat. Nam huc quoque assurgere pertinet. Plin. nat. hist. 2, 65 *quosdam*
Alpium vortices longo tractu nec breviore quinqua-
ginta milibus passuum assurgere; id. 4, 12 *Delos*
assurgit Cyatho monte.

516. Cyrniacumque latus. Sic codicem nostrum et editores inde a Castalione omnes secuti scripsimus, cum in editione principe sit *Cyrnaicumque*
latus. Utramque formam probo. Cum enim insula
graeco nomine sit *Cyrnos,* adiectivum autem *Cyrnaeus*
(cf. supra ad v. 437), ab illa forma deducitur *Cyrnia-*
cus, ut ab Aegypto *Aegyptiacus,* ab Corintho *Corin-*
thiacus, ab Nilo *Niliacus,* ab hac *Cyrnaicus,* ut ab
Achaeo *Achaicus,* ab Cyrenaeo *Cyrenaicus,* ab Al-
caeo *Alcaicus.* Quod autem est *latus,* certe non opus
erat vitiosa Simleri coniectura *litus.* Nonnunquam
enim idem valet *latus,* ut Stat. Theb. 8, 291 *latus Eu-*
phratae; Claud. in Prob. et Olybr. coss. 161 *Rhenus*
per utrumque latus; id. de bell. Get. 156 *per latus*
Italiae ferro bacchatus et igni; id. Epigr. 36, 2 *in-*
sula, qua resides fluctus mitescere cogit in longum
producta latus.

517. adversus scopulus i. e. non, ut Dammius interpretatur: odiosus mihi est hic scopulus (quis enim
ita *adversus* dixerit?), sed ex adverso, contra positus
est, ut Virgilius in descriptione Tartari Aen. 6, 552

*porta adversa ingens solidoque adamante colu-
mnae.* In codice autem et editione principe quod est
adversus scopulos, librarii errore ortum est, qui *adversus* praepositionem esse putabat, frustraque a Castalione defenditur. Nec magis probo, quod cuidam
placebat in Observat. miscell. Vol. 3 p. 368 *aversor
scopulos,* quamvis illud ediderit Wernsdorfius tuetur-
que aperta, ut opinatur, Virgilii imitatione Aen. 3,
272 *effugimus scopulos Ithacae, Laërtia regna, et
terram altricem saevi execramur Ulixei,* quae pro-
fecto nulla est.

518. perditus-civis erat. Civem non certum
est h. l. dici eum, qui ex eadem cum Namatiano patria i. e. ex Gallia oriundus sit: quamquam potest hoc
fuisse. Nam ne quod suum quidem paulo post nominat, videtur facere, quod Gallus erat. Cognatione,
opinor, eum contingebat, et *civem* dicit, quia rei pu-
blicae potissimum eripiebantur, qui in solitudinem se
abdebant et *vivo funere* componebantur. Quem autem poëta h. l. dicat, coniectura invenire studuimus
in Observat. p. 46. Cum enim ex Hieronymi epistolis Quintilianum quendam, Exuperantii fratrem, eiusdem, ut suspicor, qui v. 213 laudatus est, constet de-
sertis et veteribus diis et honoribus, quibus praeerat,
ad christiana sacra se contulisse et Bethlehem commi-
grasse, eum si quis hunc Rutilii cognatum esse puta-
rit, aliqua veri specie uti videatur. Esse autem illum,
quisquis est nomine, ait maioribus amplis, ut rursus nobilitatem laudari videas, ut supra v. 169 et 271.
Deinde censum i. e. rem familiarem eius praedicat,
et coniugem, ipso nulla re inferiorem, ut Symmach.
Ep. 6, 3, ubi Fulvio fratri uxorem petit, eum *nec genere minorem et re fortasse superiorem* esse ait,
et Sidonius in Epithal. Ruricii et Iberiae (Carm. 11, 92)
*quare, age, iungantur; nam census, forma genusque
conveniunt.* Vide autem, quos homines christianos fieri

dicat, aut eos, qui humili sint loco orti, aut pauperes, aut eos denique, quos coniugii poeniteat.

521. homines divosque reliquit i. e. et civitatem cognatosque suos et sacra patria. Dammius *omnia optabilia* interpretatur, quod item verum. Quid enim praeter illa optabile? In iis, quae paulo post sunt turpem latebram-agit, non probo Wernsdorfium, qui edidit *turpem latebram-amat*, coniecit etiam *turpi in latebra-agit*, nec Burmannum, qui emendabat *latebram-adit*. Nam latebra h. l. non locum, ubi lateas, sed ipsum latere significat, ut Lucret. 5, 750 *solis item quoque defectus lunaeque latebras*, nec inde multum recedit Ovid. art. am. 3, 754 *et latebras vitiis nox dabit ipsa tuis;* Senec. Ep. 19 *ut latebram tibi aliquam et oblivionem parari velim.*

522. credulus exul cur sit, explicatur insequenti disticho, nimirum quia putat *illuvie coelestia pasci* i. e. quod divinum sit in homine, cogitationes divinas, nutriri, ali illuvie. Sic enim non raro pascere, ut Claud. Ep. 1, 22 *pascatque furorem;* Sil. Ital. 12, 721 *Iuppiter-quantis pascat ferus ignibus iras;* Ovid. Met. 9, 749 *spes est, quae pascat amorem.* Ab interpretibus haec de diis illuvie quasi pastis, gaudentibus minus recte accipi video. Paulo autem post quod est seque premit laesis saevior ipse diis, hoc vult, deos ipsos, si quis eos laeserit, minus ulcisci ac punire; nam *coelestis ira quos premit, miseros facit*, ut ait Senec. Herc. Oet. 441. Nec enim recte Burmannus sic interpretatur: se gravius punit, quam ipsi dii, ab eo relicti ac laesi, punirent. Quasi vero non reliquerit ac non laeserit!

525. num, rogo, deterior. Praeter Burmannum et Wernsdorfium omnes a Barthio editores scripserunt *non, rogo, deterior*, hoc opinor secuti, quod, cum christianos hic non minus perniciosos, quam Circe olim fuerit, dici oporteat, ea non efficitur sententia,

si legitur *num*, quo negans, ut ita dicam, interrogatio
inducitur. Nec recte Burmannus *num* sic defendit, ut
necessario id cum rogandi verbo interrogationi inter-
posito coniungendum esse docere instituat ex Petron.
c. 7 et 39. Quod non verum est, quamquam Wernsdorfius tacite videtur sequi. At vero *deterius* non
idem est, quod *peius*, sed minus bonum i. e. minus
validum, minus potens, ut est apud Cornel. Nepot.
Eum. 3 extr. *equitatu plus valebat quam peditatu,
quo erat deterior.* Christianos igitur vel christianis-
mum non minus potentem esse ait, quam venena et
incantationes, quibus Circe olim corpora hominum mutare consuerat. Solebat autem hoc christianis oppro-
brio dari, quod venenis et artibus magicis hominum
animos infatuarent.

527. Triturritam. Hic locus difficilior paulo est
ad intelligendum, quia tota facies litoris Etrusci inter
Liburnum et Arni fluvii ostium, quod olim in amplum
ac patentem sinum maris curvatum erat, ex quo Rutilius has regiones peragravit, ita alluvione terrae mutata est, ut, qui earum tabulis iis, quae nunc sunt,
utatur, haec intelligere nequeat. Itaque haec Triturrita peninsula sive Turrita, ut itineraria sive falso
sive quia duplex nomen erat, appellant, et portus ei
contiguus, qui a Rutilio libr. 2, 12 *Pisanus*, a Claudiano bell. Gild. 417 *portus Etruscus* vocatur, quo
loco fuerint, ii ipsi, quorum summa debet esse in hoc
genere auctoritas, dissentiunt. Et Cluverius quidem
Ital. antiq. p. 466 portum Pisanum in ipso ostio Arni
fluminis ac prope eum Triturritam fuisse ex hac ipsa
Rutilii narratione colligit. Contra doctissime disputat
Targionius Tozzettius in itin. Etrusc. Vol. IV, cuius
summa sententia haec est, ut Triturritam, prope quam
portus Pisanus erat, non in ostio Arni, sed inter Liburnum, quod hodie est, et Arnum eo fere loco fuisse
censeat, quo hodie Cigna fluviolus viam, quae Liburno

Pisas ferebat, secat, prope ecclesiam S. Stephani. Primum enim Arni fluminis ostium nec nunc esse nec fuisse unquam antea ita navigiorum capax, ut in eo aptus portus fieri posset et satis magnus, quem et Rutilius *divitiis maris* praedicare, et medio aevo Pisani, cum potentissimi essent, usurpare possent. Deinde per totum aevum medium ex certissimis actis publicis constare, portum Pisanum non in ipso Arno fuisse, sed inter hunc et Liburnum, unde facilis sit coniectura, etiam eum portum, quo veteres Pisani usi sunt, non alio fuisse loco. Nec se rationibus suis deceptum esse Targionius intellexit, cum eum locum, quo veterem Triturritam fuisse coniecisset, accuratius perquireret. Invenit enim ibi et rudera multa et inscriptiones nummosque (vide eum l. l. p. 407 sqq.), unde satis amplum locum aliquando ibi fuisse apparebat. Quae cum ita sint, non dubito, quin homini doctissimo et patriae antiquitatum cum summa caritate studiosissimo credendum sit, portum Pisanum atque Triturritam villam in litore fere medio inter Arni ostium et Liburnum fuisse. Idem autem l. l. p. 389 sqq. explicat, qui factum esse videatur, ut portus hic Pisanus, olim opportunissimus et amplissimus, hodie nullus sit. Cuius rei duas causas fuisse ait. Alteram hostium culpa accidisse, qui cum Pisanos bello premerent eorumque opes delere vellent, non modo, quicquid aedificiorum in portu erat, ferro ignique vastarunt, sed ipsum oppleverunt, quod damnum Pisanis propter civitatis inopiam postea reparare non licuit. Alteram sitam esse in ipsius loci natura, qui cum alga abundaret, facile terram et ex Arno, cuius alveus tum propior hunc locum erat, quam est hodie, nec raro adiacentes regiones inundabat, et ex aliis fluviolis delatam excipiebat, et sensim solis aestu siccatam in massam solidam cogebat, quemadmodum multis locis maris inferi, ut Ostiae, ut in portu Augusto, ut Lunae, factum esse constat.

Cuius autem villa haec Triturrita fuerit et cuius *villi-cus*, qui infra v. 623 commemoratur, si licet coniicere, Caecinarum sive Albinorum fuisse opinor, siquidem et Targionius ibi monumentum sepulchrale ex candidis-simo marmore factum invenit, in quo *A. Caecinae Quadrato Caecina Placidus filius posuit* inscriptum erat, et late patuisse in ea regione huius gentis pos-sessiones constat. Vide Ottfr. Müllerum Etrusc. p. 417; supra v. 466, ubi villa Albini commemoratur. Quod autem ad describendum locum additum est latet ex-pulsis insula paené fretis, miror Burmannum *patet* emendantem, quasi naturam loci penitus cogno-verit. Heinsii vero et Dammii et Kappii et Werns-dorfii ratio, qui *iacet* scripserunt, medium quoddam verbum, quo nihil significaretur, tutissimum esse rati, tota reiicienda est. Itaque villam intelligimus cum ma-ximam partem mari esset circumdata, in aquas quasi abditam esse visam, quia non assurgebat ex mari, nec procul conspicua erat accedentibus, id quod in Gor-gone insula supra v. 515 commemorarat. Quod video equidem paulo esse dictum inusitatius, sed in re inu-sitata· acumen quoddam a poëta quaesitum est. To-tam autem sententiam mutavit Crusius Prob. Crit. p. 61, dum sic coniicit *qua iacet exclusis insula paene fre-tis*. Nam ita alio loco villam, alio insulam sitam esse facit. *Exclusis* autem ut emendaret, motus est, opi-nor, eo, quod supra v. 481 est *tum cataractarum claustris excluditur aequor*, in dispari tamen re. Nec vero *expellendi* verbum de eadem re inusitatum, ut est apud Petronium c. 120 in carmine v. 87 *expelluntur aquae saxis, mare nascitur arvis*, similique ratione Senec. Thyest. v. 459 *non classibus piscamur, et re-tro mare iacta fugamus mole*.

529. manu iunctis-saxis i. e. opere humano. Ita Caesar bell. Gall. 3, 23 *oppidum natura loci et manu munitum*; Cic. de off. 2, 3 *quae inanima di-*

aximus, nec haberemus, nisi manus et ars accessisset; ibid. 2, 16 *sine hominum labore et manu.* Cf. supra ad v. 239. In solo igitur vadoso maris moles et saxa constructa erant, iisque superimposita aedificia.

531. quem fama frequentat Pisarum emporio divitiisque maris. Hoc dicit: fama frequenter commemorat, celebrat portum eum, qui est prope Triturritam, eo, quod celebrat emporium Pisarum, sive *portum Pisanum,* ut est infra 2, 12, sive *portum Etruscum,* ut vocat Claud. bell. Gild. 417, divitiasque maris, quae in eo sunt. Intelligendum est igitur, ad portum ipsum oppidulum fuisse, quo Pisani emporio utebantur, eique nomen fuisse portum Pisanum. Quem quidem non mercatoria solum re, sed omni navali illo tempore fuisse maximum inde constat, quod in eo classem adversus Gildonem instructam, atque inde in Africam profectam esse narrat Claud. bell. Gild. 417 et 483. *Frequentandi* autem verbum h. l. non inusitatum, ut recte coniecisse videri debeat Schraderus *quem turba frequentat.* Unum commemoro locum ex Sulpiciae Satir. init. *Musa, quibus numeris heroas et arma frequentas,* plura pete ex lexicis.

533. pelago pulsantur aperto. Naturam loci, quo portus Pisanus erat, describere incipit. Primum litora non defensa esse ait molibus; *pulsantur* igitur *litora* mari, ut scripsimus Barthium et Dammium et Kappium secuti, non *pulsatur* locus, quod est in codice et in editione principe. Pulsare enim est crebro impellere id, quod obstat; locus autem, quia hic totum portum significat, nec obstat nec pulsatur. At litora recte pulsari dicuntur, ut apud Ovid. Met. 1, 42 (flumina) *campo-recepta liberioris aquae pro ripis litora pulsant.* Solito igitur suo more poëta subiectum reiecit in alteram enuntiationem. Cf. supra v. 434 et saepe.

535. tegitur per brachia tuta recessus. Brachia quae hoc loco vocantur *tuta*, quia intra ea naves
ab impetu maris tutae sunt, proprio nomine et in re
castrensi munimenta utrimque ad locum aliquem tu-
tandum excurrentia, et in portu vocari moles, quae
undarum vim frangant, docuit ad hunc locum Burmannus. Ut illa significatione posuit Frontin. Strategem.
3, 17, 5 *Flavius Fimbria - brachiis ab latere ductis-
quietum in vallo militem tenuit;* hac Suet. Claud. 20
*portum Ostiae extruxit circumdato dextro sini-
stroque brachio.* In hoc autem portu nullus est recessus i. e. sinus interior, qualis erat Centumcellis
v. 245, Aeolias possit qui prohibere minas,
qui ventos possit arcere a navibus. Nec enim moveor,
quod in editione principe est *possint*, quo ita aliquis
uti possit, ut scribendum esse putet *possint* (i. e.
brachia) *quae prohibere miras.*

537. procera suo praetexitur alga profundo.
Alga, quae nata in imo vado, quia procera est, supra
summum extat, totum illum tractum maris ita occupat,
ut poëta eam *suo profundo,* quod tanquam sibi proprium obtineat, *praetexi* dicat i. e. ad tutelam prae-
iacere, ut infra 2, 33 est *excubiis Latiis praetexuit
Apenninum.* Ea autem alga insanas cedendo interrigat undas. Quid? inquies, undae rigantur? Ita
est sane. Rem demonstrarunt L. Fr. Gronovius et Drakenborchius ad Liv. 5, 16, 9, ubi ita est: *emissam*
(aquam Albanam) *per agros rigabis dissipatamque
rivis extingues.* Rigare igitur idem est, quod rivis
dissipare, diducere, itaque etiam Furius apud Macrob.
Saturn. 6, 1 *mitemque rigat per pectora somnum;*
Claud. de nupt. Honor. et Mar. 101 *largos haec nectaris imbres irrigat*, quae expressa sunt ex Virg.
Georg. 4, 115 *ipse feraces figat humo plantas et
amicos irriget imbres.* Itaque, ut ab alga ubique ir-
repente diduci undas et secari significaret, novum adeo,

ei certe, quam nos novimus, latinitati ignotum, sed
recte tamen et apte formatum, verbum *interrigandi*
adhibere ausus est. Editiones quidem a Castalione
omnes insedit *interligat*, parum apta sententia. Statius certe Theb. 7, 671 *alterno maculas interligat
ostro*, aliter dixit, nec satis praesidii est ex comparatione Servii in arte de centum metris c. 9, quem Wernsdorfius in Supplementis (Tom. VI Poët. Lat. min.
p. 1496) laudat *fontes ligabant gramina laetificos*,
quo loco est redimire, cingere. Heinsius h. l. emendabat *et tamen insanae cedendo iter implicat undae*, Santenius *mitigat*, Burmannus *intercipit*, alius
quidam apud Wernsdorfium in Supplementis *interpli-
cat*; immane vero est, quod Crusius Prob. Crit. p. 61
proponebat *strangulat*. Grande autem volumen
v. 540 intellige magnos fluctuum cumulos. Wernsdorfius attulit Avien. ora marit. 596 *nunquam exci-
tentur fluctuum volumina*, Apulei. Met. 5 p. 169, 33
*sed mitis fluvius confestim eum innoxio volumine
super ripam florentem herbis exposuit*. Adde Sil.
Ital. 14, 122 *decimoque volumine pontum expulit in
terras*. Simili ratione *fumi*, ut apud Ovid. Met. 13,
601; Lucan. 3, 505, et *nubium*, ut apud Stat. Theb. 1,
351, dicuntur volumina. Ad eandem autem hanc loci
naturam, quam pluribus hic Rutilius exposuit, pertinet,
quod Lucanus ait 2, 400 *collesque* (Apennini) *coërcent hinc Tyrrhena vado frangentes aequora
Pisae, illinc Dalmaticis obnoxia fluctibus Ancon.*

541. tempora navigii i. e. navigationis. Hanc
enim notionem in voce navigii apud deterioris latinitatis auctores inesse docuit I. Fr. Gronovius in Observat. Eccles. c. 23 init., a quo pete infimorum scriptorum aliquot locos. Addo Scaevolam in Dig. 45,
1, 122 *idque creditum esse in omnes navigii dies;*
ibid. paulo post *redderet universam continuo pecuniam, quasi perfecto navigio*; Ulpian. Dig. 43, 12, 1

§. 14 *ait praetor, iterque navigii deterius flat,
hoc pro navigatione positum est,* sed addit *imo navigium solemus dicere etiam ipsam novem.* Is autem locus, qui a Forcell. in lexic. s. v. affertur, Lucret. 5, 1004 *improba navigii ratio tunc caeca ia-
cebat,* certe dubius est. Rara igitur ea notio vocabuli, sed h. l. satis, opinor, certa. Nam illud, quod
Reusneriana habet editio, *tempora navigiis,* non aptum
videtur, quia cuius rei dicantur tempora, non additum est.

clarus reparaverat Eurus. Est enim etiam
niger Eurus sive *Africus* (infra v. 631), ut apud Horat. Epod. 10, 5 *niger rudentes Eurus inverso mari
fractosque remos differat,* Valer. Flacc. 2, 365 *insequitur niger et magnis cum fratribus Eurus in-
tonat Aegeo.* Contrarius ei est *albus,* ut Horat. Carm.
1, 7, 15 *albus ut obscuro deterget nubila coelo saepe
Notus,* et *clarus,* ut apud Virg. Georg. 1, 460 *et
claro silvas omnes aquilone moveri,* quo loco Servius *clarum* interpretatur *serenificum, quia et nubi-
lus sit, ut fere omnes venti,* et *nitidus,* ut infra
v. 616 *nitidus Notus.* Quod Heinsius h. l. coniecit
clarus repararat Eous, uti supra v. 430 *cum primum roseo fulsit Eous equo,* non videtur convenire
cum narratione Rutilii.

542. Protadium, principem Romanum, Treviris
oriundum, literarum studiosissimum, ad quem multae
extant epistolae Symmachi. Dixit de eo secundum
Benedictinos Maurianos in hist. lit. Galliae T. II p. 134
Wernsdorfius peculiari excursu, nos in Observat. §. XXV
p. 77.

544. virtutis specimen corde vidente pe-
tat. Ita intellige: si quis certa quaedam signa hominis poscat, eum *petendum* sive adeundum sibi putet,
in quo *cor* sive animus eius virtutis specimen depre-
henderit. Nec enim recte Wernsdorfius illud, quod

est *petat*, interpretatur *studeat imaginari sibi, formare, fingere animo*, qua eadem cum uterentur explicatione, Heinsius *corde videre putet*, Burmannus *corde vidente notet*, Kappius *corde videre petat* emendabant. Quod autem poëta cor videre facit, quid mirum in eo, qui v. 166 lumina facit valedicere? cum praesertim videre non raro ab oculis ad animum transferatur. Iam *virtutis specimen* scripsimus nos quidem necessario, codicem nostrum secuti et Castalionem, Barthium, Dammium, cum editiones ceterae habeant *virtutis speciem*, quod sic tuetur Wernsdorfius, ut externam potissimum figuram, quam species significet, necessariam esse dicat. At ad eam cognoscendam corde certe atque animo nihil opus est, nec propter ea, quae insequuntur, quamquam externa species potest intelligi, necesse est eam significari. *Specimen* autem *virtutis* est, ut apud Ciceron. in Pis. 39, 95 P. Rutilius *specimen innocentiae*, apud eundem de nat. deor. 3, 32, 80 Q. Scaevola *specimen temperantiae prudentiaeque* dicitur.

545. N e c m a g i s etc. Causam explicat, cur specimen virtutis qui petiverit, certo Protadium inventurus sit. Nec enim similiorem eius effici posse imaginem ait pingendo ac coloribus, quam ea sit, quae efficiatur, si omnes virtutes misceas, in uno homine coniunctas esse putes. Scripsimus autem *colore*, quia ineptum est colorem similem dici Protadio, nec Wernsdorfio colorem interpretanti effigiem per colores effectam fidem habemus. Vide Observat. p. 106. *Merito* dixit singulas virtutes, ex quibus illud universae quasi virtutis specimen efficitur, temperatur, *miscetur.* Nam *mixta*, non *missa figura*, quod Heinsio placebat, debet esse, recteque confertur a Barthio Claud. Stilich. 1, 33 *sparguntur in omnes: in te mista fluunt, et quae diversa beatos efficiunt, collecta tenes.*

547.

547. certo-vultu i. e. constanti, ex quo intelligas, hominem omnia providisse nec quicquam timere.

550. sui praesulis sive praefecti. Urbi enim praefectus fuerat Protadius, quem honorem ei gratulari videtur Symmach. Ep. 4, 23. Quando fuerit, cum certis signis constitui nequeat, veri tamen est simile, fuisse ante Florentium, iuniorem fratrem suum, qui inde ab anno 395 per triennium urbi praefuit. Temere autem versu antecedenti Heinsius coniecit *quin fortasse minus;* nihil enim ibi gradationis. Vide supra ad v. 91.

551. Umbria. Pisis habitabat Protadius. Quae igitur haec Umbria, in qua *patriis* sedibus, i. e. Treviris, relictis tunc erat? Nec enim aut Wernsdorfio credo, qui forte eum tum Pisis degisse ait, cum praedia eius essent in Umbria, quod certe poëta in his rebus accuratissimus non videtur praetermissurus fuisse, aut Corsino in serie praef. urbi p. 300, qui Umbriam circa Umbronem fluvium fuisse docet, teste usus Plinio nat. hist. 3, 5. Satis enim longe is fluvius a Pisis abest. At vero ea dicitur Umbria, quae proprie Tuscia et Umbria erat vocanda. Quam provinciam cum saepe Tusciam dici docuerimus in Observat. §. XII sqq., quid impedit, ne aliquando etiam Tusciae nomen omissum, Umbriae relictum esse putemus? Paulo post mens invicta viri pro magnis parva tuetur est quamquam parva nunc possidet, cum magna olim possederit, eo tamen mens viri non victa est; nam etiam magna ita habuerat, quasi essent parva. Commemoro Dammii causa, qui, parum recta sententia, tueri h. l. interpretatur intueri, aestimare. Nec laudo Heinsium, qui paulo post emendabat *animo magna fovetque suo,* ut infra v. 592 est *duplici sedulitate fovent.*

555. regum rectores. Praeter Barthium omnes recentiores editores, quod Sitzmannus coniiciebat *rerum rectores,* cum idem a Rutgersio Var. lect. 3, 7

12

et ab Heinsio commendari viderent, ita cepit, ut vulgatum iam factum sit. At vero Romanos scio saepe vocari rerum dominos (vide infra 2, 17), Cincinnatus et Fabricius et Serranus, non intelligo, quo pacto ita nominari possint, quorum tempore Romanum imperium Italiam non excessit. Sunt igitur *regum rectores*, qui reges vicerant iisque imperabant. Plurali utitur poëtarum more, cum unum diceret Pyrrhum regem, Claudianum imitatus IV Hon. 413 *pauper erat Curius, cum reges vinceret armis; pauper Fabricius, Pyrrhi cum sperneret aurum:* in Ruf. 1, 200 *contentus honesto Fabricius parvo spernebat munera regum.* Eadem autem virtutis Romanae exempla commemorat Grat. Cyneg. 322; Mamert. Panegyr. Max. Aug. 14, 2; Pacat. Panegyr. Theod. Aug. 9, 5; Sid. Apoll. Ep. 8, 8 extr. Paulo post sine causa Schraderus corrigebat *cespes alebat* pro eo, quod est *cespes habebat.*

556. Cincinnatos, viros, qualis fuit L. Quinctius Cincinnatus, cos. anno 460, de quo ita tradit Valer. Max. 4, 4, 7 *septem iugera agri possedit: ex hisque tria, quae pro amico ad aerarium obsignaverat, multae nomine amisit. Poenam quoque pro filio Kaesone, quod ad causam dicendam non occurrisset, huius agelli reditu solvit. Et tamen ei quattuor iugera* (trans Tiberim in agro Vaticano, ubi postea Quinctia prata fuerunt) *aranti non solum dignitas patris familiae constitit, sed etiam dictatura delata est.* Accidit res anno 458 a. Chr. in summo civitatis ab Aequis timore. Vide Liv. 3, 26; Dionys. 10, 24; Plin. nat. hist. 18, 4.

557. haec i. e. nostra, quod etiam nostra aetate Protadius parvo agro contentus, summis tamen honoribus dignus est, non inferiora feruntur i. e. non minoris fiunt, aestimantur, quam quod Serranus sua ipse manu agrum conserebat, ac Fabricius parvo lare contentus erat. Utrumque coniunxerat Virg. Aen. 6,

844 *parvoque potentem Fabricium vel te sulco, Ser-*
rane serentem, nec Rutilius nihil nisi variavit, quod
Virgilius dixerat *parvo potentem* et *sulco serentem.*
Serranum autem Perizonius Animadv. hist. p. 34 docet esse C. Atilium Regulum, cos. anno 257 et 250 a.
Chr. nat., rebus contra Poenos terra marique gestis
clarum, de quo Plinius nat. hist. 18, 4 *serentem in-*
venerunt dati honores, unde cognomen. Cf. Cic. p.
Sex. Roscio 18, 50; Valer. Max. 4, 4, 5. De eodem
ita Claudian. Hon. 4, 415 *sordida Serranus flexit*
dictator aratra; in Ruf. 1, 202 *sudabatque gravi*
consul Serranus aratro; Symmach. Ep. 7, 15 *Ca-*
tones atque Atilios aemulare, quos vomis et stiva
ad consulares misit secures.

Fabriciique foco, C. Fabricii Luscini, cos. anno
282 et 278 ante Chr. nat., nobilis rebus contra Samnites et contra Pyrrhum gestis. Ei tradidit Iulius
Hyginus, excerptus ab A. Gellio 1, 14, dono obtulisse
Samnites, clientes ipsius, grandem pecuniam (addit Valer. Max. 4, 3, 6 etiam mancipia aliquot) Samnitesque
sese id facere dixisse, *quod viderent multa ad splen-*
dorem domus atque victus defieri neque pro ma-
gnitudine dignitateque lautum paratum esse cet.
Eodem pertinet Valerii Maximi narratio, Fabricium *sine*
usu familiae abunde comitatum, domumque eius, ut
mancipiis vacuam, ita gloria refertam fuisse. Hic igitur est Fabricii *focus,* hoc *parvum* illud, quo con-
tentum fuisse eum Virgilius dixit, i. e. parvus aedium
apparatus.

559. fida in statione. Sumpsit ex Virg. Aen.
2, 23 *statio male fida carinis.* Quod autem antecedit ergo, adnota hic recentiorum poëtarum usu po-
steriorem syllabam corripi, ut Ovid. Trist. 1, 1, 87
ergo cave, liber; id. Heroid. 5, 59; Valer. Flacc. 2,
407 *ergo moras;* Lucan. 9, 256; Martial. Epigr. 4, 27

12*

non minus ergo soles; Claud. Epist. 4, 17 *ergo la-
cessitus;* Auson. Ep. 25, 56 *ergo meum.*

560. qua solet ire pedes. Argutius quam verius explicat Dammius, Protadium ipsum hac via uti
consuevisse, eamque priscorum Romanorum consuetudine pedibus confecisse. Duae erant viae Triturrita
Pisas ferentes, una, ut mari ex portu Pisano ad ostium
Arni navigaret eoque Pisas subveheretur, altera terrestris, brevior quam illa. Hanc significat poëta. Nam
ut *pedester* saepe pro eo, quod debet esse *terrester,*
dici constat, sic *pedes* nonnunquam ei, qui mari utitur, opponitur, ut apud Vellei. 2, 121 *classicis pedi-
tumque expeditionibus.*

561. tribunus, militum, opinor, aut etiamtum in
actu positus, ut dicitur, praepositusque militibus, qui
Triturritae in praesidio erant, aut vacans, quales saepe
commemorantur. Vide Observat. p. 25 et supra ad
v. 507. Qui antequam Pisas missus est, inter schola-
res meruerat, quibus quia Namatianus, cum magister
officiorum esset, praefuerat, commilitii veteris necessi-
tudine coniuncti erant.

563. officiis - magister. Sic iunge; magister
enim officiis dicitur, qui vulgo appellatur magister officiorum, ut, qui plerumque est *vici magister,* nonnunquam vocatur *vico magister,* qui solent dici *patres familias,* ab Cic. in Verr. 3, 79, 183 *patres fa-
miliis* appellati videntur esse. Quae autem magistri
officiorum fuerit origo, quae fuerint munera, satis dictum est in Observat. §. VII. Qui cum ceteris officiis
palatinis praeesset, tum scholas quinque, principi ad
corporis custodiam constitutas, regebat, quas armige-
ras-principis excubias poëta nominat, ut discer-
neret ab inermibus excubiis, quae item in palatio erant.
Dammius autem, qui Namatianum praefectum praetorio fuisse hinc colligit, horum temporum inscitia deceptus est. Regia tecta intellige imperatoris.

565. Alpheae-originis. Ipse explicat v. 571
sqq. Pisae enim ex eiusdem nominis urbe Elidis,
prope quam Alpheus est fluvius, deductae esse putabantur. Itaque Pisas Italicas ab Alpheo oriundas esse
ait, ut Virg. Aen. 10, 180 *hos parere iubent Alpheae*
ab origine Pisae, ad quem locum Servius conferendus; Claud. de bell. Gild. 483 *nec Alpheae capiunt*
novalia Pisae. Eadem de Pisarum origine narrant
Plin. nat. hist. 3, 5 et Strabo 5, 2, 5.

566. quam cingunt geminis Arnus et Ausur
aquis. Hodie tota eius regionis facies mutata est, ut
nunc nec Arnus nec Ausur, qui hodie Serchio appellatur, eundem, quem antiquitus, cursum habeant. Atque hic quidem, oriundus ex Apennini montibus, cum
olim, paulo infra Lucam eo fere loco, quo hodie pagus Arena est, ad meridiem versus, ubi nunc quoque
val d'Ozari manet, Arnum iuxta Pisas, utrimque ab
Arno et ab Ausure inclusas, obliquo cursu peteret, hodie propter inundationes frequentes et magnopere no-
xias a Pisanis derivatus inde a pago illo ad occiden-
tem versus in mare infunditur, ut eius ostium ab Arni
ostio sex fere milia passuum distet. Quam derivatio-
nem ante annum 1283 p. Chr. factam esse inde colligitur, quod eo tempore prima recentis ostii Serchii
fluminis invenitur commemoratio. Praeter Cluver. Ital.
antiq. libr. II p. 461 copiosissime de hac re disputa-
vit Targionius Tozzettius in libro saepe laudato T. II
p. 146 sqq. De nomine fluvii non deserendam esse
putavimus auctoritatem codicis nostri et editionis principis, in quibus *Ausur* scriptum est. Strabo 5, 2, 5
Ausarem nominat, Plin. nat. hist. 3, 5 *Auserem*, eademque varietas mansit apud scriptores posteriores,
qui modo *Aesarem* (quod nomen superest in hodierno
Ozari), modo *Auserem* et *Hauserem* et *Auxerem* appellant. Ut tamen ne *Ausur* quidem abiiciendum esse
arbitrer, facit Cassiodorus Var. 5, 20 et 17, apud quem

ita videtur esse vocandus. Fuerunt etiam, qui, cum
Serchii hodierni nomen admodum ab Ausere veteri dis-
crepare viderent, dubitarent, num re vera idem flumen antiquitus Ausur fuerit, qui hodie est Serchio.
Quos falli opinione sua ostendit pactio quaedam publica, inter episcopum Lucensem iudicesque eius urbis facta, quam profert Muratorius in Script. rer. Ital.
T. II p. 45 et 1299, in qua ea pars fluminis, quae
prope Lucam est, *Auserculus* vocatur. Quo loco Muratorius adnotat, apparere iam originem nominis recentis. Ex Auserculo enim, abiecta prima syllaba, factum esse *Serculum, Serclum* sive Cerclum (vide Targion. Tozzett. l. l. p. 178), inde more linguae Italicae
Serchio.

567. conum pyramidis-ducunt, Ausur Ar-
num non recto cursu a septemtrione ad meridiem fluens
contingebat, sed, dum adventat, alveum inflectens ob-
liquum flumen in Arnum immittebat, ut, quae terra inter utrumque fluvium intererat, coni speciem referre
videretur. Memorabile autem quiddam narrant Strabo
5, 2, 5 et Aristoteles de mirabil. c. 94 p. 191 (Beck-
mann.), in coitu fluviorum aquas adeo sublimes tolli,
ut, qui in utraque ripa sint, alter alterum conspicere
nequeant. Tanto impetu ferri Auserem. Quod autem
est *conum-ducunt,* non apte Burmannus comparat *notam, formam, colorem ducere,* quae sunt apud Ovid.
de art. amat. 3, 493; ex Ponto 4, 10, 39; Met. 3, 485,
quibus locis *ducere* est *inducere, induere,* quod ipsum
in iisdem dicendi generibus posuit Ovid. Met. 4, 374
facies inducitur illis una, ibidemque 7, 642 *et hu-
manam membris inducere formam.* Nec enim ipsorum fluminum alveus conum inducit, sed efficit, ut terra
interiecta inducat. Itaque comparo potius Ovid. Met.
8, 247 *primus et ex uno duo ferrea brachia nodo
vinxit, ut aequali spatio distantibus illis altera pars
staret, pars altera duceret orbem,* Quint. 11, 3, 118

aut sinistrum ducat orbem, ut ducere sit conducere, contrahere, ut est apud Lucret. 4, 431 *porticus-paulatim trahit angusti fastigia coni, tecta solo iungens, atque omnia dextera laevis, donec in obscurum coni conduxit acumen.* Pyramidis autem conus adhibetur etiam ab Ausonio Mosell. 312 *quadro cui in fastigia cono surgit et ipsa suas consumit pyramis umbras.*

568. intratur modico frons patefacta solo i. e. *frons* sive adversa a mari advenientibus pars terrae inter Arnum et Auserem interiectae, ubi *intratur* sive aditur, *modico* tantum, quia angusta est, *solo patefacta* est, deinde amplior et latior extenditur. Sic Wernsdorfius, cum Dammius non recte frontem intelligat alveum fluviorum, ubi in mare exeunt, quae vulgo frons fluvii appellari solet.

571. Troiugenas fortuna penates-regibus insereret i. e. antequam fortuna domum, gentem Troianam transferret Lavinium. Nam penates, dii domestici, hic pro ipsa domo ponuntur. Offenduntur tamen nonnulli, quod penates regibus inseri ait, quare Schraderus pro penatibus *nepotes* substituebat, ut est in Pervigil. Ven. 69 *ipsa Troianos nepotes in Latinos transtulit,* alius quidam vir doctus in Miscell. observat. III, 3 p. 369 pro regibus *sedes* malebat. At contraxit poëta, quod nostris hominibus consuetius fuerat, si sic explicasset: penates Troiugenas penatibus regum inserere, vulgari latinorum dicendi genere. *Inserere* autem, ab arborum insitione translatum, non raro de iis dicitur, qui in familiam alienam traducuntur, ut Suet. Tiber. 3 *insertus est et Liviorum familiae,* similique brevitate dicendi atque hic, est apud Ovid. Met. 13, 33 *inserit Aeacidis alienae nomina gentis,* et apud Suet. Calig. 23 *succensebat, si qui vel oratione vel carmine imaginibus eum* (Agrippam) *Caesarum insererent.*

575. sancti genitoris imago i. e. statua patris Lachanii, quem v. 595 nominat. Diximus copiose et de ipso et de eius rebus in Observat. §. XI sqq. Fuerat autem consularis Tusciae et Umbriae, anno post Chr. nat. 389, ut videtur, quam provinciam quia *sancte* i. e. cum integritate et iustitia rexerat, Pisani ei in foro urbis suae statuam posuerant, ut moris erat fieri. Magis tamen *sanctus* appellatur, quod mortuus erat. Piorum enim manes sancti vocari solent. Vide interpretes ad Tibull. 2, 6, 31. Hoc autem loco haud scio an imitetur etiam Virg. Aen. 5, 80, ubi Aeneas sic patris manes alloquitur: *salve, sancte parens, salvete recepti nequicquam cineres.*

577. laudibus i. e. titulo honorifico, qui in basi statuae inscriptus erat, quales rectorum Tusciae et Umbriae attulimus aliquot in Observat. p. 40, cogor lacrimare. Sed diversis duabus cogitationibus commovebar. Gaudia enim i. e. lacrimae (nam causam posuit pro effectu) gaudio, quod tanti fieri videbam patrem a Tuscis, effusae, moesta simul erant propter dolorem mortui iam patris. Comparat huic loco Barthius Claud. bell. Get. 407 *singultus varios lacrimosaque gaudia miscent*, et eundem bell. Gild. 228 *permisto tremuerunt gaudia fletu.* Quattuor autem hi versus inde ab v. 575 in editione principe desunt, librarii, ut videtur, errore, qui v. 574, in *genus* desinentem, et v. 578, cuius ultima vox est *genis*, pro eodem uno haberet. In codice nostro nihil deest.

580. fascibus-senis credita iura dedit. Lachanius *Tyrrhenis arvis* praefuerat i. e. consularis Tusciae et Umbriae fuerat, cuius dignitatis insigne sex fasces sunt. Fasces fuisse consularibus provinciarum etiam ex aliis testimoniis demonstravimus in Observat. p. 40; sed sex fuisse Namatianus solus h. l. videtur esse auctor. Dativum autem esse arbitror *fascibus senis*, aptum ex eo, quod est *credita*, quod Dammii

causa commemoro, qui explicat: credita iura cum senis ,fascibus.

582. plus placuisse sibi, quam ceteros honores, quos postea assecutus est. Commemorat autem
maximas, quae tunc erant, dignitates, curam primum
opum sacrarum, quae comiti sacrarum largitionum
commissa erat; deinde ius quaesturae i. e. munus,
potestatem quaestoris, de quibus dixi in Observat.
§. XV init. et ad v. 172. Denique v. 585 praefecturam se adeptum esse ait, urbis, opinor. Nihil enim
valebit, quod adiectum est *si fas est*, nisi ad religio-
nem pertinebit, quae cum apud omnes, tum apud Namatianum summa erat urbis Romae. Neque enim praetorii praefectura, quam fortasse quispiam intelligendam
esse dixerit, dignitate superabat aut curam sacrarum
largitionum aut quaesturam, ut eo illud, quod est *si
fas est*, pertinere posse videatur. Vide Observat. p. 42.

587. tam carus et ipse probatis. Eadem caritate, qua Lachanius Tuscos amplexus erat, invicem
probati, i. e. quos probarat atque unice ex omnibus
populis dilexerat, Lachanium amplectuntur, ut ille
amore suo non deceptus sit. Minuit vim sententiae
Burmannus, cum vulgaria desiderans corrigit *nam carus et ipse probatis*.

588. aeternas grates-canit. Refero ad versus
in basi statuae inscriptos, quibus Pisani in perpetuum
memores se Lachanii beneficiorum futuros esse profi-
tebantur. Sic enim malo Barthium sequi, quam ceteros interpretes, qui ad sermones cantusque referunt,
quibus Tusci mortui consularis laudes celebrarint. Nam
vix credibile est, adeo illos homines cantus fuisse aman-
tes, ut carminibus memoriam Lachanii conservarent.
Nec ex iis, quae sequuntur, illud colligi potest. Ut
enim doceat non falso Tuscos versibus statuae inscriptis professos esse, in aeternum se memores futuros
esse Lachanii beneficiorum, addit, re vera fieri, quod

spopondissent, atque laudes eius a patribus tradi filiis. Heinsius, qui *alternas grates* coniiciebat, aberrabat a loci sententia. Nec enim, ut Pisani Lachanio agebant gratias, ita egerat Lachanius Pisanis. Sed *cura* mutua inter eos fuerat.

590. insinuant. Meliores scriptores non dicunt de loquendo et tradendo per sermonem; haec demum latinitas et maxime Icti, a quibus in vulgarem usum manavit, eam notionem admittunt. Symmachus, Namatiano paulo superior, saepissime habet, non item Claudianus, cuius locus, quem confert Wernsdorfius, Epist. 3, 22 *litera labris atque animis insinuanda meis,* paulo est aliter intelligendus. Nec Rutulius h. l. dixisset *insinuare,* nisi assiduitatem et amorem, cum quo Tusci de Lachanio loquebantur, significare voluisset. De universa sententia recte comparat Burmannus Cat. Distich. 1, 7 *constans et lenis, cum res expostulat, esto, temporibus sapiens mores sine crimine mutas.*

591. gradibus i. e. honoribus, ut supra v. 508, ut Claud. epithal. Pallad. et Celer. 66 *per cunctos iit ille gradus aulaeque labores emensus* cet., saepissime Symmachus, ut Epist. 9, 91 *opto adaugeat gradum meritis iure delatum continuata felicitas;* 1, 60 *a te quoque pro ratione vitae non pro gradu militiae censeatur;* 9, 67; 4, 37; 9, 1; 9, 53 etc. Degenerare autem optimi scriptores cum praepositione *ab* iungunt, boni tamen poëtae etiam accusativum admiserunt, ut Ovid. ex Ponto 3, 1, 45 *hanc, cave, degeneres;* id. Met. 7, 543 *equus degenerat palmas* (ita enim ibi scribi iubet librorum optimorum consensus); Propert. 5, 1, 79 *di mihi sunt testes, non degenerasse propinquos.* Cf. Heins. ad Ovid. ex Ponto l. l. At vero ne dativum quidem spretum esse docet Manil. 4, 78 *degenerant nati patribus;* Stat. Theb. 1,

464 *et Marti non degenerasse paterno;* Claud. IV
cons. Hon. 367 *et patri non degeneraret Achilli.*

592. duplici sedulitate, et propter patrem et
propter me ipsum, quem videant eosdem honores as-
secutum esse, quos pater tenuerat. Flaminiam autem paulo post viam esse intelligendam, quae iuxta
Tusciae veteris fines Roma Ariminum ducebat, non re-
gionem Flaminiam, quod propter *regionum* commemo-
rationem facile verum esse videatur, demonstravimus,
ubi diximus de Lachanio, in Observat. §. XIII. Illud
autem, quod est splendoris patrii saepe reperta
fides, sic intellige: saepe inveni homines, quibus exi-
mie esset persuasum de virtute ac praestantia patris,
qui confirmarent suis sermonibus, eum supra alios
omnes enituisse.

595. famam-suos. Hoc dicit: Etruria tota inter
Tyrrhigenas i. e. populares suos priscos, quos in deorum numero habet atque inter penates vel lares colit,
Lachanium recepit eumque numinis instar veneratur,
ut Augustum olim ab oppidis inter deos suos cultum
esse refert Appianus bell. civ. 5, 132 καὶ αὐτὸν αἱ πόλεις τοῖς σφετέροις θεοῖς συνίδρυον. Pro deo enim Lachanium esse habitum a Tuscis, docet et venerandi verbum et illud, quod est *numinis instar*. Atque Tuscos
imprimis consuevisse defunctorum manes consecrare
iisque tutelam suarum rerum committere constat. Vide
Muellerum in Etruscis Vol. II p. 86 sqq. Tyrrham autem priscam Lydiae urbem fuisse putant (vide eundem Vol. I p. 80), a qua et Tyrrhenus rex vocatur,
et recte, quamvis nove illud fecerit, a Namatiano factum est *Tyrrhigenae*, ut supra v. 571 est *Troisge-
nae penates.* Tyrrhus vero, pastor regius, et Tyrrhi-
dae, qui sunt apud Virg. Aen. 7, 485, ad quos Wernsdorfius Tyrrhigenas refert, longe ab iis diversi sunt.
In editione principe est *turrigenas*, quos Burmannus
interpretatur Etruscos, quod ineptum est. Quamvis

enim constet, Etruscos ingentium aedificiorum vel turrium extructionibus excelluisse, unde quidam Tyrrhenos dictos esse colligunt, tamen nec nascitur quisquam
ex turri, nec poëta, quos a Tyrrheno vocatos esse, cum
Etruriam appellat Lydiam, haud dubie significat, eosdem a turribus nomen invenisse dicere debuit. Quare
Castalio *terrigenas* emendavit, quos vult esse heroes
indigenas, inter quos Lachanium relatum esse putat,
quod Burmanno placuit; idemque in codice nostro in-
veniri videtur, quia ex eo nihil varietatis annotatur.
Verum falsum id esse nec usquam terrigenas vocari
nisi gigantes Tellure natos demonstravit Wernsdorfius. Heinsianum vero *rurigenas* et Schraderianum
Tyrrhenos tuto contemnentur. Lydiam autem vocat
Etruriam, quia Lydos Tyrrheno duce in Italiam venisse ibique gentem Etruscam condidisse fama ferebat.
Quare Virg. Aen. 9, 11 de Etruscis *Lydorumque manum, collectos armat agrestes*, et *Tiberim*, per Etruriam fluentem, appellat *Lydium* Aen. 2, 781. Quod
autem est numinis instar, apte Burmannus confert
Ovid. Met. 14, 124 *numinis instar semper eris mihi.*
Idem quod Lachanii nomen mutabat in *Laecanium*,
satis refutatum est in Observat. p. 30.

597. priscos-mores, avitos, simplices et incor-
ruptos. Dubito, an etiam sacra prisca dicat. Nam quae
v. 371 de festis Osiridis et quae modo de Lachanio
numinis instar culto narravit, cum Christianorum moribus non conveniunt. De rectoribus supra dictum
est ad v. 503.

599. Decius. Diximus de eo et de patre eius
in Observat. §. XXIV. Nihil de utroque, nisi haec,
quae Rutilius narrat, notum est. Nam quae Wernsdorfius de Decio exponit, non satis vera sunt. Nobili
tamen genere oriundum fuisse colligo ex eo, quod nobile eum pignus, i. e. filium, Lucilli appellat. Co-
rythi populus est Tuscorum. Corythus enim, pri-

scus rex Cortonae, Etruriae oppidi, fuisse dicitur, eiusque frequens mentio apud Virgilium, ut eo loco, qui
iam supra laudatus est, Aen. 9, 10 *extremas Cory-
thi penetravit ad urbes.* Vide Muellerum in Etruscis
Vol. II p. 277.

601. mirum, si i. e. mirum est, quod. Graecorum enim more nonnunquam mirandi verbo particula
si pro eo, quod latine debet esse *quod*, additur, ut
apud Horat. Ep. 1, 12, 12 *miramur, si Democriti
pecus edit agellos;* Ep. 1, 15, 39 *non hercule mi-
ror-si qui comedunt bona;* Ep. 1, 17, 26 et ad
Pison. 424. Item adiectivum eam particulam asci-
scit. Terent. Andr. 4, 1, 27 *quid istuc tam mirum
est, de te si exemplum capit;* id. Hecyr. 4, 4, 87
non mirum fecit uxor, si hoc aegre tulit; Ovid.
Her. 15, 85 *quid mirum, primae si me lanuginis aetas abstulit;* id. Her. 16, 39 *nec tamen est mirum,
si, sicut oporteat,-amo;* id. art. amat. 3, 26 *non mirum, populo si favet illa suo.* Sic etiam Quintil.
1, 4, 6 *minus mirum, si-legantur Alexander et Cas-
santra;* id. 11, 3, 67 *nec mirum, si-ista valent,* ut
hunc usum etiam ad scriptores posteriores pertinuisse
intelligatur. Deceptus igitur est h. l. Dammius, qui
ita explicat: nec mirum est, hunc Decium esse tam
bonum, si (quandoquidem) pater Lucillus felix est tam
simili posteritate; eandemque rem Heinsio fraudi fuisse
opinor, qui emendat *magni si redditur indole nati.*
Redditus autem est expressus, ut filius patris imaginem referat. Ita Quintil. 1, 1, 6 *et Laelii filia red-
didisse in loquendo paternam eloquentiam traditur;* Claudian. Idyll. 7, 24 *alter in alterius redditur ore parens;* in Prob. et Olybr. coss. 215 *illi
glauca nitent hirsuto lumina vultu, caeruleis in-
fecta notis, reddentia patrem Oceanum.* Plura
exempla sunt in notis interpretum ad Sil. Ital. 2,
634. Notio translata est ab aqua aliisque rebus, quae

pro speculo sunt, quod *reddere imagines* ait Quintil. 11, 3, 68.

603. huius vulnificis satira ludente Camenis i. e. Turnus non potior est, quam satira huius
Lucilli (non Decii, quem falso inter poëtas satiricos a
Casaubono de sat. poës recenseri annotat Wernsdorfius), quae vulnificis Camenis ludit. Sic enim dixit *ludere Camenis*, ut Virg. Eclog. 6 init. *prima Syra-
cosio dignata est ludere versu nostra-Thalia;* Ovid.
Trist. 2, 538 *Bucolicis iuvenis luserat ante modis;*
Claud. laud. Herc. 15 *sed cur mihi lentis ludis adhuc,
Cyrrhaee, modis.* Commemoravi Wernsdorfii causa,
qui *satira ludente* coniungebat, interpretatus, opinor,
cum satira ludente. Nec sine causa addit *vulnificas*
Camenas, ut Lucillum eo genere satirae usum esse si-
gnificet, quod severe hominum mores perstringeret.
Turnus autem poëta satiricus vixit sub Vespasiano, Tito,
Domitiano, eiusque mentio est apud scholiastam ad Iu-
venal. 1, 20 et 1, 70; apud Mart. 7, 97, 8; 11, 10; Sidon.
Apoll. Carm. 9, 267. Fragmenta eius collecta sunt a
Wernsdorfio in Poët. Lat. Min. T. III p. 59.

605. censoria lima. Censura postquam e re publica sublata est, mansit apud eos, qui severe de hominum
moribus iudicarent, ut Trebell. Pollio Gallien. 3 *constabat autem censuram patris eum ferre non potuisse;* Iul. Capit. Marc. Aurel. 22 *res in Sequanis
turbatas censura et auctoritate repressit,* imprimis
autem apud poëtas satiricos, qui carminibus veterem
disciplinam restituere volebant, de quibus Mart. Epigr.
1, 35, 9 *numquid dura tibi nimium censura videtur?* Idem *limam censoriam* satirae tribuit 5, 80, 12
*quem censoria cum meo Severo docti lima momor-
derit Secundi.* Paulo post scripsimus *restituit* pro
eo, quod usque ad Castalionem fuerat *instituit,* ad-
iuti cod. nostri auctoritate.

607. non olim-Harpyïas? Sequor Burmannum

et Wernsdorfium. Nam parum aptum, quod Castalio
et Vossius de arte grammat. II, 2, p. 168 emendant
namque olim, quoniam non eiusdem semper hominis
est, carminibus mores hominum castigare et iustum ac
severum esse in magistratu. Simlerianum *nam olim*
vitiosum; Barthius et Dammius legunt *nunc-olim* cum
ellipsi quadam sententiae, ut supra v. 307; Heinsius
nunc olim coniungit, ut sit *et nunc et olim,* ut apud
Virg. Aen. 4, 627 *nunc, olim, quocunque dabunt se*
tempore vires; Kappius denique *non olim* separat a
ceteris, ut sit *olim non ita erat.* Sacri-arbiter
auri est comes sacrarum largitionum, de quo vide supra ad v. 582. Harpyias vocat eos, qui, ut loquitur
haec aetas, sub dispositione comitis sacrarum largitionum
sunt, praepositos thesaurorum, rationales per provincias, ceterosque, de quibus dictum est in Observat.
p. 75. Etiam alii poëtae Harpyiis ad homines rapaces
et furaces describendos utuntur, ut Iuvenal. 8, 129 *et*
cuncta per oppida curvis ire parat nummos ra-
ptura Celaeno; Sidon. Apoll. Ep. 5, 7 *illi in exa-*
ctionibus Harpyiae sunt; Auctor Queroli 3 p. 110
ed. Klinkham. *Harpyias, quaeso, praeteristi, quae*
semper rapiunt et volant. De vetere autem Harpyiarum fabula vide Virg. Aen. 3, 213 et Valer. Flacc. 4,
425. Illud autem h. l. notabile, quod poëta, alias di-
ligentissimus in rebus metricis, Harpyiae vocem quattuor syllabis effert, cum soleat contrahi in tres, ut
Ovid. Met. 3, 215 *et natis comitata Harpyia duo-*
bus; item similia vocabula Ilithyiae et Orithyiae. Vide
Burmannum ad Propert. 1, 20, 31. Nec tamen ideo
putavi obtemperandum esse Forcellino in lexico, qui
Harpuïas latina quasi forma scribi iubet, quoniam in
versu insequenti ceterorum poëtarum consuetudinem
servare videtur Rutilius.

610. glutineo. Sic nove Rutilius pro eo, quod alii
dicunt *glutinosus.* Eadem imagine utitur Catullus 25,

9 *quae* (pallium et sudarium et alia) *nunc tuis ab unguibus reglutina ac remitte*, pro qua *piceatam manum* posuit Martial: Epigr. 8, 59 *nec contemne caput; nihil est furacius illo; non fuit Autolyci tam piceata manus*. Paulo supra scripsimus *discerpitur* i. e. distrahitur, pro eo, quod antea falso erat *decerpitur*.

611. quae luscum faciunt Argum, quae Lyncea caecum, i. e. quae tam callide furantur, ut ipse Argus, cui centum oculos fabulae tribuunt, *luscus* i. e. ad unum oculum redactus, Lynceus, qui acumine aciei excelluisse fertur, oculis omnino captus esse videatur. Paulo post scripsimus marginem codicis nostri secuti inter custodum publica furta volant i. e. volant ae rapiunt, dum ipsi custodes, i. e. comites sacrarum largitionum, furantur et pecuniam publicam avertunt. Manet in ea imagine, qua incepit. Antea quod fuerat *inter custodes p. f. volant*, minus erat aptum, quoniam nec furta volare dici possunt, et imago illa Harpyiarum circumvolantium et unguibus omnia trahentium servanda erat.

613. Briareïa praeda fefellit i. e. praeda, facta ab hominibus, qualis Briareus fuit, *centum cui brachia dicunt centenasque manus* fuisse (Virg. Aen. 10, 565). Confero similiter in simili re dicentem Sidon. Apollin. Ep. 5, 7 *quorum si nares afflaverit uspiam rubiginosi aura marsupii, confestim videbis illic et oculos Argi et manus Briarei*. Minus est exquisitum, quod Burmannus et Schraderus emendabant *Briareïa turba*, quod petiverant ex Claud. de rapt. Proserp. 3, 188 *nostros an forte penates appetiit centum Briareïa turba lacertis*.

615. Pisaea ex urbe i. e. ex urbe, quae ab Pisa Elea originem habet. Noli enim *Pisaeus* ad Pisas, Etruriae oppidum, referre, ad quas quod pertinet, *Pisanum* potius nominatur. Vide infra 2, 12; Liv. 40, 43. Pi-

Pisaeum contra est, quod ab altera illa Pisa proficiscitur. Ita certe Stat. Theb. 6, 555; Lucan. 2, 165; Claud.
laud. Seren. 166. De Noto autem nitido dictum
est supra ad v. 541, de aptandi verbo ad v. 151.

617. insorduit aether. Rarissimum est verbum
insordescere, nec puto alibi legi, nisi apud Sidon. Apoll.,
cuius unum locum indicavit Wernsdorfius, Ep. 5, 13
init. *si quid forte deiectu caducae frondis agger*
insorduit; addo alterum eiusdem scriptoris Ep. 2, 2
ad fin. *si turbo austrinus insorduit.* Verum notio,
quae in eo inest, aptissima est; nam *sordidam lucem*
dicit Senec. Oedip. 327; *tristia nubila* Ovid. Met. 6,
690; *foedam tempestatem* Virg. Georg. 1, 323; Rutilius v. 632 *piceam nubem.* Quare non opus est
emendationibus Burmanni et Schraderi, quorum ille
intectus inhorruit, hic *contectus inhorruit* malebat;
nec inhorrescere h. l. aptum esse iudico. Id enim dicitur inhorrescere, cuius superficies stringitur et horrida, i. e. non levis, fit. Quare de mari potissimum
poëtae usurpant, ut Pacuv. apud Cic. de orat. 1, 39
et de divinat. 1, 14; Virg. Aen. 3, 193 *et inhorruit*
unda tenebris; Petron. 144 *inhorruit mare,* quod
idem est, atque apud Lucan. 5, 565 *niger inficit hor-*
ror terga maris. Item ubi de aliis rebus dicitur, ut
de frumento, Virg. Georg. 1, 314 *cum messis inhor-*
ruit, aut de aëre, Ovid. ex Ponto 3, 3, 9 *cum subito*
pennis agitatus inhorruit aër; Valer. Flacc. 3, 348
ter inhorruit aether, luctificum clangente tuba, aut
de silva, Claud. in Prob. et Olybr. coss. 125 *et in-*
horruit atrum maiestate nemus, aut de homine denique, Stat. Theb. 1, 309 *tenuique exceptus inhor-*
ruit aura, semper significat intremiscere perstrictum,
quod aperte significat Ovidius in simili verbo Metam.
4, 135 *exhorruit, aequoris instar, quod tremit, exi-*
gua cum summum stringitur aura. Quamquam etiam
nubes horridae, dici possunt, et coelum inhorrescere,

13

ut apud Senec. Thyest. 1078 et Hercul. Oet. 1133 est
atra nube inhorrescat polus, quoniam tempestate et
nubibus levem, quae sereno est, superficiem coelum
amittit, nubesque ipsae horridae aspectu sunt. Verum
aether nubibus inhorrescere non potest. Sensisse rem
videtur Crusius Prob. crit. p. 62, qui coniiciebat *cum
subitis contractus nimbus inhorruit austris*, claudi-
cante tamen versu.

619. tempestate maligna i. e. quae, cum mala
nondum sit, mala tamen minetur, cui comparari potest Virgilianum Aen. 6, 270 *quale per incertam lunam sub luce maligna est iter in silvis;* nam lux
mala essent tenebrae. Itaque freta vocat insani-
tura, frequenti apud poëtas metaphora, ut Horat.
Carm. 3, 4, 30 *insanientem Bosporum;* Virg. Eclog.
9, 43 *insani feriant sine litora fluctus;* Ovid. Her.
18, 28 *insani sit mora longa freti*, ipse Rutilius infra 2, 24 *Tyrrheni rabies Adriacique maris.*

621. otia-navalia. Est, quod hic haereas. Nam
vulgo *otium literatum* (Cic. Tuscul. 5, 36, 105) qui
agere dicitur, literis, qui *otium studiosum* (Plin. Ep.
1, 22 extr.), studiis literarum vacare intelligitur. Hic
autem *otia navalia* sunt intermissione navigandi pa-
rata. Eaque, opinor, causa fuit Crusio Prob. crit. p. 62,
ut emendari vellet h. l. *otia - nemoralia.* Sed uti recte
dixeris otium navigandi i. e. a navigando, quemadmodum apud Plin. nat. hist. 11, 10 est *operis otium* i. e.
otium ab opere faciendo, ita otium navale satis videtur esse latinum. Terere autem otium est eius, qui
invitus cessat, ut Symmach. Ep. 2, 32 *ego ab omnibus negotiis feriatus triste otium tero*, quem locum
citat Wernsdorfius. Adde ea, quae Marklandus ad Stat.
Silv. 3, 5, 60 attulit. Paulo post quod Crusius Prob.
Crit. p. 62 coniiciebat *sectandisque iuvant arma mo-
venda feris* aut *iuvat bella movere feris*, videtur
eum offendisse *membra movere.* Num ipsa locutio?

At est, ut unum afferam locum, apud Lucret. 4, 457 *membra movere nostra videntur.* An, quod mirabatur, membra potissimum movisse poëtam? At erat fessus sedendo et navigando; venatio autem est *opus utile famae vitaeque et membris,* ut ait Horat. Ep. 1, 18, 49.

623. villicus hospes non est tribunus ille, de quo ante v. 561 dixerat, nec dominus villae Triturritae, quod putat Burmannus; nam eum sine dubio nominasset poëta, si hospitio se excepisset. Sed consuevisse in villis, quae ad vias frequentes sitae erant, esse tabernas deversorias iam, supra demonstratum est ad v. 381. Itaque eum, qui hanc tabernam villae Triturritae conduxerat, Rutilius vocat villicum hospitem. Paulo post olidum cubile, quod odorem ferae ibi cubantis emittit, unde a canibus sentitur ac cognoscitur.

625. rara fraude plagarum. Fraudem plagarum dicit plagas fraudulentas, quibus decipiuntur ferae. Paulo autem audacius fraudem ipsam nominavit *raram,* cum retia et plagas et similia rara vocari vulgare sit. Fulmen dentis i. e. fulminei dentes frequenter in apris esse dicuntur, ut Phaedrus 1, 21, 5 *aper fulmineis dentibus;* Ovid. Met. 10, 550 *fulmen habent acres in aduncis dentibus apri;* id. Met. 1, 305 *nec vires fulminis apro, crura nec ablato prosunt velocia cervo;* id. Met. 8, 289 *fulmen ab ore* (apri Calydonii) *venit, frondes afflatibus ardent,* de eodemque apro ibidem 354 *nec fulmine lenius arsit.* Ex eodem autem loco *lacertos* Meleagreos sumpsit, siquidem Ovid. Met. 8, 344, ubi de Meleagro, nobili venatore Calydonio, agit, eic dicit: *cuspis Echionio primum contorta lacerto vana fuit.*

628. laxet nodos Amphitryoniadae i. e. solvat, distendat eius nodos, qui sunt articuli (Plin. nat. hist. 11, (37), 88) sive ligaturae membrorum. Eos item

13*

laxari ait Lucan. 4, 632 de Antaeo *Herculeosque novo laxavit corpore nodos; et relaxari* Nemes. Cyneg. 169 *tum membrorum nexus nodosque relaxant.* Respici autem h. l. ad Herculem *Erymanthei sudantem pondere monstri Amphitryoniaden,* ut est apud Valer. Flacc. 1, 374, patet. Pro eo autem, quod in codice nostro est *laxet,* minus recte Onuphrius et Pithoeus scripserunt *laxat,* Heinsius aliquando, 'cum postea se ipse revocarit, *lasset.*

629. persultat. De sono aut de voce non legitur, nisi apud Isidor. in praef. Hamartig. 10 *vox persultat.* Sed est tamen bona ea locutio. *Resultandi* certe verbo nonnunquam utuntur aut de voce echo reddita, ut Virg. Georg. 4, 50 *vocisque offensa resultat imago,* aut de rebus sonum reddentibus, ut Claud. cons. Olybr. 175 *collesque canoris plausibus impulsi septena voce resultant.* Buccina vero canendi morem in venationibus Wernsdorfius annotat aliunde non esse notum ex scriptoribus venaticis, sed clamore solo significari victoriam, ut Ovid. Met. 8, 419 *gaudia testantur socii clamore secundo;* id. art. amand. 2, 1 *dicite io Paean! - Decidit in casses praeda petita meos.* Pro eo autem, quod est *colles,* nescio qua de causa Dammius scripsit *montes.*

630. reportando i. e. dum reportant praedam. Notabilis tamen ablat. gerundii, quo h. l. tempus significatur, ut apud Liv. 5, 43, 7 *Camillus cum diis hominibusque accusandis senesceret;* Tac. Annal. 3, 19 *is finis fuit ulciscenda Germanici morte.* Neque enim aut Dammii ratio videtur vera esse, qui *reportando* dativum esse putat: *praeda nobis levis fit ad reportandum,* aut Barthii, qui *reportandum carmen* echo interpretatur per collium anfractus reddentem missas voces. In editione autem principe cum vitiose esset *reportanda,* Onuphrius et Wernsdorfius recte *reportando,* Castalio, Almeloveenius, Burmannus *re-*

portanti, Heinsius *reportantum* emendarunt. Pompam autem aliquam ductam esse cogita, dum praeeunt buccinatores, qui praedam portant, canentes sequuntur. Confert Burmannus Senec. Hippolyt. 79 *fertur plaustro praeda gementi-repetitque casas rustica longo turba triumpho;* Virg. Georg. 3, 375 *et magno laeti clamore·reportant.*

631. madidis-Africus alis. Imitatur Ovid. Met. 1, 264 *madidis Notus evolat alis, terribilem picca tectus caligine vultum.* Idem enim est Africus ac Notus. Vide supra ad v. 616. Continuos-dies est plures deinceps dies, ut apud Claud. de cons. Stilich. 3, 190 *quod tibi continuis resonant convexa diebus.* Diutius enim Namatianum Triturritae commoratum esse ex temporum notatione, quam subiungit, apparet. Vide Observat. p. 10. Negat Africus *dies,* quod picca nube coelum inducit, ut sol terram collustrare nequeat; nam dies non est, nisi cum sol lucet. Ita certe videbatur veteribus, qui diem adeo solem ipsam dixerunt, ut Lucan. 4, 154 *decrescit umbra in medium surgente die;* Claud. rapt. Pros. 1, 274 *merscrat unda diem,* saepius. Sententiae comparari potest Claud. VI cons. Hon. 540 *namque ideo pluviis turbaverat omnes ante dies lunamque rudem* (i. e. novam) *madefecerat Auster, ut tibi servatum scirent convexa serenum.* Commemoravi haec Wernsdorfii causa, qui *continuos dies* non recte interpretatur dies continuo serenos.

633. matutinis Hyades occasibus udae i. e. iam Hyades udae fiunt mane occidentes, iam Hyades mane occidunt. Sunt autem Hyades septem stellae in capite Tauri, *sidus vehemens et terra marique turbidum,* ut ait Plin. nat. hist. 18, (26) 66, unde iis graecum nomen a pluendo inditum, (Cic. de nat. deor. 2, 43), quod nomen cum Latini non recte a suibus impositum esse interpretarentur, imperitia appellatas esse Suculas tradit Plin. l. l. Quas quidem mane occidere

docet Columella 11, 2 a. d. XI Cal. Dec. Eodemque
tempore Lepus occidit, conditus hiberno imbre
i. e. cum hiberno imbre, queniam occasus eius hiemem
et imbres hibernos adducit. Ideo paulo post v. 638
roscida praeda dicitur. Est autem Lepus sex stella-
rum signum, ut veteres quidem putabant, sub sinistrum
pedem Orionis, cuius canem, qui maior vocari solet,
fugere videtur.

635. magnis fluctibus astrum i. e. quod magnos fluctus excitat, affert, quamquam est *exiguum
radiis* i. e quamquam paucis stellis constat. Opposi-
tionem enim, quae est in sententia, non opus est esse
etiam in verbis, ut non probem Castalionem, Dammium, Kappium, Wernsdorfium, qui scripserunt *magnum fluctibus astrum*. Paulo post quo madidam
humum est a quo madefactam. Causam deinde addit, cur nemo, quamdiu Lepus in coelo est, mari utatur. Sequi enim Orionem procellosum, procellas
ac tempestates afferentem, quem item *procellosum* dicit Plin. nat. hist. 18, (25) 59, Virgiliusque Aen. 1, 539
nimbosum, et Aen 4, 52 *aquosum*. De omnibus autem his, quae commemoravit, sideribus Claud. bell.
Gild. 497 *quamvis imbribus humescant Hoedi, nim-
bosaque Taurum ducat Hyas, totusque fretis de-
scendat Orion, certa fides coeli.* Scripsimus *Oarioni*, soluta forma, ex auctoritate codicis nostri et
editionis principis, ut Catull. Carm. 66, 94 *proximus
Hydrochoi fulgeat Oarion.* Licebat etiam *Orioni*
dicere, quam vocem poëtae ita nonnunquam in fine
hexametri ponunt, ut is fiat spondaicus, ut Horat. Carm.
1, 28, 21 *me quoque devexi rapidus comes Orionis;*
Lucan. 9, 836 *teste tulit coelo victi decus Orionis;*
Claud. VI cons. Hon. 178 *gurgite sidereo subterluit
Oriona.*

638. aestiferumque canem roscida praeda
fugit i. e. Lepus Sirium sive canem maiorem. Is enim

est *aestifer canis*, ut apud Senec. Oedip. 39. Ascribimus locum ex Arat. Phaen. v. 338

τοσσὶν δ' Ὠρίωνος ὑπ' ἀμφοτέροισι Λαγωός
ἐμμενὲς ἤματα πάντα διώκεται· αὐτὰρ ὅγ' αἰεί
Σείριος ἐξόπιϑέν φέρεται μετιόντι ἐοικώς,
καί οἱ ἐπαντέλλει καί μιν κατιόντα δοκεύει.

Fabulam leporis in coelum sublati narrat Hygin. Astron. 2, 33 et 3, 22.

641. qualiter cet. Describit tempestatem, quae mare turbabat, eamque tantam fuisse ait, ut in mari interno, in quo exigua aut nulla vis aestus est, idem accideret, quod in Oceano fieri solet, ut accessu aestus mare mediam in terram impellatur, vago tamen salo, quippe quod agrum brevi postquam inundavit, rursus *destituat*, relinquat. Hac quidem aetate, qua subactis Galliis, Britanniis, Hispaniis Oceanus pervius erat Romanorum navibus, ad describendam tempestatem uti licebat aestuum similitudine; primo tamen cum ad Oceanum accederent, summo opere miratos esse Romanos, cum accessus recessusque maris viderent, scribit Caesar bell. Gallic. 4, 29.

643. sive cet. In causas aestuum marinorum inquirit, ut solet fere facere, si quid memorabile in itinere accidit. Totum hunc locum expressit ex Lucano 1, 409 *quaque iacet litus dubium, quod terra fretumque vendicat alternis vicibus, cum funditur ingens Oceanus, vel cum refugis se fluctibus aufert. Ventus ab extremo pelagus sic axe volutet destituatque ferens; an sidere mota secundo Tethyos unda vagae lunaribus aestuet horis: flammiger an Titan, ut alentes hauriat undas, erigat Oceanum fluctusque ad sidera tollat, quaerite, quos agitat mundi labor: at mihi semper tu, quaecunque moves tam crebros causa meatus, ut superi voluere, late*, quem locum non recte a quibusdam interpretibus tentatum atque emendatum esse video. Conferenda sunt, quae

Plin. nat. hist. 2. (79) 99; Pompon. Mel. 3, 1; Senec. nat. quaest. 3, 28, de provid. 1 de eadem re disputant. Tres causas aestuum commemorat Lucanus, ventum ab extremo axe flantem, deinde lunam, tum solem, quarum primam omisit Rutilius, quia non probabat. Alteram sic exprimit: *sive* (pontus) *refluus alio orbe* (i. e. ab alio orbe refluens, ab alio orbe repulsus) *nostro* (orbi) colliditur. Nostrum autem orbem dicit terram, alium Lunam. De eadem causa sic Claudianus VI cons. Hon. 496 *iamque ora Padi relinquit · certis ubi legibus advena Nereus aestuat et pronas puppes nunc amne secundo, nunc redeunte vehit: nudataque litora fluctu deserit, Oceani lunaribus aemula damnis.* Non afferenda a Wernsdorfio erat h. l. ea causa, quam exponit Macrobius Somn. Scip. 2, 9. In tertia causa exponenda Rutilius solem omittit, sidera sola commemorat. Vulgaris enim erat apud veteres, et potissimum quidem apud Stoicos opinio, et solem ipsum et cetera sidera undis ex Oceano attractis ali ac refici, de qua Lucanus etiam alibi, ut 9, 313 *sed rapidus Titan, ponto sua lumina pascens;* 10, 258 *nec non Oceano pasci Phoebumque polumque credimus; hunc, calidi tetigit cum brachia cancri, sol rapit atque undae plus, quam quod digerat aër, tollitur.*

COMMENTARIUS

IN

RUTILII CLAUDII NAMATIANI

DE REDITU SUO

LIBRUM SECUNDUM.

1. **Nondum longus erat nec multa volumina passus.** Praefatur pauca cum modestia ac verecundia, ut carmen suum lectoribus commendet et excuset, quod in duos libros divisum sit. Nam iustum spatium libri nondum esse expletum; sed timuisse se longitudinem continui operis. Volumen enim h. l. esse apparet non, ut vulgo, librum circa baculum volutum, sed ipsum illud circumvolvi, rariore significatione, quae invenitur tamen in disparibus rebus apud Plin. nat. hist. 7 (45) 46 *in divo quoque Augusto magna sortis humanae reperiuntur volumina;* Ovid. Met. 2, 71 *sidera: que alta trahit celerique volumine torquet.*

3. **taedia continuo labori.** Hoc dicit: timuit liber meus, he eos, qui legerent, taederet continui laboris iique ei cederent, legere desinerent. *Continuum* laborem dicit carmen suum legendum, si non esset divisum per duo volumina, sed uno volumine contineretur; *taedia* ipsos homines, quos taedet. Vide ad 1, 19. Quod autem Wernsdorfius scripsit *timui,* non opus est. Quoties enim poëtae libros loquentes indu-

cunt! Atque ipse Rutilius modo *iure suo poterat longior esse liber*.

4. iuge-opus i. e. *continuum*, ut modo dixit, deterioris latinitatis more. Nam boni scriptores de aqua tantum utuntur, eiusque similitudinem sequitur Plaut. Pseudol. 1, 1, 82 *nam is mihi thesaurus iugis in nostra est domo*. Sed posterioribus temporibus de qualibet re usurpabatur, ut apud Gell. 12, 8 extr. *iugi concordia;* Eutrop. 8, 13 *iuge triennium;* imprimis autem apud Ictos. Vide Glossar. Nom. Theod. Cod. ed. Gothofr. s. v. Apte autem huius loci sententiae Barthius comparat Prudentium contra Symmachum libr. 1 extr. *sed iam tempus iter longi cohibere libelli, ne tractum sine fine ferat fastidia carmen.*

8. qui notat inscriptus milia crebra lapis i. e. lapis miliarius, qui inscriptione sua saepe indicat, quot milia itineris confecta sint, quales a temporibus Gracchorum (Plutarch. C. Gracch. 7) per singula milia in viis publicis positi esse solebant. Exprimi a Namatiano h. l. annotat Pithoeus Quintilianum 4, 5 *non aliter, quam facientibus iter, multum detrahunt fatigationis notata inscriptis lapidibus spatia.*

9. partimur trepidum-ruborem. Rubore inficitur vultus poëtae, cum scribere incipit, quia *trepidat,* timet, ne nolint lectores legere, quae scripserit. Quem ut minueret, partitus est carmen suum per opuscula bina i. e. per binos libros; itaque etiam ruborem ipsum partitur ac minuit. Vides igitur rubore significari ipsum carmen, solita Rutilii consuetudine. Vide supra v. 3 et 1, 19. Redit tamen poëta ad propriam ruboris significationem, cum addit quem satius fuerat sustinuisse semel. Est enim sustinere ruborem, ut *sollicitudinem curamque sustinere* apud Cic. Ep. 10, 4; *malum sustinere* apud eundem ad Att. 11, 11, similia. Satius autem fuerat semel erubescere

i. e. unum tantum librum scribere, ut iustum spatium
voluminis expleretur. Confero, quae Epistol. 11 Ausonius scribit ad Paulum: *versus meos utili et conscio
sibi pudore celatos, carmine tuo et sermone praemissis, dum putas elici, repressisti.* — *Hoc poposcisti atque id ego malui, tu ut tua culpa ad eundem lapidem bis offenderes: ego autem, quaecunque fortuna esset, semel erubescerem.* Non igitur
opus esse puto emendationibus, quas Kappius et Pithoeus adhibent, quorum ille *pudorem*, hic *timorem*
corrigebat. Nam operarum errore videtur factum esse,
quod in notis eiusdem editionis Pithoeanae est *tumorem*, in Onuphriana *rumorem*. At Kappius etiam aliud
novabat, ut hoc distichon secundo loco collocaret, ea,
opinor, re motus, quod illud, quod est *timuit*, ad ruborem referri malebat; de qua re iam dictum est.

11. **nimbosa maris obsidione** i. e. ea re, quod
mare obsidebatur, tenebatur nimbis ac tempestatibus.
Recte comparat Wernsdorfius Plin. Panegyr. 81 de feris venatione submotis: *submota campis irruptio ferarum, et obsidione quadam liberatus agrestium labor.* Proximo versu non putavimus recipiendam esse
emendationem Graevii, a Dammio, Kappio, Wernsdorfio probatam, *Pisano e portu.* Nam et alii poëtae
ablativo solo ad locum, unde quid proficiscatur, designandum utuntur, et Rutilius ipse supra 1, 643 *sive
alio orbe refluus.*

13. **radiis crispantibus.** Malo radios mare,
quam se ipsos crispantes intelligere, quod suadet Wernsdorfius. Illa certe ratione Valer. Flacc. 1, 310 *Minyas simul obtulit omnes alma novo crispans pelagus Tithonia Phoebo.* De crispato mari auctor carminis apud Wernsdorfium Poët. lat. min. Tom. IV, 7,
19 *ac tantum tremulo crispatur caerula motu;*
Gellius 18, 11 *ventus mare caeruleum crispicans nitefacit.* Quamquam etiam crispans vocatur, quod cri-

spatur proprie, ut *crispans buxus* apud Plin. nat.
hist. 16, 28; *crispante-crepitu* apud eund. 2, 84; *crispans nasus* apud Pers. 3, 87. Ad ea, quae insequuntur, comparat Wernsdorfius eiusdem carminis, quod
paulo supra laudavit, v. 24 *te sulcante viam rostro
submurmuret unda*. Etiam Virgilius Aen. 10, 213
murmurat unda, et saepe.

15. Apennini devexa i. e. extremae partes
Apennini montis, quae declives sunt atque in planitiem
descendunt, quemadmodum Lucan. 2, 429 Apennino *de-
nexas Alpes* excipi ait i. e. extremas partes Alpium
continuari Apennino. Notum est autem Apenninum
paulo supra Pisas ad mare accedere et in promontorium quoddam excurrere, quem poëta vocat montem
aërium i. e. praealtum, eo usus epitheto, quo constanter in Alpibus utuntur, ut Virg. Georg. 3, 474
aërias Alpes, Ovid. Met. 2, 226 *aëriaeque Alpes et
nubifer Apenninus*, quos sequitur Sil. Ital. 1, 128 et
371; sed idem 4, 740 *protinus aërii praeceps rapit
aggere montis* de Apennino. Confero Strabonem 5, 1
ταῦτα (τὰ Ἀπέννινα ὄρη) ἀρξάμενα ἀπὸ τῆς Λιγυστικῆς
εἰς τὴν Τυρρηνίαν ἐμβάλλει, στενὴν παραλίαν ἀπολικόντα·
εἶτα ἀναχωροῦντα εἰς τὴν μεσόγαιαν κατ᾽ ὀλίγον, ἐπειδὰν
γένηται πρὸς τὴν Πισάτιν, ἐπιστρέφει πρὸς ἕω etc., quare
Lucan. 2, 400 *collesque* (Apenninos) *coërcent hinc
Tyrrhena vado frangentes aequora Pisae*. Vide ad
v. 29.

17. Italiam, rerum dominam, ut Virg. Aen. 1,
282 *Romanos, rerum dominos*. Vide supra ad 1; 194.
Cingere autem visu est ambire quasi oculis, qui duces sunt animo, ut deinde omnem Italiam in unius
figurae similitudinem redigere atque ita intueri possis,
quod ait deinde *totam pariter cernere mente*. Simile est apud Claud. bell. Gild. 356 *namque procul
Libycos venatu cingere montes* i. e. ambire venando
montes; Lucan. 9, 373 *et terra cingere Syrtim* i. e.

ambire terrestri itinere; plane autem cum hoc convenit Sabin. Ep. 2, 49 *et quotiens oculis circumdat
sidera.* Quare, quae Heinsius ad Claud. bell. Gild.
356 coniecit *iungere* vel *stringere,* non opus sunt, ex
quibus hoc ne aptum quidem esse arbitror, quoniam
obiter percurrere significat.

19. quernae similem-frondi. Idem de Italia
dicit Plin. nat. hist. 3, 5 *est ergo folio, maxime
querno, assimilata, multo proceritate amplior quam
latitudine,* ex eoque Solin. c. 8 et Martian. Capell.
libr. 8. Minus recte alii Italiam triangulo comparave-
runt, cuius basim Alpium montes, verticem vero Leuco-
petram promontorium ad fretum Siculum esse volebant.
Vide Cluver. Ital. antiq. p. 24 sqq. Est autem hic
mos veterum, apud quos pictarum tabularum rarus vel
nullus erat usus, ut terrarum figuras ex rerum vulgo
notarum similitudine adumbrarent. Affert alias ali-
quas similitudines, quibus veteres geographi utebantur,
h. l. Wernsdorfius, ex quibus unam hanc cito, quod
Priscianus Perieges. 12 de toto orbe terrarum dicit:
*artatur rapidos cursus ad solis utrimque, assimi-
lis fundae,* quo illustrantur etiam ea, quae h. l. insequuntur. Convenientem autem sinum intellige
coëuntem, utrumque latus iungentem, non convenientem cum similitudine quernae frondis, quod Dammio
placuit.

21. milia per longum decies centena feruntur. De longitudine Italiae Plinius nat. hist. 3, 5
ita tradit: *patet longitudine ab Alpino fine Praeto-
riae Augustae* (quae urbs est in Salassis, hodie Aosta)
per urbem (Romam) *Capuamque cursu meante Rhe-
gium oppidum decies centena et viginti passuum.*
Cf. eundem 4, 37. Hanc computationem Rutilius secutus est, nisi quod, ut poëtae licebat, viginti passus, quos versu comprehendere difficile erat, omisit.
Quod autem *teri* milia ait, significat non eam longi-

docet Columella 11, 2 a. d. XI Cal. Dec. Eodemque
tempore Lepus occidit, conditus hiberno imbre
i. e. cum hiberno imbre, quoniam occasus eius hiemem
et imbres hibernos adducit. Ideo paulo post v. 638
roscida praeda dicitur. Est autem Lepus sex stella-
rum signum, ut veteres quidem putabant, sub sinistrum
pedem Orionis, cuius canem, qui maior vocari solet,
fugere videtur.

635. magnis fluctibus astrum i. e. quod magnos fluctus excitat, affert, quamquam est *exiguum
radiis* i. e quamquam paucis stellis constat. Opposi-
tionem enim, quae est in sententia, non opus est esse
etiam in verbis, ut non probem Castalionem, Dammium, Kappium, Wernsdorfium, qui scripserunt *magnum fluctibus astrum*. Paulo post quo madidam
humum est a quo madefactam. Causam deinde addit, cur nemo, quamdiu Lepus in coelo est, mari utatur. Sequi enim Orionem procellosum, procellas
ac tempestates afferentem, quem item *procellosum* dicit Plin. nat. hist. 18, (25) 59, Virgiliusque Aen. 1, 539
nimbosum, et Aen 4, 52 *aquosum*. De omnibus autem his, quae commemoravit, sideribus Claud. bell.
Gild. 497 *quamvis imbribus humescant Hoedi, nim-
bosaque Taurum ducat Hyas, totusque fretis de-
scendat Orion, certa fides coeli*. Scripsimus *Oarioni*, soluta forma, ex auctoritate codicis nostri et
editionis principis, ut Catull. Carm. 66, 94 *proximus
Hydrochoi fulgeat Oarion*. Licebat etiam *Orioni*
dicere, quam vocem poëtae ita nonnunquam in fine
hexametri ponunt, ut is fiat spondaicus, ut Horat. Carm.
1, 28, 21 *me quoque devexi rapidus comes Orionis;*
Lucan. 9, 836 *teste tulit coelo victi decus Orionis;*
Claud. VI cons. Hon. 178 *gurgite sidereo subterluit
Oriona*.

638. aestiferumque canem roscida praeda
fugit i. e. Lepus Sirium sive canem maiorem. Is enim

est *aestifer canis*, ut apud Senec. Oedip. 39. Ascribimus locum ex Arat. Phaen. v. 338

τοσσὶν δ᾽ Ὠρίωνὸς ὑπ᾽ ἀμφορέροισι Λαγωός
ἐμμενὲς ἤματα πάντα διώκεται· αὐτὰρ ὅγ᾽ αἰεί
Σείριος ἐξόπιϑιν φέρεται μετιόντι ἐοικώς,
καί οἱ ἐπαντέλλει καί μιν κατιόντα δοκεύει.

Fabulam leporis in coelum sublati narrat Hygin. Astron.
2, 33 et 3, 22.

641. qualiter cet. Describit tempestatem, quae
mare turbabat, eamque tantam fuisse ait, ut in mari
interno, in quo exigua aut nulla vis aestus est, idem
accideret, quod in Oceano fieri solet, ut accessu aestus mare mediam in terram impellatur, vago tamen
salo, quippe quod agrum brevi postquam inundavit,
rursus *destituat*, relinquat. Hac quidem aetate, qua
subactis Galliis, Britanniis, Hispaniis Oceanus pervius
erat Romanorum navibus, ad describendam tempestatem uti licebat aestuum similitudine; primo tamen cum
ad Oceanum accederent, summo opere miratos esse
Romanos, cum accessus recessusque maris viderent,
scribit Caesar bell. Gallic. 4, 29.

643. sive cet. In causas aestuum marinorum inquirit, ut solet fere facere, si quid memorabile in itinere accidit. Totum hunc locum expressit ex Lucano
1, 409 *quaque iacet litus dubium, quod terra fre-*
tumque vendicat alternis vicibus, cum funditur in-
gens Oceanus, vel cum refugis se fluctibus aufert.
Ventus ab extremo pelagus sic axe volutet destituat-
que ferens; an sidere mota secundo Tethyos unda
vagae lunaribus aestuet horis: flammiger an Titan,
ut alentes hauriat undas, erigat Oceanum fluctus-
que ad sidera tollat, quaerite, quos agitat mundi
labor: at mihi semper tu, quaecunque moves tam
crebros causa meatus, ut superi voluere, late, quem
locum non recte a quibusdam interpretibus tentatum
atque emendatum esse video. Conferenda sunt, quae

Plin. nat. hist. 2. (79) 99; Pompon. Mel. 3, 1; Senec. nat. quaest. 3, 28, de provid. 1 de eadem re disputant. Tres causas aestuum commemorat Lucanus, ventum ab extremo axe flantem, deinde lunam, tam solem, quarum primam omisit Rutilius, quia non probabat. Alteram sic exprimit: *sive* (pontus) *refluus alio orbe* (i. e. ab alio orbe refluens, ab alio orbe repulsus) *nostro* (orbi) colliditur. Nostrum autem orbem dicit terram, alium Lunam. De eadem causa sic Claudianus VI cons. Hon. 496 *iamque ora Padi relinquit-certis ubi legibus advena Nereus aestuat et pronas puppes nunc amne secundo, nunc redeunte vehit: nudataque litora fluctu deserit, Oceani lunaribus aemula damnis.* Non afferenda a Wernsdorfio erat h. l. ea causa, quam exponit Macrobius Somn. Scip. 2, 9. In tertia causa exponenda Rutilius solem omittit, sidera sola commemorat. Vulgaris enim erat apud veteres, et potissimum quidem apud Stoicos opinio, et solem ipsum et cetera sidera undis ex Oceano attractis ali ac refici, de qua Lucanus etiam alibi, ut 9, 313 *sed rapidus Titan, ponto sua lumina pascens;* 10, 258 *nec non Oceano pasci Phoebumque polumque credimus; hunc, calidi tetigit cum brachia cancri, sol rapit atque undae plus, quam quod digerat aër, tollitur.*

montium profutura?; similiter Claud. in Ruf. 2, 28
alii per Caspia claustra - invadunt Orientis opes i. e.
per claustra portarum Caspiarum, ut ait Tac. Hist.
1, 6, 4; Claud. in Eutrop. 1, 249 *extra Cimmerias,
Taurorum claustra, paludes.* Quod autem est *mon-
tanis-viis,* ipse supra explicavit, 1, 38 *cautibus alta
rigent,* quo loco plura dicta sunt, ut prorsus ineptum
sit, quod coniecit Schraderus *montanis feris.*

35. invidiam i. e. ne invideretur Italiae ab aliis
populis, non, quod Dammio placebat, ne invidiose sibi
incuria et negligentia obiiceretur, si non satis Italiam mu-
nisset. Nam ea, quia abundabat omni frugum genere, cupiditates populorum septemtrionalium excitabat, ut vide,
quae de causis, cur Galli invaserint, narrat Liv. 5, 33.
Arctoas autem minas intellige populos septemtrionales
Italiae imminentes. Confero Liv. 5, 34 Gallis in Italiam
transeuntibus *Alpes inde oppositae erant* cet. et
Iuvenal. 10, 152 Hannibali *opposuit natura Alpem-
que nivemque,* quem locum Castalio laudavit. Paulo
post vitalia dicit eas partes corporis, quibus vita ipsa
continetur, ut cor, iecur, cerebrum, ut Senec. de ira
2, 1 *in corpore nostro ossa nervique et articuli,
firmamenta totius et vitalia, minime speciosa visu,
prius ordinantur,* quae non semel inclusit natura
i. e. pluribus tegumentis sepsit, ut Roma munita est
non Alpibus modo, sed Apennino etiam. Plane enim
abhorret ab huius loci sententia, quod Heinsius corrigebat *nec temere inclusit.* Nec magis probo Wernsdorfium, qui malebat *quae pretiosa dedit* pro eo,
quod est *tulit.* Ferre enim saepe idem est quod proferre, gignere.

41. quo magis est facinus diri Stilichonis
acerbum. De Stilichone incipit dicere, in quem gra-
vissimis criminibus invehitur. Exprobrat autem ei hoc,
quod barbaris Romam prodiderit, atque, ut id eo tu-
tius faceret, ante libros Sibyllinos cremarit. De utra-

14

cant! Atque ipse Rutilius modo *iure suo poterat lon-gior esse liber.*

4. iuge-opus i. e. *continuum,* ut modo dixit, deterioris latinitatis more. Nam boni scriptores de aqua tantum utuntur, eiusque similitudinem sequitur Plaut. Pseudol. 1, 1, 82 *nam is mihi thesaurus iugis in nostra est domo.* Sed posterioribus tempori-bus de qualibet re usurpabatur, ut apud Gell. 12, 8 extr. *iugi concordia;* Eutrop. 8, 13 *iuge triennium;* imprimis autem apud Ictos. Vide Glossar. Nom. Theod. Cod. ed. Gothofr. s. v. Apte autem huius loci sen-tentiae Barthius comparat Prudentium contra Symma-chum libr. 1 extr. *sed iam tempus iter longi cohi-bere libelli, ne tractum sine fine ferat fastidio carmen.*

8. qui notat inscriptus milia crebra lapis i. e. lapis miliarius, qui inscriptione sua saepe indicat, quot milia itineris confecta sint, quales a temporibus Gracchorum (Plutarch. C. Gracch. 7) per singula milia in viis publicis positi esse solebant. Exprimi a Nama-tiano h. l. annotat Pithoeus Quintilianum 4, 5 *non aliter, quam facientibus iter, multum detrahunt fa-tigationis notata inscriptis lapidibus spatia.*

9. partimur trepidum-ruborem. Rubore in-ficitur vultus poëtae, cum scribere incipit, quia *trepi-dat,* timet, ne nolint lectores legere, quae scripserit. Quem ut minueret, partitus est carmen suum per opus-cula bina i. e. per binos libros; itaque etiam rubo-rem ipsum partitur ac minuit. Vides igitur rubore significari ipsum carmen, solita Rutilii consuetudine. Vide supra v. 3 et 1, 19. Redit tamen poëta ad pro-priam ruboris significationem, cum addit quem satius fuerat sustinuisse semel. Est enim sustinere ru-borem, ut *sollicitudinem curamque sustinere* apud Cic. Ep. 10, 4; *malum sustinere* apud eundem ad Att. 11, 11, similia. Satius autem fuerat semel erubescere

i. e. unum tantum librum scribere, ut iustum spatium voluminis expleretur. Confero, quae Epistol. 11 Ausonius scribit ad Paulum: *versus meos utili et conscio sibi pudore celatos, carmine tuo et sermone praemissis, dum putas elici, repressisti.* — *Hoc poposcisti atque id ego malui, tu ut tua culpa ad eundem lapidem bis offenderes: ego autem, quaecunque fortuna esset, semel erubescerem.* Non igitur opus esse puto emendationibus, quas Kappius et Pithoeus adhibent, quorum ille *pudorem*, hic *timorem* corrigebat. Nam operarum errore videtur factum esse, quod in notis eiusdem editionis Pithoeanae est *tumorem*, in Onuphriana *rumorem*. At Kappius etiam aliud novabat, ut hoc distichon secundo loco collocaret, eā, opinor, re motus, quod illud, quod est *timuit*, ad ruborem referri malebat; de qua re iam dictum est.

11. **nimbosa maris obsidione** i. e. ea re, quod mare obsidebatur, tenebatur nimbis ac tempestatibus. Recte comparat Wernsdorfius Plin. Panegyr. 81 de feris venatione submotis: *submota campis irruptio ferarum, et obsidione quadam liberatus agrestium labor.* Proximo versu non putavimus recipiendam esse emendationem Graevii, a Dammio, Kappio, Wernsdorfio probatam, *Pisano e portu.* Nam et alii poëtae ablativo solo ad locum, unde quid proficiscatur, designandum utuntur, et Rutilius ipse supra 1, 643 *sive alio orbe refluus.*

13. **radiis crispantibus.** Male radios mare, quam se ipsos crispantes intelligere, quod suadet Wernsdorfius. Illa certe ratione Valer. Flacc. 1, 310 *Minyas simul obtulit omnes alma novo crispans pelagus Tithonia Phoebo.* De crispato mari auctor carminis apud Wernsdorfium Poët. lat. min. Tom. IV, 7, 19 *ac tantum tremulo crispentur caerula motu;* Gellius 18, 11 *ventus mare caeruleum crispicans nitefacit.* Quamquam etiam crispans vocatur, quod cri-

cunt! Atque ipse Rutilius modo *iure suo poterat longior esse liber.*

4. iuge-opus i. e. *continuum,* ut modo dixit, deterioris latinitatis more. Nam boni scriptores de aqua tantum utuntur, eiusque similitudinem sequitur Plaut. Pseudol. 1, 1, 82 *nam is mihi thesaurus iugis in nostra est domo.* Sed posterioribus temporibus de qualibet re usurpabatur, ut apud Gell. 12, 8 extr. *iugi concordia;* Eutrop. 8, 13 *iuge triennium;* imprimis autem apud Ictos. Vide Glossar. Nom. Theod. Cod. ed. Gothofr. s. v. Apte autem huius loci sententiae Barthius comparat Prudentium contra Symmachum libr. 1 extr. *sed iam tempus iter longi cohibere libelli, ne tractum sine fine ferat fastidia carmen.*

8. qui notat inscriptus milia crebra lapis i. e. lapis miliarius, qui inscriptione sua saepe indicat, quot milia itineris confecta sint, quales a temporibus Gracchorum (Plutarch. C. Gracch. 7) per singula milia in viis publicis positi esse solebant. Exprimi a Namatiano h. l. annotat Pithoeus Quintilianum 4, 5 *non aliter, quam facientibus iter, multum detrahunt fatigationis notata inscriptis lapidibus spatia.*

9. partimur trepidum-ruborem. Rubore inficitur vultus poëtae, cum scribere incipit, quia *trepidat,* timet, ne nolint lectores legere, quae scripserit. Quem ut minueret, partitus est carmen suum per opuscula bina i. e. per binos libros; itaque etiam ruborem ipsum partitur ac minuit. Vides igitur rubore significari ipsum carmen, solita Rutilii consuetudine. Vide supra v. 3 et 1, 19. Redit tamen poëta ad propriam ruboris significationem, cum addit quem satius fuerat sustinuisse semel. Est enim sustinere ruborem, ut *sollicitudinem curamque sustinere* apud Cic. Ep. 10, 4; *malum sustinere* apud eundem ad Att. 11, 11, similia. Satius autem fuerat semel erubescere

i. e. unum tantum librum scribere, ut iustum spatium
voluminis expleretur. Confero, quae Epistol. 11 Ause-
nius scribit ad Paulum: *versus meos utili et conscio
sibi pudore celatos, carmine tuo et sermone praemissis, dum putas elici, repressisti.* — *Hoc poposcisti atque id ego malui, tu ut tua culpa ad eundem lapidem bis offenderes: ego autem, quaecunque fortuna esset, semel erubescerem.* Non igitur
opus esse puto emendationibus, quas Kappius et Pithoeus adhibent, quorum ille *pudorem*, hic *timorem*
corrigebat. Nam operarum errore videtur factum esse,
quod in notis eiusdem editionis Pithoeanae est *tumorem*, in Onuphriana *rumorem*. At Kappius etiam aliud
novabat, ut hoc distichon secundo loco collocaret, eā,
opinor, re motus, quod illud, quod est *timuit*, ad ruborem referri malebat; de qua re iam dictum est.

11. nimbosa maris obsidione i. e. ea re, quod
mare obsidebatur, tenebatur nimbis ac tempestatibus.
Recte comparat Wernsdorfius Plin. Panegyr. 81 de feris venatione submotis: *submota campis irruptio ferarum, et obsidione quadam liberatus agrestium labor*. Proximo versu non putavimus recipiendam esse
emendationem Graevii, a Dammio, Kappio, Wernas-
dorfio probatam, *Pisano e portu*. Nam et alii poëtae
ablativo solo ad locum, unde quid proficiscatur, designandum utuntur, et Rutilius ipse supra 1, 643 *sive
alio orbe refluus*.

13. radiis crispantibus. Male radios mare,
quam se ipsos crispantes intelligere, quod suadet Wernsdorfius. Illa certe ratione Valer. Flacc. 1, 310 *Minyas simul obtulit omnes alma novo crispans pelagus Tithonia Phoebo.* De crispato mari auctor carminis apud Wernsdorfium Poët. lat. min. Tom. IV, 7,
19 *ac tantum tremulo crispatur caerula motu*;
Gellius 18, 11 *ventus mare caeruleum crispicans nitefacit.* Quamquam etiam crispans vocatur, quod cri-

serp. 2, 44 *hic - solem - nasci fecerat*. Quare non recte
Heinsius *quicquid subiecerat* (vel *suffecerat*) *ipse
timori*, Burmannus *quicquid sibi fecerat ipse timo-
ris* coniiciebant, quae ne a sententia quidem recta sunt.

47. **visceribus** i. e. ipsi Italiae, quae nuda est
i. e. nullo amplius montium praesidio tecta. Similiter
Claudian. bell. Get. 577 de priore bello Alarici: *visceribus mediis ipsoque in corde videtis bella geri.
Patrem clipeis defendite Tibrin*. Liberiorem autem dolum dicit paulo post, quia, cum Gothi intra viscera nuda admissi essent, iam minus Stilicho impe-
diebatur, ne ea, quae vellet, perficeret. Sic recte Castalio, secus Dammius et Wernsdorfius, qui liberiorem
a periculi metu, tutiorem interpretantur.

49. **satellitibus pellitis** i. e. Gothis, quibuscum Stilicho contra imperium coniurasse putabatur.
Satellites enim hac aetate sunt ii, quibuscum coniu-
res, ut in Theod. Cod. 7, 8, 7; 9, 40, 19 et de ipso
Stilichone 9, 42, 20 *Proscriptorum satellitumque for-
tunas aerario nostro iubemus accedere;* ibid. l. 22
Qui suas opes praedoni publico (i. e. Stilichoni) *vel
eius filio* (Eucherio) *ceterisque satellitibus dederunt.*
Vocantur autem Gothi *pelliti* constanti epitheto. Iam
Ovid. ex Ponto 4, 10 init. *hic mihi Cimmerio bis
tertia ducitur aestas litore pellitos inter agenda
Getas;* Claud. bell. Get. 481 *crinigeri sedere patres, pellita Getarum curia;* id. IV cons. Hon. 466
moritur pellita iuventus; id. in Ruf. 2, 85 *maerent
captivae pellito iudice leges;* Sidon. Apoll. Ep. 1, 2
pellitorum turba satellitum, ad quem locum Savaro
plura attulit. Vide etiam Gothofred. ad Theod. Cod.
14, 11, 4. Pro eo autem, quod est *patebat*, Crusius
Probab. Crit. p. 63 coniecit *parebat*, quod et vitiosum est
nec sententiam aptam efficit.

52. **Sibyllinae fata-opis** i. e. effata, oracula
Sibyllae, a qua in rebus dubiis Romani opem petere

consuerant. Confero Virg. Aen. 6, 72, ubi Aeneas sic
dicit: *hic ego namque tuas* (Sibyllae) *sortes arca-
naque fata, dicta meae genti, ponam.* Quod *Sibyl-
linam opem* dicit, quae potius erat Sibylla opitulans,
facit ex more aetatis suae, de quo explicatum est ad
1, 19. De ipsa autem re, quod libros Sibyllinos a
Stilichone crematos esse ait, disputavimus in Observat.
p. 88 sqq. Videtur enim omnino recte tradidisse Namatianus, cum in tanta re nec decipere alios nec ipse
decipi posset. Quare non probo Wernsdorfium, qui
in peculiari, quem hac de re scripsit, excursu poëtice
censet rem esse auctam, ut exempla Althaeae et Nisi
adhiberi possent. Nec causa erat nulla, ut Stilicho
imprimis hoc nomine accusaretur. Nam etiamsi non
Stilicho ipse iussit comburi, tamen et pleraque tum
illo auctore geri constabat, et haec praecipue, quae
ad evertanda sacra paganorum facta sunt, illi impu-
tata esse colligitur ex iis, quae post eius caedem
accidisse tradit Augustinus ep. 129. Hoc recte docuit
Wernsdorfius, libros Sibyllinos ideo videri esse subla-
tos, quia appropinquante urbis ruina ad illos praecipue
confugiebant homines superstitiosi, atque illinc religionis ac calamitatis causas repetebant. Quare Claudianus bell. Get. 228, ubi de perturbatione, quae Romae
Alarico anno 402 adventante fuerit, agit, sic dicit *tum
somnia vulgo narrari; tum monstra deum, moni-
tusque sinistri: quid meditentur aves, quid cum
mortalibus aether fulmineo velit igne loqui, quid
carmine poscat fatidico custos Romani carbasus
aevi* etc. Quo loco cum ultima librorum Sibyllino-
rum inveniatur mentio, videntur intra illum annum et
intra an. 408, quo Stilicho periit, combusti esse. Mirum autem, quod nusquam praeter hunc locum apud
veteres scriptores eorum interitus commemoratur. Quod
Servatius Gallaeus de Sibyllis p. 278 duos hos versus
alibi ita legi ait: *ne tantum patriis saeviret prodi-*

tor armis, sancta Sibyllinae fata cremavit opis,
id finxisse videtur homo, ut ei, quod ipse excogitarat,
auctoritatem ac fidem adderet.

53. Althaeam, Thestii filiam, Oenei regis Calydonii coniugem, Meleagri matrem, cuius fabula nota. Sequitur poëta Apollodorum 1, 7, 8 et Ovidium Met. 8,
270 sqq.; nam ait *consumpti funere torris* i. e. propter funus, propter caedem Meleagri, quam consum-
ptus, combustus torris fatalis effecit. Homerus Il. 9,
580 et alii aliter tradunt.

54. Niseum crinem, Nisi regis Megarensis capillos, ex quibus fatum Megarorum pendebat, quos filiam
Scyllam aiunt, cum pater a Minoe obsideretur, hostis
amore captam, abscidisse, quo facto puellam, a Minoë
spretam in avem, Cirim nomine, mutatam esse. Nota
est fabula, quam imprimis narrat Ovid. Met. 8 init.;
atque de eadem re sub Virgilii nomine fertur pecu-
liare carmen Ciris. In quo carmine quae leguntur inde
a versu 400 querelae, eas videtur significare Rutilius,
cum *flere* dicit aves, nam de fletibus Scyllae aut Ciris nihil equidem inveni alibi. Non opus est autem
Niseum crimen i. e. crimen in Niso commissum, ut
Onuphrius primum, proxime Burmannus scripserunt.
Nam in ipso crine abscindendo Scyllae crimen positum erat.

55. fatalia pignora regni. Recte *fatales* dicit libros Sibyllinos, ut Liv. 22, 9, quoniam in iis fata
populi Romani perscripta sunt (cf. supra ad v. 52), minus recte dicit *pignora regni*, quibus Sibyllae carmina proprie non annumerabantur. Vide Servium ad
Virg. Aen. 7, 108. Sed potest ita dicere, quia, si re-
media malorum in iis significata inveniebantur, certe
imperium etiam tuebantur, idque aeternum fore spon-
debant.

56. plenas praecipitare colos i. e. colos, ex
quibus longissima fila duci poterant, praecipites deii-

cere. Eadem ratione Stat. Theb. 5, 150 *idem animus so-*
lare domos iuvenumque senumque praecipitare co-
los; similiter Lucan. 7, 51 *sua quisque et publica*
fata praecipitare cupit; ibid. 7, 352 *praecipitare*
meam fatis potuere senectam. De eo autem, quod
est *colus,* vide supra ad 1, 134.

57. Tartarei-Neronis, qui propter scelera, postquam mortuus est, non in Elysium, sed in Tartarum,
malorum sedem, missus est; nam Virg. Aen. 6, 542
at laeva malorum exercet poenas et ad impia Tar-
tara mittit. Itaque *Tartareum* dicitur, quod abomi-
nandum, quod execrabile est, ut Ammian. Marcell. 15,
6, 1 *Paulus, Tartareus ille delator;* id. 28, 1, 10
Tartareus cognitor; id. 29, 2, 6 *Heliodorus, Tar-*
tareus ille malorum omnium cum Palladio fabri-
cator; Claud. bell. Gild. 180 *splendet Tartareo fu-*
rialis mensa paratu; id. bell. Get. 144 *quid dudum*
inflare moraris Tartaream, Bellona, tubam?, quod
sumptum est ex Virgil. Aen. 7, 513, ubi Alecto *cornu-*
recurvo Tartaream intendit vocem. Simili ratione
dicitur *Stygius:* Ovid. Met. 3, 75 *quique halitus exit*
ore niger Stygio; Claud. in Ruf. 1, 304 *Stygiam pe-*
stem. Paulo post consumat Stygias-faces est ex-
periatur faces Furiarum, dum atterendo consumpserit.
Opportune Wernsdorfius confert Stat. Theb. 11, 2 *fu-*
rias virtutis iniquae consumpsit Capaneus, eund.
Theb. 10, 807 *viden' ut iugulo consumpserit ensem?;*
Tac. Hist. 3, 24 *ignominiam consumere.* Addo similia, Curt. 6, 29 *misericordiam consumere;* Sil. Ital.
5, 642 *tela omnia solus pectore consumo;* eund. 10,
128 *consumit clipeo tela.* Tristiorem autem umbram dicit ab effectu.

61. deverticulo, degrediendo ad Italiae. Romaeque fatum deplorandum. Non enim opus est, quod Schraderus coniiciebat *e deverticulo,* quod coniungebat ille
sine dubio cum repetendi verbo, ut Iuvenal. 15, 72 *a*

deverticulo repetatur fabula, quem locum Castalio landavit. Paulo post iter propositum (nam ita est in codice atque ediderunt auctoribus Sitzmanno, Heinsio, Burmanno ad Propert. 2, 23, 82 Dammius, Kappius, Wernsdorfius) intellige iustum cursum carminis, narrationem profectionis, ut Ovid. Art. am. 3, 747 *sed repetamus iter*. Aliter ac proprie, quamquam verba sunt eadem, dixerunt Ovid. Her. 16, 118 *propositumque pia voce morantur iter;* Propert. 3, 25, 14 *nos modo propositum, vita, teramus iter.*

63. candentia moenia i. e. Lunam. Urbs erat antiquissima, in Liguribus Apuanis, prope hodiernum Sarzana et fluvium Macram, non magni circuitus, sed satis habitata, colonia Romana, nobilisque portu amplissimo, *quo non spatiosior alter innumeras cepisse rates et claudere pontum*, ut ait Sil. Ital. 8, 481. Vide Strabon 5, 2, 5. Quam, postquam bellis civilibus, imprimis Marsico et Pompeiano multum damnorum accepit, refectamque Gothi, mox Vandali vastaverunt, aëris insalubritas ita desolavit, ut hodie ruinae tantum amphitheatri maxime et circi et murorum supersint, urbs ipsa interierit. Copiosissima eius descriptio est in Targion. Tozzett. itiner. Etrusc. T. X p. 403 sqq. et T. XI init. *Candere* autem eius moenia ait Rutilius, quia marmore, cuius ipse niveum colorem laudat, extructa erant. Testes sunt, qui hodie ea loca viserunt; vide Targien. Tom. X p. 412. De templo autem ex marmore Lunensi extructo Virg. Aen. 8, 720 *sedens niveo candentis limine Phoebi*, ad quem locum cf. Servium. Lapsu dicit celeri, quia labitur non modo unda, sed etiam navis, tranquille lata per undas, ut Virg. Aen. 8, 91 *labitur uncta vadis abies*, atque ii, qui vehuntur, ut id. 6, 2 *et tandem Euboicis Cumarum allabitur oris;* Ovid. Her. 10, 65 *ut rate felici pacata per aequora labar;* id. ad Liv. 250 *vade, age, et admissis labere pronus aquis.*

64. sole corusca soror i. e. Luna, quae illu-
stratur a sole fratre, ut Stat. Theb. 4, 9 *castra subit*
ferroque auroque coruscis mixta viris. Ab luna autem urbem nominatam esse communis ferebat opinio
lunaque insigne eius erat, quamquam quo pacto nomen acceperit, non constat. Vide Targion. l. l.

65. indigenis-saxis. Notum est etiam hodie
marmor Lunense, quo genere metalli totus tractus Alpium maritimarum abundat. Romae autem clarissima
quaeque aedificia ex eo lapide extructa erant, quoniam
ad pulchritudinem eius hoc accedit, ut montes, in
quibus caeditur, prope mare sint ideoque facillime ex-
portari possit. Duo autem genera marmoris Lunensis
esse ait Strabo 5, 2, 5, unum λίθου λευκοῦ, alterum
ποικίλου γλαυκίζοντος, quorum illud, quia erat nobilius,
solum Rutilius commemorat. Cf. Plin. nat. hist. 36,
6 et 18. *Indigenis* refero ad adi. *indigenus*, eodemque
pertinere puto, quicquid ejus stirpis subst. generis fem.
aut neutr. adiunctum est, ut *polio indigena* apud
Flor. 2, 18, 2; Prudent. in Symm. 2, 341 *indigena*
pietas. Est enim iustum adiectivum *indigenus* apud
Apulei. Met. 1 init. *mox in urbe Latia-indigenum*
sermonem excolui, atque haud scio an corrigendus
sit Plin. nat. hist. 14, 8 n. 6 extr. *de indigena vino.*
Est enim etiam adi. *alienigenus* apud Valer. Max. 6,
2, 1 extern. *mulier alienigeni sanguinis;* eund. 6, 5,
1 extern. *ne alienigenae iustitiae obliti videamur;*
eund. 1, 5, 1 extern. *extera, id est, alienigena exem-*
pla; eund. 2, 1 extr. *alienigena studia;* Lucret. 1,
861 *alienigenis ex partibus;* eund. 1, 866 *ex alieni-*
genis rebus; eund. 1, 870 et 873, 5, 878, ut unus
omnino locus supersit, Gell. 2, 24 *neque vino alieni-*
gena, sed patrio usuros, qui corrigendus esse videatur, nisi forte vino soli ex omnibus rebus singulare
aliquid iuris concessum esse putabis. Illa autem frequentia exempla, ubi *indigena* et *alienigena* substan-

tivis generis masculini coniunguntur. Ridentia lilia cum nitore candido comparantur, quo marmor Lunense eminebat. Lilia enim sunt *candida* (Ovid. Met. 12, 411; Virg. Aen. 6, 709) vel *alba* (Virg. Aen. 12, 67; Valer. Flacc. 6, 492) eaque *ridere* ait etiam Petron. c. 127 *albaque de viridi riserunt lilia prato.* Quare non opus est *candentia*, quod Reusnerus in descriptione Italiae coniecit. Idem v. 63 sic scripserat: *pone metalliferae candentia moenia Lunae,* Statium imitaturus, ut Wernsdorfio videtur, Silv. 4, 4, 23 *anne metalliferae repetit iam mpenia Lunae.*

67. quae luce coloris sqq. Totam terram marmoribus candidis abundantem cum campo niveo comparat explicans, quod breviter Lucan. 8, 481 dixerat *quos a niveis exegit Luna metallis.* Imitatur Claud. Stilich. 3, 133 *tantae prospicis urbi* (i. e. Romae) — *quae luce metalli aemula vicinis fastigia conserit astris.* Intactas nives cum appellat, variat, quod Ovidius ait ex Ponto 2, 5, 38 *sunt tua brachia lacte et non calcata candidiora nive,* et Heroid. 16, 249 *pectora vel puris nivibus vel lacte candidiora,* et Amor. 3, 5, 11 *candidior nivibus tunc, cum cecidere recentes.*

INDEX
RERUM ET VERBORUM.

A.

Ablativus pro accusativo 249.*) pro praepos. cum 311. absolutus 347 gerundii ad tempus significandum 630.

Abstracta pro concretis 13. 19. 71. 90. 121. 261. 625. 2, 3. 2, 9.

acer Phoebus 483.

admonere quid sit 26.

adversus i. e. ex adverso positus 517.

aediculae sunt ad fontes 270.

Aegyptiaca classis frumentaria Constantinopolin devehitur 145.

aequora populari 333.

aestuum marinorum causae 643.

aeternus fons 109.

affectus i. e. amor 211.

Africa turbata seditionibus 147. imbre Romano dives ibid.

Africus madidus 631.

Alaricus Italiam intrat 2, 41.

Agylla 225.

Albinus, Rufii pater 168.

Albinus, Caecina Decius 466.

Allia 125.

Alpes saxosae et inviae 37. praesidium Italiae 2, 36.

Alsium oppidum et adi. *Alsius* 223.

alternus i. e. inter se oppositus 247.

Althaea 2, 53.

amarus ad sales marinos pertinet 254.

ambitus Rutilii tempore 362.

antennae tenduntur 511.

Antiphates hospes 382.

antrum Pierium 267.

Apenninus aërius et nubifer 2, 15. describitur 2, 27.

aper habet fulmen dentis 625.

apertum mare 155. 533.

aplustria 513.

arbuta non sunt arbusta 32.

arcanum imperium 2, 41.

---

*) Prioris libri numerum brevitatis causa ubique omisi.

15*

TYPIS TROWITZSCHII & FILII.

CPSIA information can be obtained at www.ICGtesting.com
Printed in the USA
BVOW062259060213

312635BV00007B/67/P